# 品牌基因工程研究红皮书
REPORT OF BRAND GENE STUDY 2017
家电及消费电子序列2017

丁俊杰 ◎ 主编

## 《品牌基因工程研究红皮书》编委会

主　　编：丁俊杰
总 顾 问：黄新民　李西沙　姜　风　徐东生　杜　鹃
执行主编：张　豪　邵华冬　杨　懿　张腾辉
撰　　稿：齐彦丽　王玥瑄　邢　楠　余　敏　项星宇
　　　　　彭英伦　陈　烨　童　桐　李晓宇　郑　萌
　　　　　张浚哲　高馨睿　陈牧乔　陈潇涵　王晓鑫

# 序　品牌基因工程研究之缘起

大约5亿4200万年前—5亿3000万年前,2000多万年时间内,门类众多的无脊椎动物"突然""大规模"地"同时"在地球上出现了,这被古生物学家称为"寒武纪生命大爆发"。是什么造成了寒武纪生命的突然爆发?是地球温度不断升高引发的地表地貌与气候环境变化?是前寒武纪藻类植物光合作用逐渐积累形成的氧与臭氧?还是有性生殖与生物收割者出现所增加的生物多样性?迄今为止,学者们对此的认知尚未形成定论。但不可否认的是,环境的变化与地球生命此前长达数十亿年的积淀,促成了这次巨变。

当前,中国品牌所处的时代环境与寒武纪何其相似。自辛亥革命,我们经历了长达百年求富求强的艰苦探索,我们在改革开放的四十年间抓住机遇,实现了从市场容量到经济规模的迅速增长成为世界第二大经济体。但与此同时,在数字技术推动下,人工智能、云计算、大数据、物联网等技术创新不断迭代,中国品牌面临着一个颠覆性的环境大变革。这场环境变革的背后,中国品牌生命形态进化的重要战略窗口期隐隐浮现。

为把握这一重要的战略窗口期,在物质足够丰富的基础上我们必须探索、明晰中国品牌自身独特的品牌基因何在,中国品牌是否只能亦步亦趋地走欧美发达国家甚至日本、韩国等亚洲发达国家品牌走过的道路,中国品牌是否具有自身独特的文化与精神品牌基因内核,中国品牌在实现了市场超越、技术追赶后,是否能够以品牌基因为核心找到有效的品牌建设与发展的实施路径。

为此，国家广告研究院、中国广告博物馆联合中国商务广告协会成立了品牌基因工程实验室，并于2017年在家用电器协会指导下开展了围绕中国家电及消费电子品牌的品牌基因工程研究。该研究旨在推进中国品牌尤其是家电及消费电子行业品牌的整体进步，增强中国家电及消费电子产业的品牌能力和市场活性。

2017年，海尔、格力、TCL、创维、长虹、西门子、索尼、老板、华帝、万和等51家行业领先的家电及消费电子品牌参与到了我们的研究工程中来，为探索中国家电及消费电子品牌基因作出了诸多努力。未来，我们将持续推进品牌基因工程研究，为中国品牌实现生命形态的跃升贡献我们的力量！

丁俊杰

2017年12月

# 目 录

## 研究寄语

凝聚智慧力量 成就大国品牌梦想　国家工商行政管理总局广告司副司长黄新民 / 2
把握时代机遇 拓新品牌建设　　　　　　　　中国商务广告协会会长李西沙 / 4
加速中国家电品牌崛起　　　　　　　　　中国家用电器协会理事长姜风 / 6

## 专家视点

迎接时代挑战 打造中国品牌　中国传媒大学教授、国家广告研究院院长丁俊杰 / 10
家电新征程 大国品牌梦　中国传媒大学资深教授、中国广告博物馆馆长黄升民 / 12
"相融共生"浅谈国美品牌基因的三十年演进　　　　　　　国美控股集团杜鹃 / 15
新环境　新格局　新策略
　　——消费升级背景下的家电企业传统媒体广告投放
　　　　　央视市场研究总裁助理、CTR媒介智讯总经理、CTR媒体融合研究院执行
　　　　　　　　　　　　　　　　　　　　　　　　　　　副院长赵梅 / 18
中国消费者的升级方向　　　　　中央电视台广告中心市场部主任佘贤君 / 22
品牌的想象力，从知识开始　北京李奥贝纳广告有限公司资深客户总监李雯侃 / 26
企业营销传播之变　中国传媒大学媒介研究所副所长、《媒介》杂志副主编王薇 / 29

## 缘起编

报告一　品牌基因研究：概念、方法与框架体系　　/ 32
报告二　从家电及消费电子品牌现状看品牌基因工程研究之意义和价值　　/ 45

## 成长记忆编：家电及消费电子品牌基因的萌发与成长

报告三　家电及消费电子品牌萌发的历程与机遇　　/ 54
报告四　外资品牌：中国家电及消费电子品牌生态丛林中不可或缺的生物种群　　/ 61
报告五　历史之枷与破局之鉴：从"德国、日本制造"品牌建设思考中国家电及消费电子品牌基因生长　　/ 74
报告六　从品牌生命周期出发看家电及消费电子品牌建设　　/ 81
报告七　国美三十年——新零售助力中国家电品牌成长　　/ 89

## 传承思辨编：家电及消费电子品牌基因传承之"困"与"解"

报告八　资本之于家电及消费电子品牌基因传承：糖衣还是炮弹　　/ 98
报告九　"创始人烙印"对家电及消费电子品牌基因建立与传承的影响　　/ 106
报告十　转型升级趋势下家电及消费电子品牌基因传承面临的挑战　　/ 113

## 生存能力编：家电及消费电子品牌基因营销支持之"惑"与"解"

报告十一　多元化之于家电品牌基因传承：馅饼还是陷阱　　/ 122
报告十二　以产品和服务为本，夯实基因传承基础　　/ 129
报告十三　产品与市场需求的良性互动探析　　/ 138
报告十四　技术着力下的家电及消费电子品牌成长　　/ 144
报告十五　新零售趋势下的家电及消费电子品牌全渠道变革　　/ 150
报告十六　家电及消费电子品牌渠道的坚守与创新　　/ 162

## 基因表达编：家电及消费电子品牌基因表达之"乱"与"律"

报告十七　家电及消费电子品牌借力文化营销占领消费者心智　／ 172

报告十八　技术与工艺美学相结合的工业设计助力品牌基因的有效表达　／ 180

报告十九　通往消费者心灵的地图：中国家电及消费电子企业的品牌接触路径规划　／ 188

报告二十　生活方式营销——用家电及消费电子品牌构建理想生活　／ 199

报告二十一　家电及消费电子品牌体育营销观察　／ 207

报告二十二　内容营销——家电及消费电子品牌基因的活力表达　／ 217

# 研究寄语

# 凝聚智慧力量 成就大国品牌梦想

品牌是经济发展的战略性资源和核心要素。用品牌塑造来引领经济创新,对于新形势下推进大众创业、万众创新,配合供给侧结构性改革,推动经济转型升级意义重大。可以说,培育和提升行业品牌既是战略选择,也是时代呼唤。

习近平总书记在中国共产党第十九次全国代表大会报告中指出:"中国特色社会主义进入新时代,我国社会主要矛盾已经转化为人民日益增长的美好生活需要和不平衡不充分的发展之间的矛盾。"要解决这个主要矛盾,就需要我们加快经济结构转型、经济质量提升,加速"中国产品向中国品牌转变"。在国家政策指引和中国经济强势崛起,尤其是互联网经济推动下,我国出现了腾讯、阿里等大批具有国际声誉的自主品牌,家电行业也涌现出海尔、美的、格力、海信、TCL等一批知名度高、市场影响力大的品牌。

可以看到,中国品牌经济发育日渐成熟,企业的品牌意识正不断提升。2017年上半年,中国商标申请量为227万件,同比增长了30.81%。而且企业品牌价值也得到了较大提升。全球最具价值品牌100强排行榜中,中国品牌从2006年的1家增加到2017年的17家,这都体现了中国品牌的强劲发展势头。

但与此同时,我们也应该正视与发达国家品牌之间的价值差距。世界品牌500强中美国有200多家,中国仅有55家,这与我国全球第二大经济体的地位极不相称。我国是品牌大国,但还不是品牌强国。在品牌亟待升级的大背景下,面对品牌国际化和高端化的时代命题,家电业该如何作答?

李克强总理强调:"培育精益求精的工匠精神,增品种、提品质、创品牌。"我们需要从战略上高度重视,加强自主品牌创新,培育自身品牌文化,通过供给侧的结构性改革,向高品质的品牌形象转变。

品牌建设与管理并非一朝一夕之功,需要长期的投入和积累,其中很重要一点就是加大对中国品牌的专业研究支持。国家广告研究院、中国广告博物馆品牌基因工程实验室的研究团队和家电企业、业界专家一起,组成了"最强大脑",为探索家电品牌的运行轨迹和家电品牌基因规律凝聚智慧和力量。希望以此为契机,品牌基因工程研究团队通过扎实的研究、严谨的态度,在经济全球化的大背景下,努力探索中国家电品牌价值升级的有效路径,切实提升我国家电品牌的国际竞争力。

让我们不忘初心,为推动中国实现由品牌大国到品牌强国的大国品牌梦想而共同努力!

国家工商行政管理总局广告司副司长　黄新民

# 把握时代机遇 拓新品牌建设

秋天,是一个收获的季节。改革开放四十年发展,我们国家在经济、社会等各领域取得了丰硕的成果。2010 年,中国结束了美国从 1895 年起长达 114 年位居制造业世界第一的历史,成为全球制造业第一大国。全球近 60% 的水泥、近 80% 的空调、90% 的个人电脑都来自"中国制造"。中国人过去曾以指南针火药等"四大发明"为骄傲,而现在,中国人则创造了令全球瞩目的新"四大发明":网购、支付宝、共享单车和高铁。从追随者到领跑者,从扎根本土到走向全球,中国企业正不断改变着世界经济市场格局。

然而,在取得成绩的同时,我们也应看到高速成长背后的挑战。在新常态下,中国经济要想继续保持两位数的高速增长,资源潜能和环境条件已经无法与之相适应。中国要在 2020 年实现全面建成小康的目标,还要跨越"中等收入陷阱",实现全要素生产率的提升和中国经济的可持续健康发展,最大的动力只能是经济结构的转型与经济发展模式的创新。而这一转变的重要抓手就是品牌。

对于企业而言,品牌是企业生产、管理、资本等资源的高度凝练,是企业的精华所在,是超越竞争对手的重要优势。对于社会而言,品牌创造和传播了新时代消费社会的信仰和文化,影响着社会潮流的潮汐涌动,引领着社会生活的变化发展。

但从目前来看,中国的品牌建设仍然存在很多问题。一些企业仍旧以短期产品销售为核心,品牌战略等于促销口号;一些企业将品牌和产品混为一谈,缺乏对品牌文化与精神价值的关注,更谈不上高效、生动的传播;还有一些企业将品牌声量的大小作为衡量品牌价值的尺度,只是盲目扩大广告投放金额,却不注重品牌表达的聚焦与精准。

上述的问题不一而足。尽管面临挑战,时代却赋予了中国企业千载难逢的战略机遇。改革开放四十年积淀,我们等待的就是这样一个厚积薄发的历史机遇与战略窗口期。中国品牌要实现自主创新、品牌升级,时不我待!

这样的重大战略突破,需要社会各界的共同努力与支持。品牌基因工程研究团队开展这项研究呼应了家电企业实践的需求,迎合了时代发展的需要,希望这个团队能够发挥专业研究优势,对家电行业品牌建设管理进行积极的探索,并通过与家电企业、专家学者的深度交流与碰撞,实现品牌基因的有益转化,找到推动家电品牌升级的有效路径。

　　经济转型与创新发展,自主品牌与增值效益,是当前和今后一个时期内中国经济发展的重要课题。让我们以自身的专业优势及强烈的行业使命感,积极开展各项工作,为助推中国品牌的快速健康发展贡献力量!

中国商务广告协会会长　李西沙

# 加速中国家电品牌崛起

　　一个国家的繁荣离不开制造业。如果没有一个强大而且极具创新精神的制造业体系,任何一个先进的经济体都不可能繁荣发展。不仅美国、德国等发达国家的繁荣离不开制造业,中国的经济繁荣也离不开制造业。习近平总书记在中国共产党第十九次全国代表大会报告中指出,要"加快建设制造强国,加快发展先进制造业,……促进我国产业迈向全球价值链中高端,培育若干世界级先进制造业集群"。

　　中国家电行业是中国制造业的杰出代表,是改革开放四十年中国经济腾飞的缩影。2017 年中国大小家电产品产量合计超过 30 亿台,占全球总产量一半以上。中国不仅成了家电大国,而且正在努力向家电强国迈进,成为全球家电业的领导者。近几年来,家电行业努力实施增品种、提品质、创品牌的"三品"战略,加速向全球价值链中高端转移并取得了显著成效,技术创新能力显著提高,正从以跟随、学习模仿为主,转向并跑、领跑并存的新阶段。家电品牌不仅在国内市场优势持续扩大,而且正加速向全球品牌拓展。

　　不可否认,包括中国家电业在内的中国制造业世界级品牌太少,与世界第一制造大国的地位不相称。从美国、德国等世界主要经济强国的发展实践看,构建以质量品牌为核心的竞争优势是这些国家迈向制造强国的共同特征。我们必须用创新驱动中国家电向中国品牌的跃升,驱动中国家电快速迈向全球价值链的中高端。

　　当前,中国家电品牌建设面临三大机遇:

　　第一,全面建成小康社会,消费需求升级的重大历史机遇。习近平总书记在中国共产党第十九次全国代表大会报告中指出,"我国社会主要矛盾已经转化为人民日益增长的美好生活需要和不平衡不充分的发展之间的矛盾"。到 2020 年我国将全面建成小康社会,城乡居民消费结构将过渡到更高层次。这既为家电行业发展带来了巨大的机遇,也给家电品牌建设提出了更高的要求。

　　第二,全球家电产业格局变化带来的历史机遇。近年来,全球家电产业格局加速调整,一些国际老牌家电企业纷纷退出家电行业,这无疑为中国家电企业实现全球化拓展提供了难得的机遇。中国家电企业呈现群体性崛起的势头,特别是海尔、美的等家电品牌巨头在全球市场的活力、实力和地位越来越突出。中国家电在全球的地位进一步提升,中国已经成为在全球具有重要影响力的家电大国。但全球品牌建设也考验着中国家电企业的品牌管理能力,需要中国家电企业迅速提高全球品牌管理、运营能力,以增强中国品牌的全球影响力。

第三,互联网时代,新一代信息技术、智能技术与制造业深度融合,将形成新的生产方式、产业形态、商业模式和传播模式。面对时代浪潮,中国家电品牌在夯实技术与质量基石、进行产业价值链再造的同时,也在探索如何打破生产、销售、服务、品牌、体验、传播藩篱,实现无边界营销,实现互联网时代品牌价值的有效赋能与传播方式的变革。

国家广告研究院品牌基因工程研究团队以品牌基因为抓手,从战略、组织、实践、评测等多维视角帮助家电企业梳理品牌建设管理实践中面对的种种问题与挑战。希望这项研究可以助推家电企业从战略高度认识品牌,从而更为高效、科学、有序地管理品牌。

中国家电行业在由大变强的发展道路上,将面临许多挑战,既需要全行业踏实努力、砥砺前行,也需要社会各界的支持。最后,希望品牌学界与家电行业加强交流,分享优秀品牌建设的经验,给中国家电企业凝聚更多的品牌力量!

中国家用电器协会理事长　姜风

相关领导及业界专家参与本课题研究团队举办的研究成果展

相关领导及业界专家参与本课题研究团队举办的学术论坛

相关领导及业界专家参观本课题研究团队举办的研究成果展

专家视点

# 迎接时代挑战 打造中国品牌

2017年10月18日,习近平总书记在中国共产党第十九次全国代表大会报告中强调,"中国特色社会主义进入新时代,我国社会主要矛盾已经转化为人民日益增长的美好生活需要和不平衡不充分的发展之间的矛盾。"早在2014年5月,习近平总书记在河南考察时就提出"要推动中国制造向中国创造转变、中国速度向中国质量转变、中国产品向中国品牌转变"。在"三个转变"的指引下,国务院办公厅于2016年发布了《关于发挥品牌引领作用推动供需结构升级的意见》,确定从2017年起,每年5月10日作为"中国品牌日"。总书记的精辟论述与中国品牌日的确立表明我国的品牌建设不仅成了产业共识,而且被升格为国家战略,品牌在当代中国承载着重要的意义。

从国家层面看,质量与品牌是产业综合实力的集中反映,是产业强国的核心竞争力;从人民生活的福祉看,品质与品牌是人民实现美好生活的物质保障;从人类社会的发展历程看,物质与品牌是"丰裕社会"的景观构成,是消费与生产的共赢。因此,品牌不仅是"商品"在现代世界的社会化形态,也是当代抽象社会关系的具象表征。但在对品牌的现实观照中,以"货币"为单位的资产价值与市场表现成为衡量品牌成功与否的主要标准。"货币化"在赋予品牌具体价值的同时,也消解着品牌的多元维度、历史根脉与未来想象。长时段的品牌建构也被悄然置换为暂时的市场能量。千禧年之后的全球化与互联网带来了社会形态与商业模式的变革,同时也培育出更加广袤的市场。市场成就着品牌,同时,也异化着品牌。

新经济企业开时代风潮,传统媒体的变革和社会媒介的博兴又为品牌拓展出新的商业模式与市场空间。"空间"不仅成为当代企业的目标,同时也左右着企业的思考方式和工作路径。全球化、城市化和互联网共同发力,使我国开创出蜚声世界的中国速度和经济奇迹。与此同时,对时间的坚守在这个时代却渐趋沉寂,有时甚至成了守旧的代表和嘲弄的对象。中国传统百年老字号的落寞一定程度上就是空间热潮的注脚。技术会进步，产品会迭代，"风口"过后，企业最终要接受时间的考验，人们最终会感受品牌那作用于心智的力量。

在世界品牌的历史长河中，家电与消费电子从"现代"走进"后现代"，不仅开创了人类的现代家庭生活，而且也深刻影响着人们对世界的感知和当下的社会形态。家电与消费电子的每一次更迭既是技术进化的自然流露，也是人与空间关系的时代定义；家电和消费电子的每一次社会风潮既是大众心态的折射，也是社会进步的表征。回望来路，我们参悟品牌建构的大道与真义，展望未来，我们追随时间那恒定而超越的力量！

中国传媒大学教授、国家广告研究院院长　丁俊杰

# 家电新征程 大国品牌梦

## 一、中国家电品牌起航

中国家电品牌发展是中国经济腾飞的浓缩与映像。伴随着中国经济起飞,中国家电品牌也一同起航,取得了令世界瞩目的成绩,市场地位不容小觑。2016 年,海尔冰箱、洗衣机、冷柜、酒柜品牌份额均位列全球第一;格力空调连续多年销量全球第一;海信、TCL 彩电的全球出货量分别位居第三、第四。然而,中国家电的整体品牌实力却与企业实力不相匹配。2016 年入选《世界品牌 500 强》排行榜的中国品牌有 36 个,其中入围百强的家电及消费电子品牌仅有海尔、长虹、华为、联想,中国家电及消费电子品牌的势能短板非常明显。没有品牌扎根,企业如同潮汐;没有品牌认同,难以真正地走出去。品牌是企业综合实力的精华所在,其集合了各方面的多元要素。那么,中国品牌的势能短板到底短在哪里?

## 二、家电品牌之四大支点

首先,我们来看支撑中国家电品牌的四大支点:

第一,品牌生产力。早在 2005 年,中国就已成为全球最大的家电制造国。当下,中国还是全球最大的消费电子制造国,全球 50% 以上的消费电子产品都由中国制造。韩国电子信息通信产业振兴会发布的《家电产业现状和展望报告书》显示,2017 年中国制造的家电占全球产量的 56.2%。

第二,品牌消费力。如果没有一定体量的消费市场支撑,中国品牌的产生和发展便无从谈起。而中国拥有主要家电产品最大的市场规模,尤其是空调,占全球市场的 42.2%。

第三,品牌创造力。在全球创新 1000 强企业中,中国企业的研发支出占比从 2015 年的 5.8% 上升到 2016 年的 6.9%,成为全球第二大研发支出国家。家电研发 20 世纪 30 年代看欧美,70 年代之后看日韩,现在接力棒传到了中国。在家电领域,美的集团连续三年专利数稳居世界第一;TCL 华星光电拥有全球最高世代面板生产线;海信的 ULED 技术被法国影响力最大的独立第三方评测机构 AVCESAR 给予了六星级顶级评价;格力的双级变容积比压缩机技术全球领先。

第四,品牌传播力。在家电品牌传播的声量上,可以看到相较于其他行业企业,家电品牌的声量传播较为活跃。根据 CTR 媒介智讯的数据,2017 年上半年,家电及消费电子行业的传统媒体投放花费较 2016 年同期增长了 10%,较 2016 年下半年增长了 34%,在各行业传统媒介广告市场投放普降的大环境下,家电及消费电子企业在传统媒体广告投放方面却表现出较强的传播活力。

但与此同时,声量大,并不代表效果就一定好。不可否认,在全球家电品牌版图中,中国家电品牌军团仍旧以中端、中低端品牌为主,在高端品牌、奢侈品品牌领域尚少有建树。其根本原因在于长期以来中国企业的实用主义,重物质轻文化;重生产轻传播。但最直接的原因则是传播环境日益多元、复杂,企业缺乏选择标准;沟通对象走向全球,企业需要随之面对全新的跨文化传播,面向所有利益相关者进行立体化多维传播。因此,科学地开展品牌传播便成为打造家电品牌的关键。

## 三、传播力——打造家电大国品牌的关键

家电品牌可以借内容生产机制、传播分发机制、销售转化机制三大机制共同构成的新传播模型助推品牌传播。

首先,所谓内容生产,即"想跟消费者沟通什么"。内容生产如今不仅是营销传播的基础要素,更被视为营销活动的新能量源。在新营销背景下,内容生产表现为以下四种实施策略:内容形式上轻量型、场景化;内核驱动上通过 IP 打动消费者,引发情感共鸣;要素构成上打造头、腰、腿动态组合,从吸引、认知到下单一站式齐备;生产方式上平台化运作,品牌、媒体、自媒体、用户等都可以生产内容,创作内容。从大众媒体到两微一端,内容随媒介形态的变化而不断发生变化,其内涵和外延得以充分拓展,能激发消费者行为的一切事物皆可成为内容,譬如家电品牌开发的众多微信小程序。

其次,传播分发机制。如果说内容生产系统是营销传播的发动机,那么传播分发系统便是营销运行的 CPU,目的是为了集约高效地实现用户与信息、商品的匹配。传播分发机制应具备标签识别、场景匹配、集约分发、工具应用四大功能。小米就依托硬

件和MIUI等软件系统积累的海量用户数据,通过内容标签体系帮助广告主更智能地开展营销传播活动。

第三,销售转化机制。未来,信息分发和商品分发的通路网络将越来越协同、一体化,从而最大化地提升营销效率、降低营销成本。如何在营销投送的同时完成商品和服务的投送,并持续促成完成销售的转化闭环,其背后必须重构一套周密完善的运行机制。例如淘宝C端上的家电类达人账号,它们结合热点话题并配合互动形式,将产品信息植入账号的日常宣传中,将用户对达人的偏好转化为产品偏好,从而完成线上销售的转化。

综上,中国家电及消费电子品牌伴随着中国经济的腾飞,是中国大国经济崛起的浓缩与映射。过往近四十年,中国家电及消费电子产业取得了巨大的进步,在国际市场上声量不断放大,但同时也留下了重眼前轻历史、重声量轻文化、重技术轻传播等诸多问题。中国传媒大学品牌基因工程研究团队针对这些问题,提出了以价值进化为核心的品牌基因工程研究,这是一个切中当下中国家电及消费电子品牌发展桎梏的课题。希望学界和业界共同努力,助力家电品牌踏上新的征程,实现大国品牌梦想!

中国传媒大学资深教授、中国广告博物馆馆长　黄升民

# "相融共生"浅谈国美品牌基因的三十年演进

品牌是一个企业乃至国家的价值指数和竞争力指标。近年来,伴随着中国的产业转型和消费升级的勃兴,打造优秀的中国品牌并向世界推出中国名牌已成为国家的战略愿景。可以说,当代中国已从生产要素的优势竞争时代进入到生产要素全面整合的品牌竞争时代。因此,今天参与市场经济活动的所有企业都需要以一种"品牌思维"来研判市场,组织生产和开展运营。

## 一、对品牌基因内涵的理解

品牌的基本特征在于刻画商品的区隔,其核心功能在于激发市场活动中的消费意念,其内在原理则是均质商品的符号再造。因行业而有所异,逐对象而有所变,随主体而有所为是品牌的基本特征。市场目标、个性形象和价值内涵之间的融通与平衡成为打造优秀品牌的关键课题;同时,激烈的市场竞争也驱使每个品牌必须建构出自己独特的价值逻辑与话语体系。目前,以资产价值为标准的品牌评价是对品牌体量的描述,但它并不能涵盖品牌的全部,更不能充分表达出品牌的细腻、丰富与鲜活。当前,商业环境日新月异,要求品牌的评价与打造也要创造性升级。这不但要求我们在打造品牌之时去发掘每一个具有建构性的独特品牌要素,也要求我们对品牌建构的逻辑、结构与路径进行积极的探索和更深入的思考。品牌基因的提出,既是品牌打造的特性使然,也是我们检视品牌原点、丰富品牌内涵、拓展品牌路径的契机。

从品牌基因的角度看,不同行业具有各自的品牌范式,每个企业的品牌基础和发展脉络亦不相同。在品牌的构成中,品牌资产可以被看成品牌空间扩张中所囊括的广度价值,如此,品牌基因便是在时间长河中积淀出来的深度价值。凡是具有一定历史的企业都会在深度价值的层面上发展出自己品牌的价值伦理、市场意识和话语体系。

## 二、结构与纵深:品牌基因视域下的国美品牌

从1987年到2017年,三十年来,国美从最初的北京珠市口的一间小店发展成以零售为主业的千亿企业集团。国美不断发展壮大的过程既是业务版图的不断拓展的过程,也是积极培育品牌意识,发展品牌构想,落实品牌战略的历史征程。可以说,国美的成功既取决于其先进商业模式的打造,也是积极贯彻执行品牌战略的结果。经过30年的发展,国美品牌已经发展成具有结构与纵深的品牌体系,这与创业初期的国美就按照超前的品牌化思维来开展商业运营是分不开的。

在改革开放初期,为改善供需关系,国美开创了中国连锁零售模式,实现了商号、价格、服务、形象、供货的"五个统一"。这五个统一不仅是业务层面的,也是品牌层面的。首先,统一的连锁形象传达出国美品牌的整体形象与价值定位。其次,高性价比是国美电器的一个重要特色,这实际上是通过价格优势向消费者传达国美在供应链层面所具有的竞争优势。创始人黄光裕先生提出了"为消费者节约每一块钱"的郑重承诺,这在改革开放前期,供需不平衡且商家处于强势地位的时代是具有超前意识的。因为现代品牌的建构需要消费者与商家共同参与,国美品牌诉求中的消费者立场彰显了成功品牌的共性原理,同时也传达出国美独特的品牌伦理。总体来看,在国美的初创时期,业务发展与品牌建构互为表里,国美商业的成功也正是基于业务与品牌的良性互动和相互助力。

30年来,国美业务拓展与品牌建构的长时段持续互动生成了完整的品牌结构,国美的所有市场经营活动都被纳入国美的品牌结构中。而国美的品牌结构在为其所有事业板块镀上光晕的同时,也为各个事业板块植入了品牌意识。随着国美事业版图的不断拓展和内部事业板块之间联系的加强,不断编织的国美品牌结构中开始形成具有历史意味的品牌纵深。品牌纵深既为国美品牌的未来演化提供了支撑,也为国美品牌基因的进化提供了栖息、繁育的土壤。

## 三、美美与共:国美品牌基因的三十年演进

纵览百年商业史,每一个成功的品牌在持续变化的营商环境中都有恒定、持续的价值坚守——品牌基因。对于具有一定历史的品牌而言,品牌基因往往是市场竞争中企业主体经营的自觉。从1987年到2017年,国美走过了三十年的商业历程。国美的业务不断拓展,国美的品牌也实现了稳健演进。在创新、诚信、便捷、丰富等零售的基

本商业价值之外，国美还发展出了能够持续提供引领作用的深度价值。从国美的主营业务看，国美本质是零售渠道品牌。零售渠道品牌由两个方面构成：一方面是渠道品牌本身，另一方面则是渠道中所传送的大众消费品牌。因此，国美品牌的特质是自身渠道品牌与大众消费品牌融合叠加后所形成的"品牌共同体"，而"加速大众消费品牌的绽放"也就成为国美品牌中的价值坚守——品牌基因。这是一条以"相融共生"为初心的品牌进化路径。

初创时，国美致力于为消费者提供丰富优质的产品和实惠的价格，以连锁业态和供应链建设为着力点，建立起了广泛团结上游厂商、全面惠及消费者的卓越零售品牌。与厂商共生、用户至上的品牌价值观成为国美的品牌基石。

千禧年以来，"中国制造"享誉全球，中国城市化进程一日千里，全球化市场无界交融，信息化浪潮波澜壮阔……国美，作为中国零售行业的标杆性企业，它与生俱来的创新、真诚、与伙伴共生、唯用户至上的价值信仰推动着自己不断更新升级。

今天，国美响亮地提出了"国美、家美、生活美"的新时期品牌主张，全面践行"用户为王、产品为王、体验为王、服务为王、分享为王和线上线下融合"的"6+1"新零售战略，构建起了以"家电+家装+家居+家服务"四位一体的"家生活"全价值链运营平台，开创性推出了"社交+商务+利益共享"三轮驱动的"共享零售"新模式，全面开启了国美零售新一轮跨越式发展的新时代。这一系列全面主动的变化与升级，正是国美三十年品牌基因演进的新时代表达，是推动国美品牌进化的新发展动能。

"与百姓共享、与产业共生、与祖国共进"，国美不忘初心，砥砺前行。我们相信，在服务中国亿万家庭追求"美好生活"的幸福道路上，国美永远是最真诚的伙伴；在中国实现伟大复兴、建设"美丽中国"的奋进征程上，国美永远是值得信任的力量。相融共生——"国美、家美、生活美"。

这就是我们国美人的底色，这就是国美的品牌基因。

国美控股集团　杜鹃

# 新环境　新格局　新策略

## ——消费升级背景下的家电企业传统媒体广告投放

近年来,随着国内经济的快速发展和人民生活水平的逐步提高,中高收入人群的比例正在逐年上升。根据国家统计局发布的数据,整个上层中产和富裕阶层在未来五年将成为市场中主要的消费人群;与此同时,具有更高学历、更强品牌意识和更为广阔国际化视野的年轻一代正在渐渐成为中国消费市场上的主力军,他们追求更优的生活品质、更高层次的精神上的满足和更为精准的服务。在这样的大背景下,整个社会的消费观念也正在悄然发生变化,消费升级这个概念正在越来越多地被提及。

对于家电行业来说,消费升级意味着消费结构、消费品类、消费逻辑等多方面的升级,更多用于提升生活品质而非满足家庭基本需要的家用电器开始成为家电厂商广告营销活动中的重点,而众多知名家电及厂商也在消费升级中逐步调整了自身的传播策略,开始偏重高端化、定制化产品的推广。

### 一、品类升级——厨电、空调等生活改善型家电投放较多

根据 CTR 媒介智讯的数据,2017 年上半年家电行业的传统媒体广告投放花费较 2016 年同期增长了 10%,较 2016 年下半年增长了 34%,在各行业传统媒体广告市场投放普降的大环境下,家电企业在传统媒体广告投放方面却表现出了极强的活力与生命力。

厨电品类和空调品类牢牢占据着家电行业中传统媒体广告投放花费的头两把交椅,值得注意的是,家用净水器的广告投放量排在了家电行业各类别中的第三位。由此可见,随着人们健康意识的不断增强,消费者在购买家电时的侧重点由刚需转向对提升生活品质的需求。各家电厂商也开始调整投放策略。相应地,每个家庭中必不可少的电视、冰箱、洗衣机等家电品类的广告投放相对减少(图 0-1),消费升级这一趋势

对家电企业媒体广告投放选择的影响显著而深远。随之而来的是大量新品牌进入市场。2017年上半年,有超过300个新家电品牌开始通过传统媒体的传播途径进行产品的推广和营销。在消费升级的东风下,以家用食物料理机和净水器为代表的新品牌和新产品正在加入家电行业激烈的市场竞争之中。可以预见的是,在不久的将来,我们会面对一个更为开放、更加充满生机和活力的家电市场。

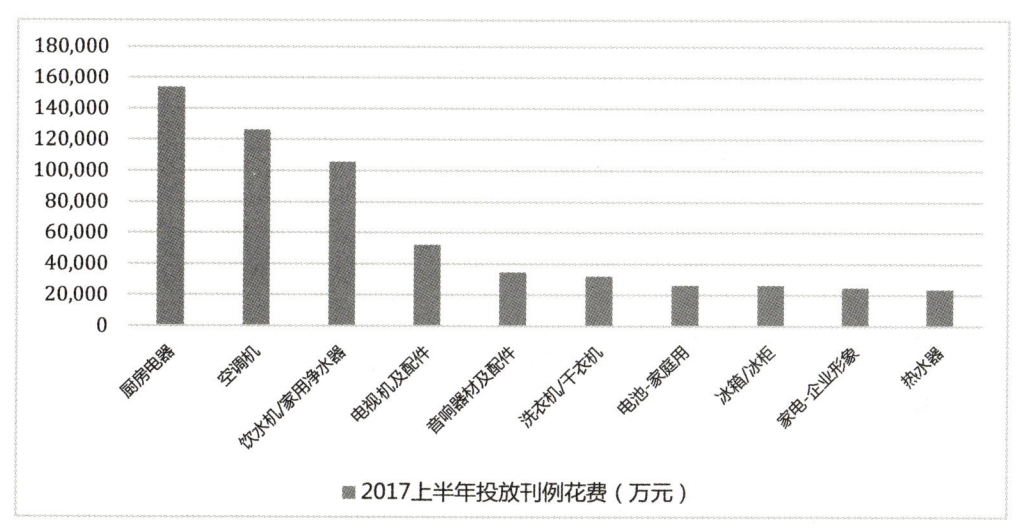

数据来源:CTR 媒介智讯
**图 0-1 各家电品类 2017 年上半年传统媒体广告投放刊例花费 TOP10**

## 二、品质革新——高端产品带来传统企业新活力

CTR 媒介智讯发布的 2017 年上半年各品牌传统媒体广告投放花费排名显示,美的、格力、海尔等传统家电行业领导者依然在传统媒体广告投放市场上扮演着不可替代的角色(图 0-2)。对于这部分企业来说,通过发布高端化和定制化的产品实现消费升级市场环境下的产业升级是大势所趋。格力旗下的高端品牌大松作为独立品牌进入了广告花费排名的前10位,其品牌旗下的高端空调、空气净化器、净水器等产品也很好地顺应了消费升级趋势中消费者对改善生活品质的需求。美的将超过60%的广告投放预算花费在了旗下的高端产品蒸汽吸油烟机和智能王空调的宣传之上,而这些产品也是其在央视国家品牌计划中重点宣传的内容。海尔在旗下高端产品自清洁空调上的广告投放也超过了传统冰洗产品,并同样在央视国家品牌计划中重点体现;与此同时,海尔从2017年上半年开始在传统媒体上进行对洗碗机、净水器、智能清扫机器人等新产品的广告投放。这体现了企业在新的经济形势下坚持产业升级的决心。

外资品牌方面,戴森、博世、松下、三星、西门子等家电品牌依然在国内传统媒体的广告市场中占据着重要地位。随着人们对家电品质的需求不断提升,这些品牌也同样可能在未来体现自身的竞争优势。

数据来源:CTR 媒介智讯

图 0-2　各家电品牌 2017 年上半年传统媒体投放刊例花费排名 TOP10

## 三、营销出新——互联网助力家电企业新发展

随着互联网媒体日新月异的发展,网络也正在成为家电企业的重要宣传途径。根据 CTR 媒介智讯的数据,2017 年上半年,超过 320 个家电品牌通过互联网进行了广告投放,投放频次较 2016 年同期增长了近 5%。在家电行业广告整体花费中排名靠前的美的、TCL、长虹等品牌不约而同地大力加强了在互联网广告投放方面的力度,广告投放频次增幅都超过了 100%。

在积极借助互联网媒体进行广告投放的同时,家电行业同样把互联网思维运用到了自身品牌升级的实践中。在"互联网+"概念的引导下,越来越多的智能化、移动化、社交化家电产品进入了市场,互联网思维让冰箱、洗衣机等传统家电品牌焕发出了新的活力。

在 2017 上半年的热播剧《欢乐颂 2》和《我的前半生》中,都出现了互联网家电的身影。尤其是海尔智能家电在《我的前半生》剧集中的植入,由于其场景化的设定和演员台词方面的提及,使海尔成了电视剧集中植入广告的典型代表(图 0-3)。而通过这部火遍中国大江南北的剧集,观众也直观地领略了在消费升级的大环境下,融入互联网思维的家电企业在产品创新方面取得的丰硕成果。

图 0-3 《我的前半生》剧集中海尔智能家电的植入

消费升级的趋势为家电企业带来了新的宣传需求。根据 CTR 媒介智讯发布的《2017 中国广告主营销趋势报告》的相关结论,家电行业的企业主计划在 2017 年增加 15%的营销预算。近年来,以电视为代表的传统媒体虽然受到了互联网媒体的冲击,但其覆盖面广、影响力强的优势依然不可撼动。调研结果显示,在企业主 2017 年的广告预算中,电视媒体的预算依然接近 30%,保持了相对于移动互联网和互联网的媒体预算上的优势(图 0-4)。

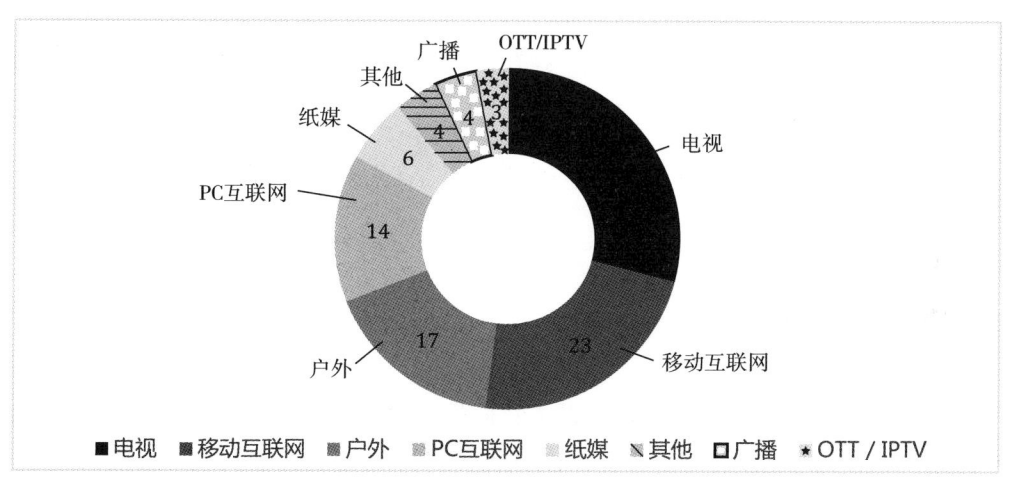

数据来源:CTR 媒介智讯"2017 中国广告主营销趋势"调研

图 0-4 2017 广告主各媒介广告投放花费预算%

总体来说,传统媒体因为其独特的覆盖优势,依然是家电行业市场营销广告活动中重要的宣传途径和手段。在新的市场环境下,家电行业也纷纷顺应时代的潮流,对自身的广告策略进行有针对性的调整。消费升级的趋势对于每个家电企业来说都是一次新的优化产业结构、提升品牌价值的机遇,但与此同时也充满了风险和挑战,这就需要企业主们在实际投放之中针对不同媒体的特点,合理安排自身的广告投放计划,以使广告宣传的效果最大化,从而在消费升级下的市场竞争中抢占先机。

# 中国消费者的升级方向

对于广告客户来说，媒体是一个沟通平台，媒体广告经营的核心工作就是帮助品牌与消费者进行有效的沟通。所以，洞察、研究消费者是做好媒体经营工作的前提。

消费者通常会购买与自我价值匹配的商品，希望通过消费行为来塑造自我、提升自我，消费升级就是消费者的自我升级。

2017年10月9日晚上，当我得知芝加哥大学理查德·泰勒（Richard Thaler）教授获得诺贝尔经济学奖的时候，感到非常高兴，打电话告知了好几个人，就好像自己的好朋友获奖一样！因为在过去的几年中，我在多个场合都引用过他的观点，但总是要解释半天。现在，他获得了诺贝尔奖，在光环效应的影响下，大家都会认识他、理解他了。泰勒的研究重点是人们的非理性行为，受他的影响，今天我们也来讲一讲中国人的非理性消费行为。

## 一、消费行为失控

由于中国人一向崇尚勤俭节约，过去我们担心大家消费不足，希望刺激需求，让消费拉动中国经济的增长。但是今天，由于互联网科技的兴起，我们更担心消费行为失控的问题、非理性消费的问题。

2017年最典型的非理性消费事件是什么？

我认为是拥有2亿用户的爆款手游《王者荣耀》。

大家也许会说，网络游戏与大家的消费行为有什么关系呢？又不是所有人都玩游戏。

问题正好在这里，网络游戏把我们带入及时行乐、即时奖励的虚拟场景中，为了追逐这种快感，我们不能自拔。可怕的是，游戏的这种特征与今天中国人放纵的消费行为极为相似。在互联网科技的推动下，我们的消费行为已经失控，冲动消费泛滥，所有人都卷入了这种及时行乐的购买"游戏"之中。

网络购物、移动支付、高铁和共享单车，被西方人认为是中国的"新四大发明"。这四大发明之中有两大发明都与我们的冲动消费泛滥密切相关。

首先是网络购物，过去我们看到广告以后产生购买冲动，至少要等到下班，等到周末才能去商场购买，而现在我们只要有一点点小的购物冲动，就可以立刻打开手机，瞬间下单。冲动到行动的距离缩短至零。

其次，移动支付成全了冲动消费。美国在刚刚开始发行信用卡的时候，经济学家们注意到一个现象，信用卡的使用者因为花钱没有数，所以非常容易消费失控，经常让自己陷入财务被动的状态。然而，今天我们中国的移动支付比信用卡方便得多，中国的移动支付的普及率是77%，美国是48%，日本只有27%。看不到金钱的流动，我们花钱的负罪感就会减轻，所以我们今天的冲动消费特别容易实现。

回到2017年诺贝尔经济学奖获得者泰勒的观点，他在40岁的时候就讲过，人有两个自我：一个是冲动的自我，一个是计划的自我。冲动的自我遵循的是快乐原则，计划的自我遵循的是理性原则，在非理性和理性的自我斗争之中，非理性总是占优势。

就像我们日常生活中，讲道理的总是干不过不讲道理的。人们内心的自我冲突也是这样，理性的规划总是敌不过野性的呼唤。所以，我们总是做出一些非理性的行为。

在泰勒讲这个观点的时候，同为芝加哥大学权威经济学家、1990年诺贝尔经济学奖获得者默顿·米勒十分生气，甚至因此拒绝与泰勒说话。但是后来，心理学的研究结果证明，泰勒是对的。在人类的大脑中，理性思考的中枢是前额皮质，前额皮质属于人类大脑相对现代的结构，它负责抽象思维和解决复杂问题，理性的思考需要收集有说服力的证据。而冲动决策的部分由大脑的边缘系统发起，它又被称作"蜥蜴脑"，很容易激活人们的情绪，让情绪影响认知。所以，在冲动与理性的斗争之中，前额皮质总是输给"蜥蜴脑"。

## 二、消费升级演变成地位竞争

哲学上有终极三问：我是谁？我从哪里来？我到哪里去？消费者也一样，所有的消费者都在寻找自我，希望通过消费行为来塑造自我。

但是，有两种方式让我们失去自我：一是活给别人看，二是看别人怎么活。一个是炫耀消费，一个是攀比消费。

为什么会炫耀？为什么会攀比？

因为人属于社会，个体在社会中的地位，直接影响其生存和繁衍。炫耀和攀比，正是社会地位竞争的表现。

所以,如今的消费升级演变成了一种社会地位的竞争,消费升级的过程是一个社会比较的过程,是一个地位竞争的过程。对于重视面子的中国人来讲,这个地位竞争显得尤其重要。

现在我们从购物的表现入手梳理一下中国人消费升级的轨迹。改革开放初期,刚刚富有起来的暴发户会戴一条大金链子来显示自己的富裕;后来,有钱人喜欢挎一个LV包标榜自己的财富;然后升级成郭美美炫富时挎的爱马仕包;再后来,《非诚勿扰》里面有个叫马诺的嘉宾说"宁可在宝马车上哭,不愿意在自行车的后座上笑",体现出我们对财富的追求升级到了要有豪车;最近几年,王思聪被网友叫做"国民老公",是因为他们家有很多房子,这反映出住房又成为财富地位的一个重要符号。

从消费升级的轨迹,我们可以看到地位的竞争,这也是人们非理性消费的一个原因。我们都在彼此竞争着奔跑,我们忘记了为什么出发,只想比别人跑得快,跑在别人的前面。

### 三、回归主流价值

我们都知道,如果一直这样非理性下去,社会是没有出路的,我们人类也不知道要走向何方。因此,我们需要回归理性的自我控制。

在古希腊的神话中,有一个海妖叫塞壬,她拥有天籁般的歌喉。塞壬常用歌声诱惑路过的航海者,她的歌声会使水手们失魂落魄,从而导致航船触礁沉没,船员则成为塞壬的腹中餐。

英雄奥德修斯率领船队经过塞壬所在的海域时,很想听一听她那令凡人无法抗拒的歌声,但又要确保船队安全。于是奥德修斯命令水手用蜡封住耳朵,并将自己用绳索绑在船只的桅杆上。最后,他既听到了塞壬美妙的歌声,也让船队安然无恙。

古代的奥德修斯懂得用绳子控制住自己,今天消费者也懂得自觉回归主流价值。比如消费升级,部分新兴的中产阶级不再攀比和炫耀,而是开始追求健康的生活方式,开始重视环保出行,吃有机食品;重视提高文化修养,重视教育等。据统计,美国年收入 30 万美元以上的高收入家庭,在教育上的支出是 6%,而年收入 7 万美元左右的中等收入家庭的教育支出只有 1%,高收入家庭的教育支出比例反而更高,在教育支出的绝对费用上,二者的差异就更大!

我们从中央电视台 2017 年的收视表现也能看到主流价值的回归。截至目前,2017 年中央电视台收视份额为 33.42%,比 2016 年提升了 1.27 个百分点。《新闻联播》的收视率持续增长,观众又重新回到了中央电视台,回到了弘扬主流价值观的节目。

《中国诗词大会》是2017年的一个经典,播出时出现了全国几千万人一起背诗的盛世景象,这是观众回归主流价值的一个非常可喜的现象。最后,来自上海的高中生武亦姝获得了大赛的总冠军,北京人好像很不服气。所以你会注意到,今年北京的小学生都在使劲背古诗。

消费文化是社会文化的重要组成部分,广告是推动消费升级的重要力量,把握消费升级的方向,引导积极向上的消费文化是媒体广告经营,特别是主流媒体广告经营的重要责任与使命。

中央电视台广告中心市场部主任　佘贤君

# 品牌的想象力，从知识开始

**一、品牌需要想象力，品牌的想象力是知识的累积**

我们在学习品牌知识时，课本里经常会举例说即使可口可乐公司的厂房被烧毁，可口可乐一样不会消失，它最重要的资产是品牌，这种无形的力量，让可口可乐不会被时间打败。如何构建一个不被时间打败的品牌？这或许是一个无解的终极问题，但在品牌构建之初以及后续的成长中，构建者的想象力很重要，这将影响品牌的成长速度与高度。

**二、品牌需要想象力**

你会问：品牌的建构需要的想象力是什么？

你为品牌注入的想象力决定着品牌的出发点和前进的路以及可能到达的远方。形象点来说，这将决定你种的是狗尾草还是牡丹花，养的是小金鱼还是鲸鲨。因为任何一个品牌在开始孵化前都是一个微小的点，这微小的点可能是企业方的一种市场直觉，也可能是一个产品原型，甚至可能是一颗抽象的螺丝钉。

就如安慕希还没被孵化出来的时候，它就是企业方的一个市场直觉，因为市场上有一个产品卖得很不错，所以企业方就想那我们能不能试试看。交到我们手中的就是几个关键词"高端""常温酸奶"，其他一无所知，甚至连它是一个新品牌还是仍然叫伊利都没有决定。那是什么让安慕希从市场的后进者成为乳业发展的奇迹品牌，短短四年的时间就成为整个液态奶的第一品牌，超越发展十年的特仑苏？我想我的回答会是品牌想象力。

### 三、想象力决定品牌的出发点

如果你问我安慕希和纯甄、莫斯利安有什么不同,当然你所看到的就有很多,口味不同、设计不同、代言人不同、合作的栏目不同……决定这些你看到的不同的是:品牌的出发点本质上就不同。莫斯利安和纯甄的品牌逻辑是产品思维,这个能够很快速地抓到差异点,在短期内效果不错。而安慕希采用的则是品类定位,我们用希腊酸奶来重新定义消费者毫无价值感受的"常温酸奶"品类。当你对品牌有了这样的想象时,品牌也就获得了它的骨架,它的命名、它的音容样貌就有了生长的基点。

### 四、想象力影响着品牌前进的路

品牌的发展是一个动态的过程,根据市场、消费需求、竞争等等,它要在一个轨道上滚动前行。这个轨道从它的出发点延伸而出,但它有多宽有多长,需要品牌人的想象力。做一个针对性很强的品牌不难,难的是将大众的需求纳入考虑,做一个令人惊讶而又畅销的品牌。回到这个品牌初始阶段的任务"高端"? 如何定义"高端"? 对于这种新型跨界的常温酸奶,它是一种更具亲和力的"品质潮流"而非"高岭之花",这也是品牌人对品牌的想象力。我们在安慕希的品牌金字塔(Brand Pyramid)中这样描写它的性格:"充满活力的创造美味新体验的年轻生活家。"这也影响了安慕希为什么会在2015年与《奔跑吧兄弟》娱乐真人秀合作,安慕希在品类开始潮流化的阶段迅速创造潮流。

### 五、品牌的想象力从知识累积开始

为什么会有"品类定位"这样的思维?为什么用"希腊酸奶"来做品类定位?为什么会这么解读"高端"? ……所有的这些想象力都从知识累积开始。

我一直相信在这个行业里,99%的好想法都不是坐等突如其来的灵感,而是在现存事物基础上的不断累积与思考。那些不凡的想法,更多的是在很多已发生的不凡想法的基础上创造出来的,这是一个累积的过程。

正是因为充分了解了品类发展的可能性,预见了巨大的市场前景,我们才用更广的逻辑来定位品牌;正是因为搜罗了全世界酸奶的新知识和动态,我们才找到了"希腊酸奶";正是因为做了很多的消费动态洞察和行为分析,我们才会有这么不同、特别的品牌设定。

  品牌的塑造过程是非常有趣、新奇、令人焦虑但同时成就感满满的一段旅程。这需要品牌人具有强大的想象力,这股强大的力量源自知识的累积,而知识的累积源自你的好奇心。在这个资讯爆炸的时代,你将接受到的讯息好好地保留、思考,进而转化成你自己的知识,累积成你的想象力,从而成就更多的好品牌。

北京李奥贝纳广告有限公司资深客户总监　李雯侃

# 企业营销传播之变

伴随着国家经济实力的提升、消费升级换代以及移动互联网所带来的媒体环境的变化,使得企业的营销传播也必然发生变化。站在互联网的下半场,企业的营销传播活动在营销理念、传播策略、消费需求满足、数据使用、销售转化等诸多方面都在发生根本性变化。

## 一、营销理念上,从物质到精神

过去,企业的营销活动往往强调产品的功能性,针对的是消费者物理层面的需求。因此,企业营销传播也主打功能诉求,突出产品本身的优势,如:汽车强调发动机、油耗等,电脑强调CPU、内存、硬盘等。

随着竞争的加剧,产品同质化现象严重,同一品类下的不同品牌在产品本身上的差异不再那么凸显。同时伴随着消费升级,消费者的精神需求越来越高。此时,情感诉求就越来越成为企业营销传播时的重点。如何传递品牌与众不同的精神内核,引起消费者的精神共鸣,触达消费者的内心,正在成为营销活动中无法回避的问题。

## 二、营销传播策略上,从粗放到动态适配多维情景

过去,受制于媒体环境的局限,营销传播策略往往比较静态和线性。到了移动互联网时代,消费者的行动轨迹和需求变化时刻被记录在案,企业能够捕捉到消费者时刻变化的需求,结合消费者所在的不同场景,动态适配消费者的个性化需求,从而有效地提高营销传播的效率。营销将全面迎来千人千面、个性化精准推送的时代。

## 三、满足消费者需求上,从延时到实时,所见即所得

以往,消费者的需求要在多个平台之间跳转才能得到满足:他们先要在电视看到

广告,然后到商城购买产品;他们要在 A 网站看到产品信息,然后跳转到 B 网站购买。在每一个环节的跳转过程中,消费者不断流失,销售转化率低。

现在,消费者的需求随时产生,也随时能够得到满足。移动互联网提供了一个实时满足需求的环境,消费者在一个页面、一个应用里就可以完成从接触信息、产生兴趣、下单购买、分享经验的完整过程。所见即所得,消费决策的过程和时空被大大压缩,从而有效地提升了销售转化率。

### 四、数据价值上,从辅助到赋能

近年来大数据对营销的价值已经得到普遍认可。但是,在 PC 时代,数据对营销而言更多的是辅助功能,数据在企业营销的多个环节发挥作用,但所起的作用是分散的。比如,通过市场调研来描绘消费者的年龄、性别、职业、收入等人口统计基本特征,并以此作为产品定位、研发、传播的基础;比如通过收视率数据来决定如何进行广告投放。

伴随着大数据的发展,营销越来越倚重数据。不同环节的数据流转、汇总,经由算法处理,形成自动化、智慧化的"营销大脑",推动了消费者画像的真实化、营销决策的自动化、品牌传播的智慧化,从而实现了对企业营销活动的全面赋能。

### 五、连通产传销链路上,从弱连接走向强链接

企业的生产、传播和销售三个环节之间的链路,在相当长的时间里都是相互独立的,传播与生产、销售之间处于一种弱连接状态。

现在,消费需求和传播环境的变化,倒逼企业调整整个营销链路,传播与生产、传播与销售之间的链接正在由弱走强,成为紧密咬合的整体。传播和销售环节反馈的信息传导给生产,反作用于生产,催生了 C2B 的生产模式。传播触点即销售入口,销售渠道即传播节点,这种状态促使传播环节与销售环节融合,销售转化率成为传播活动中的重要考量指标。

伴随着企业营销传播活动的诸多变化,一场新的营销变革正在到来。未来的营销将是一个以消费者情感沟通为核心,数据赋能,打通消费者需求与生产、传播、销售动态适配的过程。

中国传媒大学媒介研究所副所长、《媒介》杂志副主编　王薇

缘起编

# 报告一　品牌基因研究:概念、方法与框架体系

"品牌基因"的提出是在品牌学理论的基础上,结合生物学中与"基因"相关的概念而对品牌进行的延伸思考与定义,它体现了跨学科的思维方式。究其诞生的源泉,这种思考首先源自"品牌生命体"的提出,即将品牌看作具有生命的个体。

## 一、品牌基因研究综述及概念界定

### (一)从产品生命周期到品牌生命周期

把品牌明确视为一个生命体的论断始于欧洲经济学院教授曼弗雷德·布鲁恩(Manfred Bruhn)。布鲁恩指出,品牌生命周期由六个阶段组成,即品牌的创立阶段、稳固阶段、差异化阶段、模仿阶段、分化阶段以及两极分化阶段。[1] 菲利普·科特勒(Philip Kotler)认为,品牌也会像产品一样,经历一个从出生、成长、成熟到最后衰退并消失的过程。[2] 英国学者约翰·菲利普·琼斯(John Philip Jones)将品牌生命周期分为孕育形成阶段、初始成长周期阶段和再循环阶段。基本上,"品牌生命周期"相关理论对"品牌生命体"的解读还处于比较固化和概括的状态,是"产品生命周期"理论在品牌方面的延伸。

### (二)从品牌生命体到品牌生态丛林

与之相关,在品牌生命体的基础之上,学界陆续提出了"品牌生态环境""品牌进化"和"市场丛林"的概念。1999年安格尼斯嘉·温克勒(Agnieszka Winkler)指出,品

---

[1] 周骏宇.品牌的进化[J].企业管理,2006(11).
[2] 科特勒,凯勒.营销管理(第14版·全球版)[M].北京:中国人民大学出版社,2012.

牌生态环境是一个复杂、充满活力并不断变化的有机组织。① 我国学者周骏宇认为，品牌是一种特殊的生命体，一样存在进化的进程。② 高松分析了达尔文进化思想对品牌的影响，认为环境的变化驱动了品牌的演进与发展，其本质上是一个客观的过程。③ 张锐在《品牌生态管理研究》一文中，从世界品牌发展历史的角度梳理了品牌演进的大过程：18世纪末大多数制造商品牌消失，市场由批发商主导，这时逐步发展的企业生态系统已经形成。然而在19世纪末，制造商品牌大量出现，这种从批发商到制造商的力量转移，是品牌演进时期里的一个里程碑。品牌成长过程中的另一个重要标志是，从20世纪开始的制造商品牌向分销商品牌的演变以及20世纪后期出现的服务品牌，品牌生态系统直到这个时候才开始真正完善发展，形成一个品牌丛林的市场。④

从这些论述中，我们可以明显地发现品牌被真正当做了一个具有生物学意义的生命体来研究，生态学的观点被应用到了品牌研究中。这是因为品牌的研究环境变得愈加复杂：首先，品牌自身具有客观复杂性，品牌通常包括企业生态系统中的品牌群落、同质企业品牌种群、公司品牌系统、分类品牌群落、产品线品牌种群和产品个体品牌，每一层次均成为构筑其上一层次的单元，每一层次上的品牌还可以按功能分为若干子系统。⑤ 其次，品牌还具有动态性、开放性和主观复杂性，自始至终都与外部环境密切联系，品牌所处环境的复杂性也有所升级，而生态学提供了解决复杂系统问题的交叉学科应用视角。

(三) 回归品牌生命体，"品牌基因"成为品牌竞争全要素集合体

品牌生态系统理论是从宏观和系统论的角度对品牌生命体研究的一次有力拓展，但对作为个体的品牌生命体则缺乏微观、深度的审视。根据生物学的定义，个体生命的内核在于基因，进一步地，"品牌基因"这一概念被提出。

在学界，国外多用"Brand DNA"指代"品牌基因"，格林伯格(Greenberg)认为品牌基因可以被定义为历经时间的流逝而在用户心中形成感知的字词。我国学者认为，品牌基因是产品信息与品牌文化的集合，是品牌的核心价值，它规定了品牌结构的基本特征及其自动生成的机制，在适合的外界环境条件下，自动生成特定品牌。⑥ 宋嵩则更为具体地阐释道：基因被定义为生物体携带和传递遗传信息的基本单位，那么品牌基因就是品

---

① Winkler A,1999. Warp-Speed Branding: The impact of technology on marketing[M]. New York: John Wiley.
② 周骏宇. 品牌的进化[J]. 企业管理,2006(11).
③ 高松. 品牌生态环境与品牌发展——达尔文生物进化思想对品牌发展演进的启示[J].生态经济,2006(10).
④ 张锐. 品牌生态管理研究[M]. 重庆:重庆大学出版社,2003.
⑤ 同④.
⑥ 杨保军. 品牌进化的动力机制与模型分析[J]. 河南科技大学学报,2010(4).

牌包含与传播品牌信息的基本单位。无数的品牌基因构成了品牌的总和,其中有成功有失败,成功的被延续传承,失败的则被弃如敝屣。品牌基因即在品牌内部使品牌成功的各个要素。①

在业界,美国的 W 创意公司认为品牌基因是用来指导和发展商业的编码②,并给出了品牌基因的序列组成图(图 1-1),由图 1-1 可知,品牌基因包括了核心价值观、品牌宣言、品牌精粹、承诺、定位、市场、文化和品牌指南几层含义,同时和商业计划、市场沟通、消费者聚焦、产品和服务研发、企业文化、销售其因素有关。

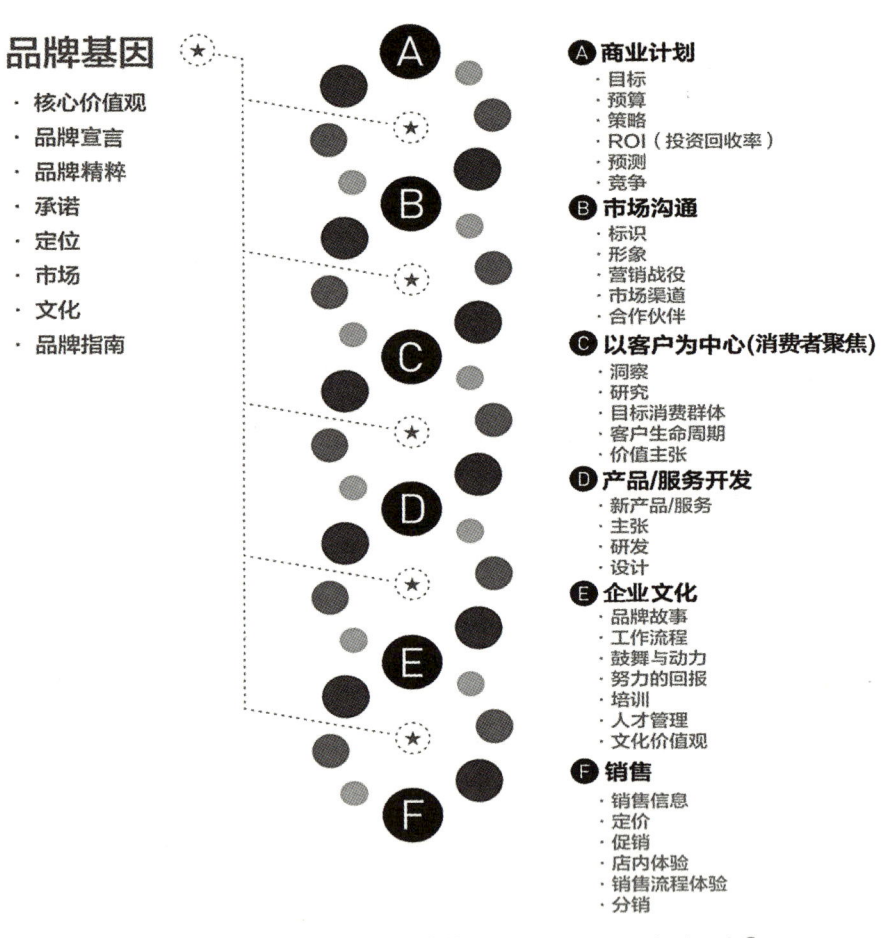

图 1-1　W 创意公司品牌基因(Brand DNA)序列示意③

---

① 宋蒿. 茅台与人头马品牌基因对比研究[M]. 上海:上海师范大学出版社,2013.
② W 创意公司官方网站[OL],http://wcreativebranding.com/brand-dna/.
③ 同②.

全球品牌咨询公司 Page Group 则认为品牌基因是品牌最简洁的定义,对沃尔沃来说,它是"安全",对宝马来说也许是"驾驶表现",对奔驰来说则是"奢侈感"。① 同时,Page Group 公司提出了品牌基因模型(图 1-2),认为品牌基因与品牌个性、产品和服务、消费者评价以及内部评价息息相关。

图 1-2　Page Group 的品牌基因(Brand DNA)模型②

国内研成创意设计有限公司通过分析世界品牌百年的发展历史,提出了用于打造高端品牌的 107 项品牌基因 DNA 指标评估体系,并将这 107 项指标分为如表 1-1 所示的四大类:

---

① Page Group 公司官方网站[OL]:http://tpgbrandstrategy.com/marketing-articles/branding-articles/brand-culture-how-culture-can-help-your-brand-win/.
② 同①.

表1-1 研成创意设计有限公司品牌基因DNA理论指标评估体系①

| 指标种类 | 数量 | 指标内容 |
| --- | --- | --- |
| 品牌基础指标 | 57 | 构成品牌的基本要素(如核心价值、符号、个性、典型顾客形象等) |
| 品牌文化类指标 | 13 | 企业文化构成、企业组织和管理架构 |
| 品牌物质类指标 | 23 | 从设计到生产到物流的整个体系 |
| 品牌关系/行为风格 | 14 | 营销组合的各个方面(如渠道、促销、媒介、公关等) |

此外,媒体和品牌方也开始频频使用"品牌基因"这个词,譬如《V MARKETING》杂志2015年3月刊的一篇专访标题为《阿迪达斯 深耕运动品牌基因》,奥迪汽车官方网站有专门的"品牌基因"一栏,栏目内容则为奥迪汽车的历史介绍。现在,"品牌基因"已不再是一个新概念,并渐渐分化出"品牌造型基因""品牌文化基因"等研究分支,如品牌造型基因就是产品造型中与品牌相关的那些基因,是产生品牌"印象"的"特征"中最小知识粒度的表达。②

综上可知,"品牌基因"虽然目前尚无一个得到普遍公认的定义,但无论是学界还是业界,都已经对其概念与研究体系有了一定的思考和实践,并呈现出如下共同点:一是普遍认为品牌基因是品牌的核心和遗传单位,它传达了重要的品牌信息,并且可以由一些特定的字词概括;二是品牌基因驱动着品牌的成长与发展,具有很高的实践指导价值。在研究品牌基因的方法论上,我们可以看到,品牌基因被认为与品牌表现、市场营销、企业文化等多方面因素相关,但总体上缺乏一个从品牌生命体的生命进化视角去思考设计的研究理论框架。

(四)品牌基因工程研究对"品牌基因"的界定

品牌基因工程研究对"品牌基因"的界定既不同于品牌竞争生态,也不等同于品牌竞争全要素集合体。我们之所以提出"品牌基因"这一研究假设,更多的是希望通过这一研究,学界、业界能够切实回顾品牌本源,聚焦于中国品牌从经济物质层面的使用价值到文化精神层面的符号价值进化。

首先,追溯品牌本源,何为品牌?品牌是依托于产品与服务等物质基础而形成的消费者心智认知的总和。品牌本身就是使用价值与符号价值的二元统一体。那么,何为品牌基因?品牌基因是承载了品牌生命密码的载体,它是高度智能化、能够自我修复、自我保护、自我控制、自我改进的生命体,是能够吸引、聚合生命支持资源、凝练物

---

① 研成创意设计有限公司官网[OL].http://www.yancheng.biz/core_technology/brand_DNA/.
② 张文泉,赵江红.奥迪品牌造型基因研究[J].包装工程,2008(4).

质与精神的生命枢纽。我们所理解的品牌基因,具有三大基本特征:

第一,品牌基因是承载了品牌生命密码的载体。品牌基因实际上是在企业成长历史与品牌发展历史中所形成的价值伦理的高度凝练。因此,我们的研究注重从长时段梳理、考察企业的成长历史和品牌发展历程,从企业与品牌的历史中梳理、凝练品牌的价值伦理、意识形态,这是品牌基因的核心秘钥。

第二,品牌基因是高度智能化、能够自我修复、自我保护、自我控制、自我改进的生命体。从生物学上讲,基因本身虽然以有机大分子为物质载体,但它是高度智能化的,它可以智能地控制免疫细胞合成抗体,也能敏锐地识别不明细胞入侵者并控制分泌生物酶予以消灭。因此,判断一个企业是否具备了品牌基因,我们需要综合考察其内外部表现,判断其是否具备了智能化自我修复、自我保护、自我控制和自我改进的机制。如果其具备了这样的高度智能化机制,我们便可以判断其具备了品牌基因的基本条件。

第三,品牌基因是能够吸引、聚合相关品牌发展支持资源、凝练物质与精神的生命枢纽。单纯就单一基因个体而言,显然难言精神与意识,但是当这些有机大分子结合在一起组成了人体,基因就具有了感知、思维能力。而这些有机大分子是人作为意识主体,能够聚合一系列生命支持资源,实现物质与精神融合的最为根本的生命枢纽。因此,判断一个企业是否具有品牌基因,还要看这个企业是否能够凭借其价值伦理,有效地吸引、聚合企业的内外部资源,推动企业内外部物质与精神的融合发展。

(五)"回归品牌本源,聚焦价值进化"——品牌基因工程研究侧重点

然而,近年来,伴随着全球经济复苏的乏力,越来越多的品牌榜单以及企业的品牌管理人员乃至企业高层领导,一面高举着品牌建设的大旗,一面在实践中却一边倒地关注品牌的市场规模与销售表现,将大量的企业资源向市场销售与资本运作倾斜。真正能够切实关注品牌的精神文化内涵,以打造百年品牌的信念,传承品牌宝贵价值伦理文化资产的企业越来越少。

从广义上而言,品牌基因可以被看作承载品牌历史变化和实现企业物质与精神相结合的生命枢纽,它犹如一段生命密码,记录了企业成长过程中积淀的宝贵价值伦理和精神文化财富。但从目前中国企业的实践来看,我们忙于应对环境的变化,忙于完成各种各样的年度、季度考核指标,无暇回顾、梳理企业与品牌成长的历史。企业的发展充满了各种各样的碎片和截面,缺乏细致、稳定的对企业与品牌成长历史逻辑与发展秘钥的梳理与提炼。

经历了改革开放四十年的飞速发展,中国企业已然积淀了较为丰厚的物质基础,

但在这个物质基础之上是否能够切实蜕变出瑰丽的品牌文化之花,对企业而言这仍旧充满了挑战。这种从物质到精神文化的品牌生命形态的蜕变所遭遇的挑战,无异于五亿年前寒武纪时代的生命大爆发。数十亿年的生命积淀,几个关键条件的机缘巧合,于是生命形态出现了质的大飞跃,地球从此进入了崭新的生命活跃纪元。当下,我们同样面临着前所未有的新环境——新的消费世代崛起,新的消费需求产生,人工智能、大数据不仅颠覆了企业的营销生态,更几乎影响了整个人类社会的生活形态和运转方式。已经实现了市场容量与销售规模积淀的中国企业,可以把握住时代机遇,实现品牌生命形态的进化与跃升吗?这个问题,承载着重要的历史使命。回答成功了,企业将实现质的飞跃;回答失败了,则漫长的品牌生命静默期将给予我们沉重的惩罚。

综上,品牌基因工程研究课题所聚焦的"品牌基因"研究希望同中国企业一道破解这道难题,"回归品牌本源,聚焦价值进化",注重对企业与品牌成长历史的梳理,注重从企业内外部对品牌进行考察,注重梳理企业实现价值进化所面临的桎梏与可能的机遇,帮助企业实现品牌的健康、良性、长远发展。基业长青,品牌长存。

## 二、品牌基因工程研究创新

### (一) 研究意义

**1. 梳理家电及消费电子品牌基因发生发展的历史与内在逻辑**

研究团队以客观中立的视角对家电及消费电子企业品牌基因发生、发展的历史情况进行全面的梳理和总结,解读家电及消费电子企业品牌的运营管理现状和存在的问题,并剖析其发生、发展以及所遭遇问题的内在逻辑,为家电及消费电子企业更好地实施品牌建设管理提供专业的意见、建议。

**2. 沉淀企业价值判断,帮助品牌进行战略规划和落地**

家电及消费电子企业是中国制造的主力军,家电及消费电子产品是事关人民生活品质的重要载体,家电及消费电子产品离用户距离近,令人感知强、体验深,品牌的作用十分明显。因此,品牌的建设管理越来越成为家电及消费电子企业持续发展、创造价值的核心能力。品牌基因工程研究帮助企业在确立自身独特品牌基因的同时,沉淀品牌价值伦理资产,为企业的品牌战略规划和战略实施提供范例并寻找路径。

3.促进家电及消费电子品牌价值的实现和转化

中国家电及消费电子市场历史短、发展快、竞争激烈,中国家电及消费电子企业普遍面临着强企业弱品牌的局面,品牌意识淡薄,积累不足,品牌价值的实现和转化也存在困难。品牌基因工程研究之所以提出品牌基因的概念,就是为了促进企业对品牌生命形态进化进行思考,为企业的品牌价值进化提供良性运转的方案和范例,激发企业对品牌运作管理进行思考,帮助企业寻找适合自身的品牌运作管理路径,从而实现企业品牌价值的厚积薄发。

(二)研究创新

1."长时段"地历史观察

研究采用非"横截面"式的"长时段"历史观察视角,追溯品牌发展的历史脉络,依托品牌基因库为每一个选品牌建立个性化的品牌建设管理专属档案,针对企业和品牌的成长脉络发现问题、提出问题,理顺企业的发展思路,因为品牌基因库会随企业的发展而不断更新迭代。

2.聚焦品牌的价值进化

品牌基因工程研究聚焦品牌使用价值和符号价值的互动关系,对品牌主个案进行深入剖析、诊断与咨询,探寻品牌发展中的价值进化行为,提出品牌诊断的专属建议。

3.着眼品牌的未来成长

品牌基因工程研究认为,支撑企业生存发展的核心力量是企业品牌基因的完善能力和存续能力。如果品牌基因强大鲜活,小企业也可以迅速成长;如果品牌基因弱小缺失,巨无霸企业也可能外强中干,被时代淘汰。品牌基因工程研究着眼于行业发展趋势,关注品牌的未来成长潜力,同时也对品牌发展中遗留的问题进行全面的排查、分析和解读。

4.专注品牌背后的人性与故事

品牌基因工程研究认为,销售的本质是企业与消费者之间的沟通和互动,售卖产品的关键在于品牌对人性的把握和洞察。因此,与品牌的销售表现相比,品牌基因工程研究更关注品牌背后的人性、文化和故事。

## 三、品牌基因工程研究之研究方法与路径

### (一)历史分析法

历史分析法(historical analysis)是从过去发生的事件记录中去发现和研究的方法[①],是具体分析方法的一种,它要求运用发展、变化的观点去分析客观事物和社会现象,被广泛地运用在社会科学学科研究中,体现了纵向的研究思路和动态的研究视角。对企业和品牌历史进行梳理和分析,可以厘清品牌各个发展阶段的不同矛盾和重大节点,揭示品牌变革背后的原因,从而有助于从整体上把握品牌的本源。

### (二)案例分析法

本研究项目采取多案例研究方法,根据家电及消费电子行业细分品类选取在中国市场具有代表性的家电及消费电子品牌(表 1-2),通过案例企业的公开出版物和各类文字、影像资料、网站内容、年度报告、商学院案例、第三方公司的咨询报告和行业参考资料等,对 51 个家电及消费电子品牌进行个案分析,考查每个品牌的基因发展状况。

表 1-2　家电及消费电子品牌基因研究入选案例企业一览表

| 细分品类 | 入选案例企业 |
| --- | --- |
| 冰洗 | 海尔、西门子、小天鹅、美菱、卡萨帝、松下 |
| 小家电 | 苏泊尔、飞利浦、格兰仕、戴森、九阳、博朗、3M |
| 空调 | 格力、伊莱克斯、美的、奥克斯、三菱电机 |
| 电脑 | 联想&THINK PAD、戴尔、华硕、KINDLE、微软、惠普 |
| 彩电 | 海信、夏普、创维、TCL、长虹、康佳 |
| 通讯 | 苹果、三星、华为、MI、欧珀、vivo、锤子 |
| 厨卫 | 老板、史密斯、方太、华帝、万和、阿里斯顿 |
| 数码 | 佳能、尼康、大疆、卡西欧、索尼 |
| 配件 | 爱普生、罗技、极米 |

### (三)实地调查法

对家电及消费电子品牌的门店进行确定范围的实地走访(图 1-3),根据对门店店

---

① Marshall, C. and Rossman, G.B. Designing Qualitative Research[M]. Newbury Park, CA.: Sage Publications, Inc..

员、消费者的问询和调查,搜集市场一手资料并统计分析,从而探讨案例品牌与消费者接触的实际情况,进一步考察企业及品牌运营的实际情况。

图 1-3　品牌基因工程研究课题组实地走访调研家电及消费电子终端门店

(四)深度访谈法

通过与行业标杆性企业品牌相关负责人和业内专家的访谈,课题组全面收集有关企业和品牌的运营现状及相关信息,结合业内专家对行业发展趋势和时事热点问题的评述和解读,深入了解品牌表现背后的企业品牌战略定位与品牌建设管理心得,从中梳理、发现中国家电及消费电子品牌目前在品牌基因建设上的问题、困惑以及可能的机遇和挑战。

## 四、品牌基因工程研究框架体系

品牌基因工程研究形成了"一库一书"的研究体系。"一库"指品牌基因库及其子库终端实地调研子库、消费者调研子库和品牌经理人深度访谈子库。其中,品牌基因库作为品牌建设管理工作的智能化数据库,可以对品牌建设管理工作中所有可检索、可追溯的信息资源进行系统梳理。其对企业及品牌的发展历史乃至涉及企业品牌建设管理的年度外部竞争环境、行业发展趋势以及内部营销体系、品牌管理机制、营销传播活动、企业社会责任活动、广告作品等都做了系统的梳理。该数据库的建设有助于企业品牌及营销广告经理人查找、回顾、检讨过往品牌策略及相关营销、广告等传播活动的落地、实施等情况,有助于促进品牌建设管理知识经验的沉淀,进而提升品牌建设管理效率。

"一书"则指《品牌基因工程研究红皮书》,本书旨在梳理家电及消费电子企业品牌建设管理的基本问题,探索家电及消费电子企业的品牌基因生成及发展的基本情况,检讨品牌发展过往历史中品牌基因在形成、发展、传承上存在的桎梏,为家电及消费电子品牌更为良性、健康的发展建言建献策。

(一) 品牌基因库

课题组从品牌生命体的角度出发,构建了如本书第 44 页图 1-4 所示的中国家电及消费电子品牌基因库。该品牌基因库分为品牌描述、品牌形象、基因内核、成长与裂变和基因表达五大脉络:

其中,品牌描述和品牌形象是对品牌生命体的基本信息概述。

基因内核具体分为基因萌发和基因承接两个层面,对品牌的诞生、成长和传承做了详细的梳理,是家电及消费电子品牌基因研究的核心部分,是品牌发展足迹和品牌价值伦理观念形成与发展的记忆展现。

成长与裂变则具体从产业环境与市场战略、竞争表现与竞争优劣势分析、营销支持、品牌组织管理机构支持四个层面分析影响品牌成长和裂变的内外因素,是对品牌生存能力的分析。

基因表达是研究中较具特色的一个部分。我们认为,品牌通过符号、技术、产品、渠道与消费者的接触和互动都是品牌基因的表达手段,是品牌基因的外化表现和品牌生命体与外界沟通、接触的形式,因而同样是品牌基因研究必不可少的一部分。

同时,这五大脉络的研究框架设计遵循和体现了如下三大原则:

一是成长性原则。成长性是品牌作为生命体的基本特性,是品牌基因诞生、发展、传承的体现。

二是内外联动性原则,即品牌基因成长和对外表达、互动过程中的内外联动。首先,品牌基因的形成受制于品牌内部元素,如企业决策者的理念变化、企业战略的制定、企业的品牌运营管理等;其次,品牌基因的形成和有效传承与品牌的对外表达方式互为影响,如产品及服务的使用体验、品牌技术的差异化表现、广告营销活动的传播效果等。内外联动性反映了品牌能否充分运用各表达元素顺畅地传递品牌价值,形成稳定的品牌基因。

三是注重梳理品牌个性原则。品牌个性是品牌作为生命体最重要的特性,是品牌基因的外在表现。即使在品牌同质化现象不断加重的背景下,每个品牌依然拥有独特的价值伦理和在此基础上形式的品牌个性,而这便成为其与相似品牌区分的基础。品牌基因工程研究尝试在建设品牌基因库的过程中努力挖掘每个品牌的独特个性之美,为家电及消费电子品牌树立差异化品牌形象提供启发。

(二)《品牌基因工程研究红皮书》

课题组以家电及消费电子品牌基因库为依托,结合深度访谈及实地调研,撰写了《品牌基因工程研究红皮书》。本书主体内容分为研究寄语、专家视点、缘起编、成长记忆编、传承思辨编、生存能力编、基因表达编七大部分,全面解读家电及消费电子品牌在发展营运当中面临的问题:

研究寄语部分为国家工商行政管理总局及行业协会相关领导对本研究提出的指导意见。

专家视点部分编邀请了不同领域专家从不同专业视角对品牌发展的前沿问题进行分析和解读,以帮助企业开阔视野,了解品牌发展的新动态、新趋势。

成长记忆编梳理了中国家电及消费电子企业及品牌在改革开放四十年中的发展脉络,从历史视角分析中国家电及消费电子品牌基因的萌发与成长,对家电及消费电子企业历史发展过程中的问题和经验提出总结和反思。

传承思辨编从资本运作、转型升级、多元化等视角研究家电及消费电子企业品牌基因的生发与传承,深入剖析企业在品牌发展过程中的不同选择对品牌的影响。

生存能力编从产品、服务、技术、渠道等角度对企业品牌营销中面临的问题进行深入的解读和分析,为企业品牌基因能够得到上述工作的更有效的支持运转提供意见和建议。

基因表达篇部分从工业设计、品牌接触点以及文化营销等方面为企业如何更好地表达品牌基因提供范例和思考。

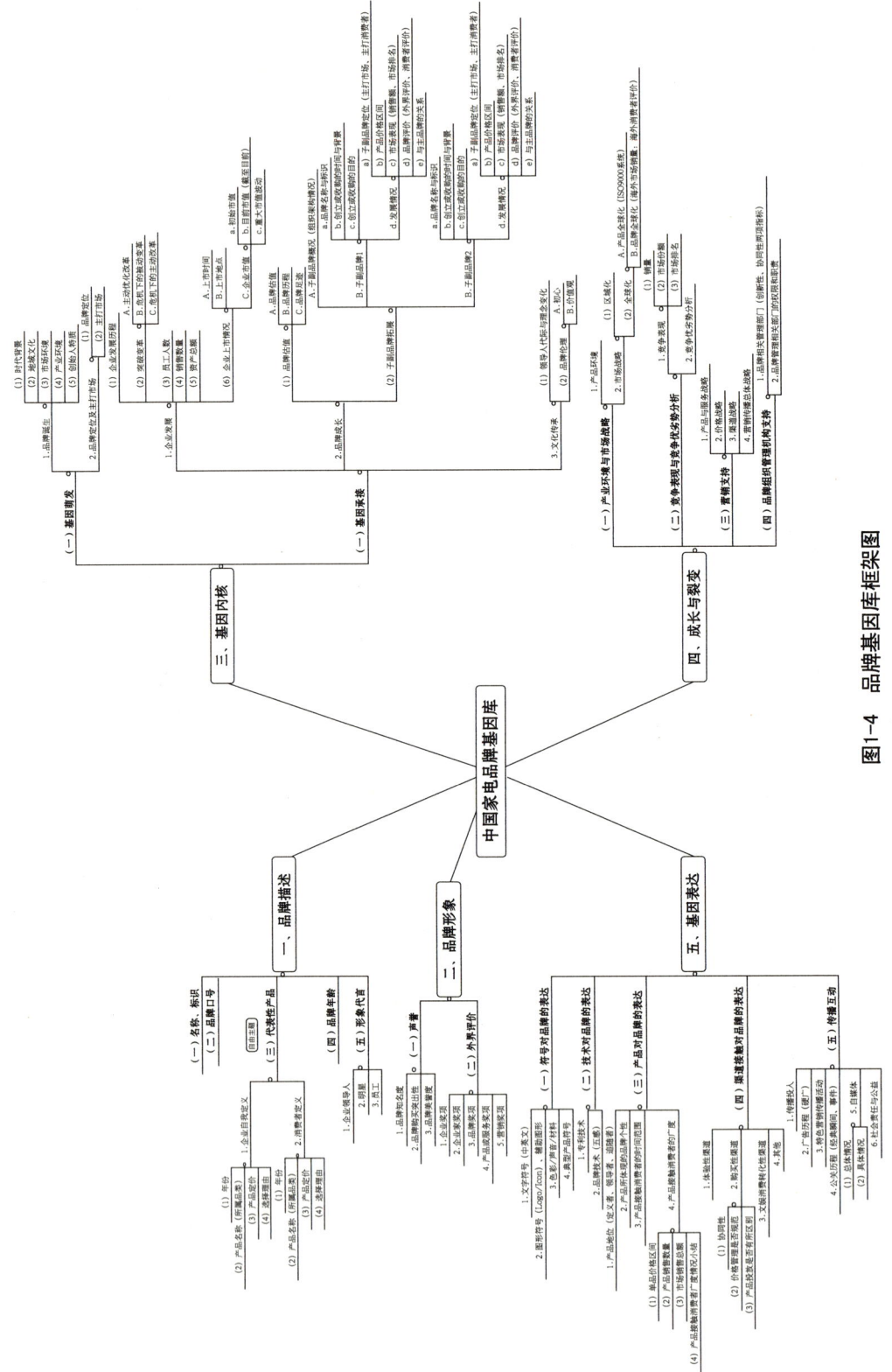

图1-4 品牌基因库框架图

# 报告二　从家电及消费电子品牌现状看品牌基因工程研究之意义和价值

## 一、中国已成为全球最大家电及消费电子制造国,但大而不强,品牌动能不足

随着改革开放以来中国经济的腾飞,我国已经成为全球商标注册量最大的国家,中国品牌建设也取得了巨大的成就。据国家工商行政管理总局数据显示,2016年我国商标注册申请量达369.1万件,同比增长28.35%,已连续15年居世界第一位,其中国内申请352.68万件,占年度注册申请总量的95.54%。[①] 改革开放以来,一批中国品牌在世界崭露头角。但我们也应看到,我国的品牌建设仍然滞后于经济发展。2017年Brand Z世界百强品牌排行榜上,中国共有13个品牌入围百强,与12年前只有1个入围相比已是巨大进步。谷歌、苹果和微软连续3年位列前三甲,而中国品牌仅有腾讯入围前十。[②] 由此可知,尽管中国在品牌建设上已取得长足进步,但在品牌实力上仍旧是"品牌小国"。

在中国经济腾飞的四十年中,中国家电及消费电子企业品牌也迎来了重大发展机遇。在这场发展浪潮中,许多中国家电及消费电子品牌从无到有、从小到大、从区域市场拓展到国际市场,取得了不俗的战绩。在家电及消费电子行业内各细分品类领军品牌中,中国品牌赫然在列,如白电行业的海尔、美的、格力,厨电行业的老板、方太,个人消费电子中的联想、华为,以及新兴的消费电子品牌大疆等。中国家电及消费电子品牌在经历"黄金时代"的顺风顺水与"后政策时代"的政策扶持后,其发展之路依旧任

---

[①] 刘丹阳. 2016年我国商标注册申请量达369万件[EB/OL]. (2017-02-08)[2017-09-03]. http://www.china-development.com.cn/news/zj/2017/02/1120705.shtml.

[②] 君君. 2017年BrandZ全球品牌价值百强榜最新出炉,13家中国企业上榜[EB/OL]. (2017-06-29)[2017-09-03]. https://www.ithome.com/html/it/314788.htm.

重而道远:

其一,在家电及消费电子领域内,技术与品牌是中国品牌与外资品牌角力的关键因素,而中国品牌在技术积累不足、品牌起点较低的情况下,常常依靠本土化定位以及惨烈的价格战获得一定的市场地位,实现品牌的野蛮生长,但无形中也为中国家电及消费电子品牌贴上了"低质低价"的标签,品牌向上延伸仍存在较大困难。

其二,中国家电及消费电子行业发展带着鲜明的"生产"烙印,如何从代工发展走向技术发展、品牌发现是家电及消费电子企业必须面对的问题。OEM 贴牌生产可以帮助企业在短时间内形成新品生产能力,也可以帮助企业充分利用、发挥被委托方在研发、品牌上的优势,降低市场拓展的难度。自 20 世纪 90 年代以来,从 GE 到 LG,从松下到东芝,许多国际著名的家电及消费电子跨国企业将生产线转移到中国,使中国成了全球家电及消费电子生产的"大车间"。据不完全统计,全球位列 500 强的家电及消费电子品牌中,近 95%与中国家电及消费电子品牌建立过贴牌生产的合作关系。[①] 不可否认的是,贴牌生产的确使得中国家电及消费电子行业的规模得以迅速壮大,使中国成为世界最大的家电及消费电子制造基地,中国一些代工品牌也在学习外资品牌先进经验的过程中获益良多。格兰仕从 1992 年引进东芝当时最先进的微波炉 OEM 生产线,在效仿学习后短短数年内便超过了东芝,"中国制造"的微波炉基本垄断了欧洲市场。[②] 但是中国家电及消费电子企业在核心技术上与跨国品牌相比仍有一定的差距,在品牌影响上更是存在较大的短板,这也导致中国家电及消费电子品牌在行业产业链中处于弱势地位,品牌竞争力、品牌转型升级面临阻碍。

其三,尽管中国家电及消费电子品牌技术创新近年来取得了长足进步,部分龙头企业甚至在一些领域实现了领先世界的技术突破,但在企业整体技术实力上仍与国际企业有一定的差距,导致品牌发展受制于人,品牌向上升级缺乏有力支撑。如智能电视的芯片技术,目前仍掌握在外资品牌手中。《中国家用电器工业"十三五"发展指导意见》提出,家用工业需进一步转变增长方式,加快从要素驱动向创新驱动转型的步伐,以全面提升国际竞争力和影响力。[③]

---

[①] 金朝力,石飞月. 中国家电企业"出海"蜕变[EB/OL].(2017-05-11)[2017-09-03]. http://www.bbtnews.com.cn/2017/0511/193046.shtml.

[②] 袁洋波."贴牌"经营:陷阱还是馅饼?——中国家电业的例证[EB/OL].(2006-05-13)[2017-09-03]. http://www.globrand.com/2006/47096.shtml.

[③] 刘圈. 零售渠道加速融合 "硬件+服务"时代全面到来[N/OL].(2017-04-19)[2017-09-05]. http://news.znds.com/article/21391.html.

## 二、从人口红利、渠道红利转入创新与效率红利,家电及消费电子品牌急需从价格战转入品牌价值战

中国人口被印度超过,"刘易斯拐点"提前到来,单纯依靠数量的人口红利正在消失,制造业劳动力成本上涨。2016 年 11 月底,格力电器董事长董明珠宣布给所有格力员工涨薪千元,一定程度上,涨薪的背后暗含着家电制造业人力成本上涨的现实因素。

中国加入世界贸易组织(WTO)后很长一段时间内,"中国的渠道红利为中国企业所独享,渠道红利为中国企业的发展持续释放市场空间"[①]。这是因为中国幅员辽阔,农民居住分散,中国市场以县、乡镇甚至村为单元被无限分割,形成了局部市场割据的局面。"大中小共生"是中国渠道系统的基本特征,这使得跨国公司建立在规模基础上的管理和服务机制难以施展,造成诸多跨国品牌的渠道建设"止步于县城""跨不过二批"。中国市场错综复杂的渠道体系令消费者很难有效地接收品牌传递的信息。随着中国城镇化率的不断提高(图 2-1),中国的基础设施建设水平进一步提升,更多大型商超以及电子商务的下沉,使得村镇消费者接触更为多元、广泛的品牌的机会大大增加,传统的渠道红利正在转向基础设施提升前提下的创新与效率红利。

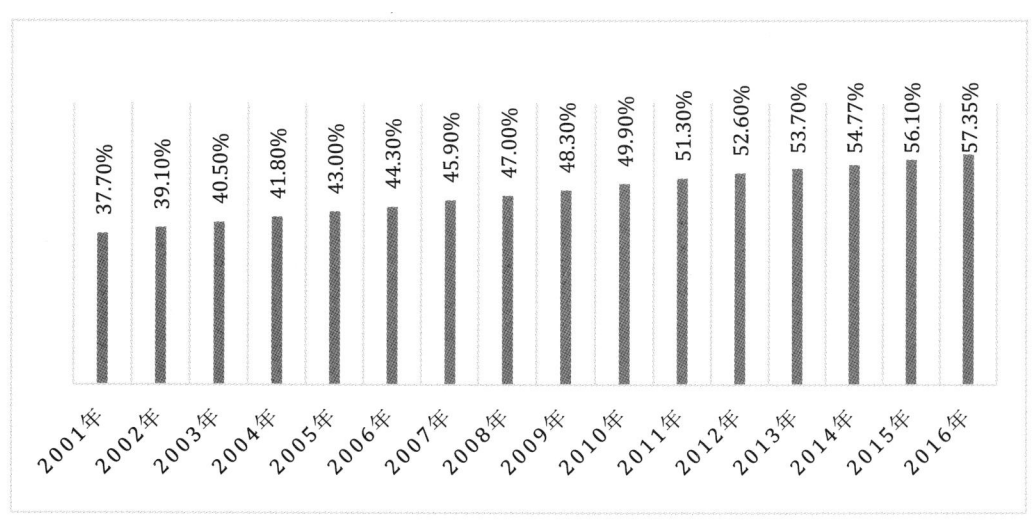

图 2-1 中国 2001-2016 年城镇化率[②]

---

[①] 刘春雄. 中国还有多少渠道红利[J]. 销售与市场(杂志渠道版),2003(1).
[②] 数据来源于中国 2001-2016 年统计年鉴。

2015年政府的补贴政策退出家电市场后,家电行业整体遭遇了2008年经济危机以来最大的下滑挑战,但价格战已不是最好的应对策略。人口和渠道红利的下降倒逼中国家电及消费电子企业更加重视品牌红利。在竞争日益充分的中国家电及消费电子市场,消费者愈加成熟理性,品牌忠诚度日益提高,价格战已经不能取得预期的效果,以品牌为核心的价值竞争才是家电及消费电子企业的最终出路。

### 三、消费升级大潮助推产品结构升级,从卖产品转向卖智能服务、卖品牌文化

瑞士信贷银行发布的《全球财富报告2015》显示,中国中产阶级人数已达到1.09亿人,成为全球中产阶级人数最多的国家。[①] 随着中产阶级的成长和居民可支配收入的提高,人们的消费从衣、食、行基本生活需求向包含精神层面求在内的更高需求迈进。这一轮消费升级大潮的到来也助推了家电及消费电子行业的产品结构升级。家电及消费电子行业有两大趋势势不可当:一是"智"者生存,智能服务前景巨大;二是品牌和文化的经济价值越加凸显。

产品智能化本质上是为了更好地服务人性,使产品拥有人的智慧,更懂得和关心消费者的需求,它融合了物质和精神消费两个层级。总体来看,家电及消费电子智能化已是行业共识,"机器换人""智能制造"等不断改变着家电及消费电子生产厂的面貌,家电及消费电子业将逐步完成由大批量生产向产品的大规模个性化定制转型,进一步迈入向现代制造业升级的新阶段。[②]

国美在线监测数据显示,2015年全年智能家电增速达到了300%以上,"双11"期间,国美在线利用大数据筛选定制的高端智能家电销量占比超过30%,"双12"期间占比进一步上升至35%。此外,2016年元旦全天,国美在线智能彩电在彩电整体销售中的占比高达65%。据HIS市场预测,国内智能家电使用家庭数量将在2025年达到2832百万的规模(图2-2)。

---

[①] 花怡太. 消费升级,升级什么?[EB/OL].(2016-06-22)[2017-09-03]. http://www.ftchinese.com/story/001068065.
[②] 佳甸. 家电业增速趋稳 消费升级锐不可当[N/OL].(2017-05-23)[2017-09-03]. http://news.znds.com/article/22497.html.

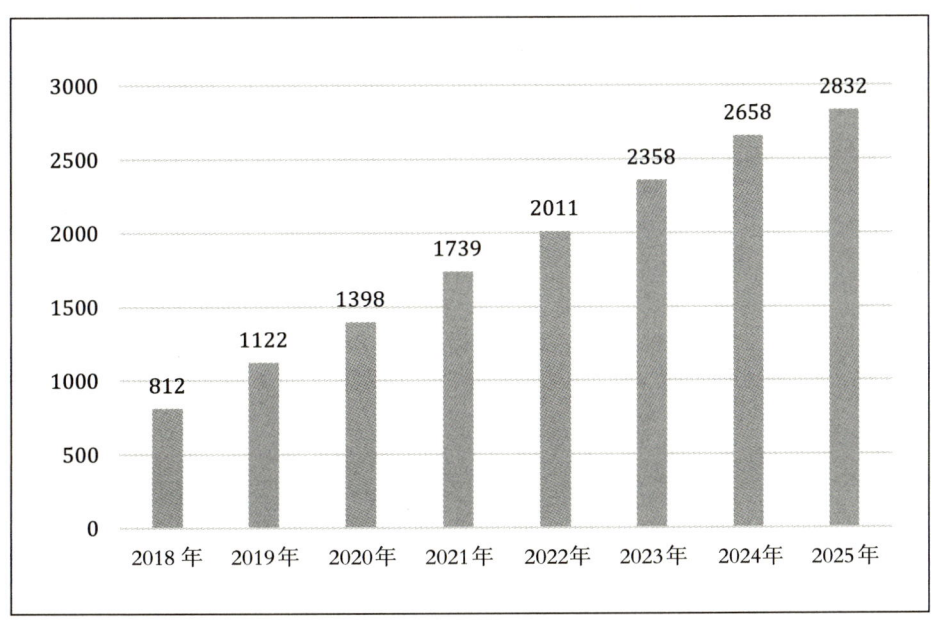

图 2-2　2018—2025 年国内智能家电及消费电子家庭数量预测①

与智能化产品消费升级一同到来的,是中国经济丰裕时期出生的一代——90后,他们将在不远的未来成为家电及消费电子产品消费的主力(图 2-3)。伴随着大量生产、大量消费、经济高速增长而长大的这一代人,很多都是独生子女,他们的消费决策意识更加个人化,同时这一代人在复杂的互联网社交环境中,试图用各种各样与消费行为相关的亚文化标签定义自己。不管是日益扩大的中产阶级,还是经济丰裕时期出生的 90 后,作为消费者,他们都不再仅仅满足于产品的功能性价值,还要求产品提供精神附加值,越是价值观鲜明、拥有人格魅力的品牌越受青睐。

如海尔,其针对年轻人群重新激活了"海尔兄弟"这样一个品牌文化符号,并在新媒体语境下成功令其走红,使"海尔兄弟"从网友的童年回忆中跳出,成为一个有些"污"的家电 IP。海尔发挥其品牌文化辐射效应,重新与网络时代的年轻人建立了沟通联系。戴尔 XPS 笔记本电脑在签约吴亦凡之后,与潮牌和时尚博主联合推出潮牌周边产品,为自己贴上"年轻潮流"的形象标签,也自然而然地赋予了品牌得以吸引年轻人的文化要素。

---

① 石亚琼. 中国家电智能化发展情况如何?我们在这里准备了一份报告[EB/OL].[2017-09-03]. http://36kr.com/p/5071781.html.

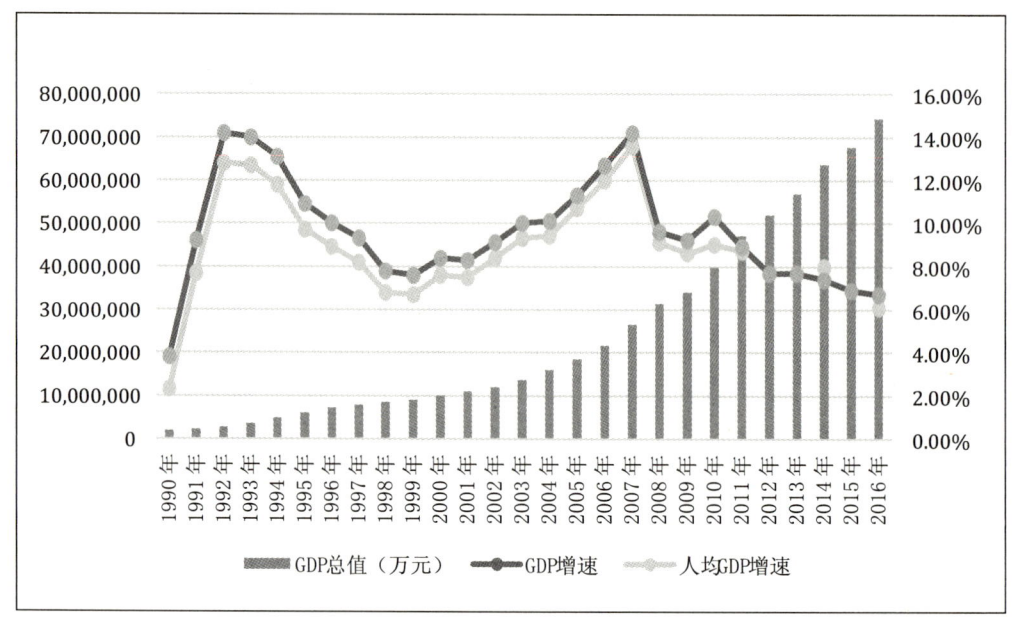

图 2-3　1990-2016 年中国物质丰裕度变化①

## 四、全球化布局加速,品牌亟待提升跨地域、跨文化传播能力

国内宏观经济"新常态"持续,中国家电及消费电子行业也正在经历调整阵痛期,中国家电及消费电子品牌在传统家电市场竞争激烈、利润微薄以及小家电领域外资品牌强势入华的背景下,将目光转向海外市场。近年来,中国家电及消费电子企业加快了海外并购步伐,资本成为其撬动海外市场以及寻求新发展机遇的支点:2004 年 TCL 收购法国汤姆逊彩电业务,2011 年海尔收购日本老牌家电品牌三洋,2012 年海尔收购新西兰家电及消费电子巨头斐雪派克,2015 年创维收购德国电视制造商美兹的 TV 业务以及夏普在墨西哥的生产线,2016 年海尔以 55.8 亿美元价格收购美国通用电气的家电业务,美的则以 33 亿元人民币收购东芝 80.1% 的股份,2016 年年底 TCL 收购美国 Novatel Wireless 公司 MIFI 业务。② 一方面,海外并购可以帮助中国品牌更快地"走出去"。以美的收购日本家电品牌东芝为例,美的这一举措不仅有利于其快速切入日

---

① 清流资本.消费升级:你将被你消费的品牌代言[EB/OL].(2016-05-24)[2017-09-03].http://36kr.com/p/5047291.html.
② 常文博.再下一城!中国家电海外并购势不可挡[EB/OL].(2017-05-04)[2017-09-05].http://jd.zol.com.cn/637/6379923.html.

本家电市场,同时东芝也成为美的打开欧美市场的跳板。① 另一方面,海外并购可以成为中国家电及消费电子品牌化解技术研发和生产线瓶颈的解决方案。随着国内消费由功能性向品质性转变,家电及消费电子品牌的研发及创新能力已成为现阶段中国家电及消费电子企业迫切需要提升的方面。但是,关键技术的研发需要耗费大量的人力、物力和时间成本。因此,通过并购获得国际品牌成熟的领先技术及生产线不失为一种良好的解决方案。

随着中国家电及消费电子企业在海外市场的发展,中国品牌作为生命体在世界范围内生根成长的同时,也面临着在巨大的地域和文化背景差异下的品牌传播问题。目前来看,中国品牌难以融入国际市场的主要原因可归结为中国品牌知名度不高、品牌故事不鲜明、品牌个性不突出等因素。中国作为世界制造大国,由于品牌成长的历史性因素,其品牌大多诉求于功能性特征而缺乏与消费者的情感沟通。另外,如何在本土化有效落地的同时精准地把握品牌个性也是品牌国际化发展的一个关键问题,缺乏品牌个性的品牌是无法在国际市场上经久不衰的。例如苹果的追求极致体验、ThinkPad 的善于思考等,它们都是打造品牌个性及品牌故事的典范。

## 五、后金融危机时代,中国家电及消费电子企业加快并购步伐,卓越的品牌基因是整合并购的重要抓手

后金融危机时代,美国的经济实力迅速和欧洲、日本的经济实力拉开差距,中国紧随其后,家电及消费电子企业海外并购成为一种热潮。海尔、美的、海信、九阳等中国家电企业都纷纷投入资金进行海外扩张。2016 年 1 月,海尔以 55.8 亿美元收购美国通用电气的家电业务,获得通用电气的知识产权和"GE"品牌;2016 年 3 月,鸿海获得夏普的面板技术和家电业务;2016 年,美的集团接连收购日本东芝白电业务、德国工业机器人制造商库卡、意大利中央空调企业 Clivet 和伊莱克斯吸尘器品牌尤里卡。

中国家电企业启动海外并购后,如何整合并购相关品牌资产,如何有效地融合不同企业品牌的品牌文化和管理模式便成为家电企业必须面对的课题。在整合并购资产的过程中,一是要尊重并购品牌的品牌价值和生长规律,令其在一定时期之内保持相对独立的运作;二是要明确并购的战略意义和对自身品牌基因塑造的目的。如美的的几次收购都是出于其"智慧家居+智能创造"的"双智"战略。美的收购库卡的举动

---

① 中国小家电品牌要如何在海外"逆袭"?[EB/OL].(2016-07-07)[2017-09-05]. http://news.cheaa.com/2016/0707/483100.shtml.

已经从收购东芝家电时的下游布局走到了产业链上游的智造研发阶段。"东芝已经进行了多年的国际化布局,美的收购东芝家电看中的就是他们的专利和渠道,这是下游;而收购库卡则是在上游的产品、工艺上支持其走出去。"①

而伴随着家电及消费电子企业海外并购的不断升级,卓越的品牌基因将成为整合并购资产的重要抓手。在频繁的并购活动中,"蛇吞象"并不可怕,真正的挑战在于我们的企业有没有强有力的品牌文化使自己能够强势兼容、有效融合,让并购的品牌资产真正发挥出其应有的潜力。

---

① 向炎涛,孙聪颖. 中国家电企业 5 个月 3 起期并购[EB/OL]. (2016-05-30)[2017-09-07]. http://homea.people.com.cn/n1/2016/0530/c41390-28388876.html.

成长记忆编

# 家电及消费电子品牌基因的萌发与成长

# 报告三 家电及消费电子品牌萌发的历程与机遇

改革开放四十年来,中国家电及消费电子产品完成了从无到有、从短缺到普及的快速蜕变,家电及消费电子产业经历了从无序竞争到集中发展的转型。与此同时,中国家电及消费电子品牌实力不断增强,开始走出国门,走向世界舞台,为"中国制造"持续发声。

(一)20世纪70年代末至1991年:改革开放背景下行业迅速发展

上世纪50-60年代,我国电器行业曾获得了一定发展,但由于生产水平以及人们的生活水平所限,电器产品仍未能进入普通家庭。如1956年,我国第一台电冰箱雪花研制成功;1958年,我国生产了第一台黑白电视机;1962年,沈阳日用电器研究所试制出中国第一台洗衣机(图3-1)。但是,以洗衣机为例,当时的洗衣机完全用于宾馆、洗衣店,还没有进入家庭。直至1978年,小天鹅生产出我国第一台全自动洗衣机,洗衣机才作为家用电器首次进入中国消费者的家庭。不过,这些产品的出现仍说明了我国

图3-1 1962年,沈阳日用电器研究所试制出中国第一台洗衣机

家电业在20世纪50年代已经开始萌芽。这一时期,由于国内外环境的影响,家电产品以自主研发为主,整体发展较为迟缓。

1978年,党的十一届三中全会的召开标志着我国进入了改革开放的新阶段,一系列政策的实施和经济改革使得处于起步阶段的我国家电行业发展步入了正轨。上世纪70年代初期,周总理去欧洲访问,回途经过香港时一位进步人士送了他两台5升直排式热水器。回到北京后周总理便责成相关人员开发此产品。在周总理的关注下,现代热水器进入普通百姓家的大门慢慢被打开了。1979年,中国第一台燃气热水器在南京市玉环热水器厂研制成功(图3-2),标志着中国老百姓的家用电器消费与使用进入了一个新的时代。

图3-2 1979年南京市玉环热水器厂生产出第一台家用热水器

为了发展家用电器工业,国务院于1978年1月成立了五金电器工业局;1982年,家用电器工业局从五金电器工业局独立出来,主要负责洗衣机、冰箱、电风扇、房间空调器、吸尘器、电熨斗六个产品的生产管理工作。[①] 同时,引进国外优质零部件的国家政策也解决了家电产品重要零部件配套的问题,该政策对于促进各地主管部门重视发展家用电器工业起到了积极作用。1987年3月,彩电国产化领域确定了"引进、消化、开发、创新"的工作方针。伴随着改革开放带来的市场需求的不断扩大,人们对家电产品的关注和热情急剧上涨。上世纪80年代,人们结婚时的"三大件":冰箱、彩电、

---

① 《电器杂志》编辑组. 中国家电行业发展回顾[J]. 电器,2008(9).

洗衣机,便很好地体现了家电产品已经走入中国寻常百姓生活并开始扮演重要的家庭建设角色。

受惠于国家政策和经济环境的良好运行,中国家电行业的部分"元老级"品牌也在这一时期创立:美的集团于1981年注册美的品牌,进入家电行业;同年,TCL集团创立;1984年,海尔集团创立;1991年格力电器成立。作为改革开放至今依旧稳定发展的家电品牌,它们历经市场锤炼,成为了家电行业领域的中流砥柱。但也有一批当时名噪一时的家电品牌随着市场的洗礼而逐渐消失,如金星。作为上世纪80年代上海市的标志性品牌,金星最先荣获国家商业部"全国最畅销国产名牌产品金桥奖""中华名牌大屏幕彩电"等荣誉和奖项,但却在价格战兴起和利润日渐稀薄的情况下退出了电视市场;空调品牌古桥,自1978年研发出第一台空调以来至上世纪80年代后期,年产量达到30万台,处于行业领先地位,但同样因为空调技术门槛降低带来的激烈竞争而走向了没落。

需要提及的是,虽然外资品牌如松下、东芝、夏普都于这一时期进入中国市场,但由于品牌定位高端化而中国消费市场还未成熟,这些品牌在上世纪80年代普遍竞争力较弱。

根据国家统计局的统计,1979年,我国主要家电产量为:黑白电视机131.90万台、彩色电视机0.95万台、洗衣机1.8万台、电冰箱3.18万台。① 当时,中国家电产业的发展主要面临两大问题:第一,中国家电品牌在技术上非常薄弱,主要依赖进口。1983年,有40多个厂家先后从洗衣机技术先进国家——日本、英国、法国、意大利等引进技术60多项。第二,在定点生产的国家计划下,当时全国仅有70多个冰箱定点生产厂家、80多个洗衣机定点生产厂家,老百姓要凭票才能购买这些电器产品,整个产业处于供不应求的状态。

(二)1992年至2000年:市场竞争激烈,品牌意识凸显

上世纪90年代初,随着国家取消定点生产制度,中国家电业的发展进入爆发期,各种政策规划、行业标准相继建立并日趋完善。市场环境的宽松带来了更为激烈的竞争和集成发展,家电品牌纷纷走上注重质量、自主创新的道路,中国家电企业开始在国际市场上崭露头角。

由于定点生产的突破和相关政策的实施,中国家电品牌数在上世纪90年代急剧增加,行业并购现象频发。1991年,国家正式出台了第一个空调规划,空调业掀起了

---

① 顺德家电产业介绍[EB/OL].[2017-10-11]. http://www.shunde.gov.cn/zjsd/? id=1301.

品牌注册热潮,到 1995 年,注册的品牌数已达到 400 多个。1993 年,电子工业部提出实施"大公司战略",以推动行业集成发展。在该战略背景下,彩电品牌长虹于 1996 年发动"价格战",宣布所有品种的彩电一律大幅度让利销售,随后,其他彩电品牌纷纷跟随长虹的脚步降低价格。经历了一个多月的降价冲击后,一些中小型企业面临着退出市场的结局,中国彩电市场迅速被长虹、TCL 等几个品牌瓜分,产业整合完成。至上世纪 90 年代中后期,据国家信息中心的统计,有竞争力的彩电品牌从 50 多个减少到 10 个左右,空调品牌从 110 个减少到 8 个,冰箱品牌从 75 个减少到 10 个,洗衣机品牌从 80 个减少到 7 个,中国家电品牌的生成期基本完成,品牌集中度越来越高。[1]

与此同时,在市场竞争的压力下,中国家电品牌开始进行技术研发和升级,注重自身的差异化发展。一位曾经在海尔冰箱工作过的技术负责人举例说,1997 年前后的冰箱行业,海尔主打健康,春兰主推电子,美菱强调保鲜,而荣事达则号称全能。每个企业似乎都想发展自己的技术。[2] 而此前以技术引进为主的外资企业也转变为资本引入为主,在中国建立生产基地,成立中国分公司。如 1992 年,三星电子在中国投资建厂;1994 年,小天鹅公司与德国博世—西门子家电集团正式签约合资建立博西威家电有限公司;1996 年、1997 年,日本品牌佳能、索尼分别在中国成立分公司。这些强势外资品牌的进入,无疑加大了中国家电市场的竞争强度,以有形的压力督促本土品牌崛起,无形中也加快了中国家电品牌走向世界的脚步。1992 年,中国家电行业首次参加德国科隆展;同年 6 月,青岛冰箱总厂上半年冰箱出口量达到 8 万台,成为世界级供应商,同时成为亚洲地区出口德国市场冰箱最多的厂家。[3]

经过上世纪 80 年代的积累,90 年代的消费需求更加多元化,从而促使了厨电产品和小家电产品的出现,方太、老板、九阳、苏泊尔等厨电和小家电行业领导品牌纷纷在这一时期诞生。随着家电市场的细分和消费水平的不断提升,企业的品牌意识日渐增强。家电企业,尤其是巨头企业,在市场竞争的过程中越发认识到品牌的重要性,开始运用广告宣传自身产品,以期在消费者心目中为自己塑造差异化的品牌印象。1989 年,老板厨房电器成为行业内第一个在中央电视台发布广告的厂家,随后,老板厨房电器又在自己的品牌概念中引入了企业文化和形象识别系统。[4] 众多家喻户晓的广告

---

[1] 王峰. 改革开放三十年看家电行业变迁:品牌渐集中[EB/OL]. (2008-11-18)[2017-10-11]. http://www.abi.com.cn/news/htmfiles/2008-11/79425.shtml.
[2] 韩敏. 家电技术:从模仿到创新[EB/OL]. (2008-10-07)[2017-10-11]. http://tech.sina.com.cn/e/2008-10-07/13352493406.shtml.
[3] 车尚书. 发展汽车自主 应该向家电行业学点啥?[EB/OL]. (2016-06-03)[2017-10-11]. http://www.sohu.com/a/79795989_113121.
[4] 刘伟. 老板见证中国厨电行业三十年变迁[EB/OL]. (2008-11-17)[2017-10-11]. http://digi.it.sohu.com/20081117/n260683285.shtml.

语也说明了家电企业的品牌化传播理念,如:长虹电视的"太阳更红、长虹更新";新飞冰箱的"新飞广告做得好,不如新飞冰箱好";海尔电器的"海尔,真诚到永远";荣事达洗衣机的"荣事达,时代潮";神州热水器的"款款神州,万家追求"等。

从上世纪80年代的零起点到90年代的迅猛崛起,中国家电企业已具备了一定的实力,无论是产品开发还是市场经验,都有了较为成熟的规范。但是,若用全球视野来审视中国家电产业,我们仍旧可以感受到当时中国家电品牌与日本、欧美等发达国家家电品牌之间的差距。核心技术的短板、全球化品牌的缺少、综合实力的落后等成为影响中国家电企业在世界舞台上站稳脚跟的关键因素。

(三)2001年至2012年:海外市场拓展加快,国内市场并购重组,提升综合竞争力

伴随着中国2001年加入世界贸易组织和世界家电制造中心逐步向中国转移,中国家电企业紧紧抓住历史机遇,一方面通过建立海外生产基地,并购海外品牌等举措积极拓展海外市场;一方面在国内市场并购、重组,提升企业的综合竞争力。美的在2007年至2011年,先后在越南、白俄罗斯、埃及、巴西和阿根廷等地建立了自己的生产基地;在国内市场,美的则先后收购了荣事达、江苏春花、广东正力、小天鹅,进一步优化了产业格局,完善了产业链条。长虹在这一阶段于2007年实现了捷克家电生产基地量产;2012年旗下华意压缩竞得全球第四大商用压缩机供应商Cubigel公司的主要资产,制冷全产业链开始向海外延伸,实现了全球布局;在国内市场,长虹2005年成为美菱电器的第一大股东,从而进入冰箱领域;先后与彩虹集团、台湾友达光电等合作,进一步完善了产业链条。

而TCL相对似乎更为激进,2004年,TCL和汤姆逊及阿尔卡特两家法国公司分别组建合资公司,但这次并购直接导致了2005年公司亏损3.2亿元,2006年半年报亏损7.38亿元。不过,尽管这次走出去的尝试在战术上有所失误,但正是由于TCL当时勇于实施跨国并购,提前做出向上游技术、品牌拓展的战略布局,后来TCL才在国际家电品牌的鏖战中赢得了自主技术创新、国际化品牌、海外销售渠道等重要的竞争支持。

(四)2013年至今:借全球化、智能化和互联网化提升各品牌竞争力

2013年11月,党的十八届三中全会提出产业转型升级,推动产业结构高级化,向更有利于经济、社会发展方向发展。与此同时,居民消费升级趋势愈加显著,互联网、物联网、人工智能技术发展迅猛,家电企业纷纷开始新的品牌转型升级。

首先,国内家电品牌纷纷完善相关产业布局,进行品牌扩容,如海尔、海信、TCL、

美的等,其旗下的产品品类均不止一个。家电行业"三巨头"——海尔、格力、美的中,海尔、美的均已布局多元化家电产业领域,而曾经专注于最具盈利能力的空调领域的格力近年来也启动了产品的多元化扩张。

2001年中国加入世界贸易组织后,经济全球化的影响进一步加深,改革开放多年来积累的资金实力和庞大的国内市场成为中国家电及消费电子品牌走向国际化的有力支撑,家电及消费电子企业将视野扩大至全球,并购动作不断。2016年,先是海尔以55.8亿美元的价格收购了世界顶级家电企业美国通用电气,之后美的又以33亿人民币的价格收购了东芝80.1%的股份,年底TCL又收购了美国Novatel Wireless公司的MIFI业务。[1] 2015年,海尔已在全球设立5个研发中心;2017年,美的的欧洲研发和创新中心在奥地利成立。海外并购和全球研发中心的成立,有利于中国家电及消费电子企业优势互补与资源整合,打破行业全球技术互通的壁垒,在世界范围内配置资产。"AWE2017"举办期间,美的集团宣布其新战略目标是成为一家全球领先的消费电器、暖通空调、机器人及工业自动化系统的科技集团。海尔也首次对外发布旗下海尔、美国通用电气GE Appliances、新西兰Fisher & Paykel、日本AQUA、卡萨帝、统帅六大品牌的全球化战略,覆盖全球五大洲,为五大细分人群提供家电解决方案。[2] 中国家电及消费电子行业有望诞生真正的世界级品牌。

其次,互联网和物联网的发展带来了新的消费形态,消费智能化、电商化趋势明显。2014年中国智能电视销量突破3,000万,市场渗透率接近70%[3],小米、乐视等互联网企业从智能电视开始,跨界智能家居制造,成为行业新的竞争者。小家电也借道智能化迎来了新机遇,如扫地机器人的开发等。2016年上半年,我国家电网购市场规模再创新高,整体市场规模达到了1,848亿元,同比增长35%[4],线上销售的良好前景凸显了电商渠道的重要性。在此背景下,传统家电及消费电子企业积极发展互联网品牌,如创维酷开、康佳KTV、海尔统帅、TCLTV+、长虹CHQi、海信VIDAA、联想小新等。根据HIS市场预测,国内智能家电使用家庭将在2025年达到2,832万户的规模,基于

---

[1] 郭有智. 再下一城! 中国家电海外并购势不可当[EB/OL].(2017-05-04)[2017-10-12]. http://jd.zol.com.cn/637/6379923.html.
[2] 杨悦祺. 家电行业变阵:企业多元化转型的赌注[EB/OL].(2017-03-15)[2017-10-12].https://gupiao.baidu.com/article/SPDR494986.
[3] 动点科技. 乐视2014年智能电视销量3000万台[EB/OL].(2015-02-05)[2017-10-12]. http://tech.163.com/15/0205/18/AHN8JCFH00094OE0.html.
[4] 陈维. 小问题大维修泛滥 家电售后服务潜规则难破[EB/OL].(2015-08-14)[2017-10-12]. http://homea.people.com.cn/n/2015/0814/c41390-27460890.html.

该用户群体产生的大数据服务将可衍生出 O2O 与智能管家服务,具有巨大的价值与前景。① 这意味着目前智能化与互联网化给中国家电行业带来的巨大机遇才刚刚开始,未来家电及消费电子品牌竞争力的要素中,硬件制造将仅仅意味着其中的一个部分。

  回顾历史,我们可以发现,中国家电及消费电子品牌的萌发和成长与中国经济的起飞和发展、政策的支持、科学技术的突破、国民消费趋势的变化密切相关,每一次历史机遇都与挑战并存,而竞争无处不在。正如中国家电商业协会营销委员会执行会长洪仕斌所说,家电的研发上世纪 30 年代看欧美,70 年代之后看日韩,现在接力棒传到了中国。② 在后金融危机时代,家电及消费电子行业将和中国经济一起走上转型之路,完成产业升级,用品牌基因铸就品牌实力。

---

① 石亚琼. 中国家电智能化发展情况如何?我们在这里准备了一份报告[EB/OL].[2017 - 10 - 12].36kr, https://36kr.com/p/5071781.html.
② 杨悦祺.家电行业变阵:企业多元化转型的赌注(2017 - 03 - 15)[2017 - 10 - 12]. https://gupiao.baidu.com/article/SPDR494986.

# 报告四 外资品牌:中国家电及消费电子品牌生态丛林中不可或缺的生物种群

中国家电及消费电子品牌生态丛林中活跃着许多生命体,其中外资品牌作为外来生物种群,在整个丛林中扮演着重要角色。从历史回顾的角度来看,外资品牌受全球制造业浪潮变迁及中国市场变化的影响,表现出差异化的在华策略。从外资家电及消费电子品牌在华发展的现状来看,近年来在种种复杂的内因作用下,老牌外资家电及消费电子企业的在华业务出现了分化,有的已然显露颓态,正逐渐剥离家电及消费电子业务,有的却正如日中天,依旧蓬勃发展。

## 一、外资品牌进入中国家电及消费电子市场的三次浪潮

(一)20 世纪 70 年代末至 80 年代:中国国门初开,外资家电及消费电子品牌在华活动主要以商品贸易和技术贸易为主

20 世纪 70 年代末改革开放后,中国庞大的消费市场、廉价的劳动力以及优厚的政策待遇吸引了最早一批外资家电及消费电子企业进入中国(表4-1),这些企业曾一度成为繁荣中国经济的重要推手。数据显示,1979 年至 1991 年,中国累计实际利用外资 81,156 亿美元,其中对外借款 51,561 亿美元,外商直接投资 25,058 亿美元,外商其他投资 3,537 亿美元。[①]

这一时期,日资品牌是相对最早一批进入中国市场的外资家电及消费电子品牌。1978 年 10 月 22 日至 29 日,邓小平对日本进行了友好访问,成为首位访问日本的中国国家领导人。访问期间,邓小平参观了日本新日铁、松下、索尼等公司,并会见了松下

---

① 中华人民共和国国家统计局. 中国统计年鉴(2007) [M/OL]. http://www.stats.gov.cn/tjsj/ndsj/2007/indexce.htm.

幸之助、盛田昭夫等企业创始人,为中国引进日本先进技术奠定了基础。1987年松下幸之助在北京与电子工业部(现信息产业部)等有关单位的四家企业合资成立了北京松下彩色显像管有限公司,随后松下先后在北京、广东、江苏、上海、山东等地投资设厂建立合资企业。① 佳能、索尼等日资品牌也相继在70年代末期开始了在中国的业务。三洋于1979年设立了三洋电机贸易株式会社北京办事处,正式进入中国市场。

这一时期,外资企业多以商品贸易和技术渗透的方式进入中国市场。20世纪70年代,中国制造业的基础十分薄弱,家电行业处于起步和探索阶段,大部分家电尚不能自主生产,包括冰箱压缩机、洗衣机定时器、ABS工程塑料等,都依靠国外进口。因此,外资技术在中国家电行业的发展进程中扮演着重要角色。以这一时期的彩电产业为例,我国与世界发达国家相比技术相当落后,当国外已发展到集成彩色电视机时代时,我国才刚刚掌握晶体黑白电视机技术。在技术与配套设施匮乏的情况下,技术导入成为迅速提升电视产业发展的最有效途径。因此,1979年至1985年这一时期,电视行业的主要特点之一是大量进口彩电生产线:1979年上海金星电视机厂开始从日本日立公司引进彩色电视机生产线,随后天津北京牌电视机厂、北京牡丹牌电视机厂以及东风电视机厂也相继从日本东芝、松下引进彩色电视机生产线;1985年下半年,由于中国彩电行业短期内生产能力急剧扩充,国务院对彩电生产线的引进采取了严格的限制措施,②当深圳康佳电子公司于1985年从香港港华集团引进国内最后一条彩电生产线时,它已经是国内彩电引进技术的第147家了。③ 这一时期中国的冰箱行业也是如此,中国许多自主品牌在自身技术落后的情况下纷纷引进多项外资企业的冰箱生产线:1983年,万宝冰箱从新加坡引进第一条冰箱生产线;④1984年10月23日,青岛电冰箱总厂与联邦德国利勃海尔公司签订关键设备和技术引进项目;⑤20世纪80年代中期,中国仅从意大利默洛尼家电集团一家就引进了九条冰箱生产线,分别为合肥美菱、牡丹江北冰洋、南京伯乐、上海远东、景德镇华意、重庆五洲、宝鸡长岭、兰州长风、长沙中意公司。⑥

---

① 高泽阳. 松下幸之助和邓小平有个"君子约定"[N/OL]. (2008-10-24)[2017-11-01]. http://news.hexun.com/2008-10-24/110411700.html.
② 龚晓峰. 中国彩电产业发展研究[M]. 成都:西南财经大学出版社,2001.
③ 陶显芳. 中国电子技术发展的出路在哪里[J/OL]. (2008-02-28)[2017-11-02]. http://www.pjtime.com/2008/2/68523924_all.shtml.
④ 冷雪. 我国首次引进电冰箱生产线开始试产[J]. 广东制冷,1983-12-31.
⑤ 引进德国冰箱生产线,海尔诞生[N/OL]. (2014-05-04)[2017-11-03]. http://epaper.qingdaonews.com/html/qdrb/20140504/qdrb717665.html.
⑥ 阿里斯顿在中国:本土化是没有终点的旅行[EB/OL]. (2015-11-13)[2017-11-01]. http://www.abi.com.cn/news/htmfiles/2015-11/164759.shtml.

表 4-1　1979 年至 1991 年进入中国市场的主要家电外资品牌

| 来源国 | 品牌 |
| --- | --- |
| 日本 | 1978 年邓小平访问日本松下电器后,松下开始在中国投资,并于 1987 年在中国建立合资公司;<br>20 世纪 70 年代末期,佳能开始在中国的业务;<br>1975 年邓小平会见索尼创始人之一盛田昭夫,1978 年索尼的广播电视专业产品和家电及消费电子产品开始进入中国市场,并先后在中国各地成立办事处;[1]<br>1979 年,三洋设立三洋电机贸易株式会社北京办事处,开始正式进入中国市场。[2] |
| 德国 | 1972 年,德国西门子开始在中国的业务。 |
| 美国 | 1985 年,惠普正式进入中国市场并成立中美合资公司。 |
| 意大利 | 1986 年,阿里斯顿作为电热水器品牌进入中国市场,随后在无锡建厂。[3] |

(二)20 世纪 80 年代末至 90 年代末:外资品牌在中国合资潮的兴起

20 世纪 80 年代末至 90 年代末,中国的改革开放持续推进,合资潮兴起,到 90 年代中期,大量外资企业开始到中国寻找机会(表 4-2)。当时比较著名的有小天鹅与博西集团设立的博西威家电有限公司,雪花电器与惠而浦设立的北京惠而浦雪花电器公司,水仙与惠而浦在上海成立合资公司,松下在中国正式成立合资公司,能率、林内、日立在中国成立合资公司,阿里斯顿在中国正式成立独资工厂等。资料显示,到 1995 年年底,至少有 25 家外资品牌在中国设立了合资公司。[4]

表 4-2　1992 年至 2000 年在中国成立合资公司的外资品牌

| 来源国 | 品牌 |
| --- | --- |
| 日本 | 三菱电机空调于 1995 年进入中国,并在上海成立上海三菱电机·上菱空调机电器有限公司;<br>2005 年 6 月,夏普商贸(中国)有限公司正式在中国营业。 |
| 美国 | 1992 年,微软在中国设立北京代表处;<br>1998 年,戴尔进入中国。 |
| 瑞典 | 1996 年,伊莱克斯进入中国市场并建立合资企业长沙中意冰箱厂。 |
| 韩国 | 1992 年,三星在天津成立第一家在华合资企业。 |

---

[1] 郑丹帆. 索尼在中国的发展历程[EB/OL]. (2005-12-22)[2017-11-02]. http://digi.it.sohu.com/20051222/n241080385.shtml.
[2] 三洋[EB/OL].(2009-11-03)[2017-11-02]. http://www.globrand.com/2009/285850.shtml.
[3] 品牌大事记[EB/OL].[2017-11-02].http://www.ariston.com.cn/brand/milestone.html.
[4] 蔡锦橙. 外资家电品牌在中国[EB/OL]. (2015-11-13)[2017-11-02]. http://www.abi.com.cn/news/htmfiles/2015-11/164769.shtml.

续表

| 来源国 | 品牌 |
|---|---|
| 意大利 | 1996年,默洛尼卫生洁具集团(MTS)在无锡成立其独资企业——默洛尼卫生洁具(中国)有限公司,引进了欧洲最先进的热水器流水线。 |
| 德国 | 1994年,博西家电及消费电子和无锡小天鹅股份有限公司成立了合资企业博西威家用电器有限公司,其中博西家电及消费电子持股60%,小天鹅持股40%。 |

(三)21世纪初至2008年:外资品牌由合资改为独资建厂,寻求成本优势

2001年中国加入世界贸易组织(WTO)后再次迎来外资品牌在中国增资设厂的浪潮。这一时期,中国庞大的市场消费力持续释放,几乎所有的欧美系、日韩系品牌都在中国设立了自己的工厂,并逐步由之前的合资改为独资,外资品牌风头强劲。[1] 随着经济的全球化发展,外资品牌也在世界范围内寻求资源的优化配置。例如日本东芝从2001年4月起开始了一系列跨国运作,其中之一是关闭日本国内"深谷工厂"的彩电生产厂,将包括数码电视在内的生产全部移至大连的合资厂,以强化成本优势;把笔记本电脑的生产线从美国搬迁至菲律宾和日本,使生产基地更接近零部件供应商。[2] 除此之外,中国政府对跨国并购政策的逐步松绑也是这一时期外资品牌入华浪潮的推力。2001年引起国内外高度关注的两起跨国并购案:美国艾默生—中国安圣电气案和法国阿尔卡特—中国上海贝尔案,两起并购案的成功均得益于中国政府高层"特许"式的批准。[3]

## 二、2009至今:外资家电及消费电子品牌的战略格局调整

2008年全球金融危机爆发,危机逐步从金融领域蔓延至家电制造业领域。伴随着全球经济复苏乏力,金融危机的后遗症开始显露迹象,重要外资家电及消费电子品牌的格局出现分化。百年企业夏普从2012年开始陷入巨额亏损;松下在连续亏损数年后于2013年开始陆续关闭中国彩电工厂,逐步退出中国彩电市场;2013年东芝关闭了大连电视机工厂,2015年将欧洲、美洲彩电业务交给了仁宝电脑。至此,除了日本本土家电市场,东芝家电基本上完成了国际撤退。但与此同时,博世、A.O.史密斯等

---

[1] 蔡锦橙. 外资家电品牌在中国[EB/OL]. (2015-11-13)[2017-11-02]. http://www.abi.com.cn/news/htmfiles/2015-11/164769.shtml.

[2] 小企办. 东芝彩电生产线移师中国[EB/OL]. (2005-06-22)[2017-11-04]. http://www.1128.org/html/jscx/kjdt/gnkjdt/2005/06/doc25391.shtml.

[3] 颜志刚. 外资入华:第三次浪潮[J]. 经济月刊,2002(5).

德国、美国等家电品牌却仍旧在小家电等细分品类市场收获颇丰。在华外资家电品牌新的战略格局调整拉开了序幕。

外资家电及消费电子品牌在中国市场的发展过程中,既有资本与生俱来的逐利性,又有鲜明的家电及消费电子行业发展周期性特征。从外资家电及消费电子品牌的入华进程来看,无论是当初的热潮涌动还是如今的逐步降温,分与合,来与往,在本质上,都是被资本的逐利性所驱动的。

(一) 老牌外资品牌剥离或淡化家电业务,市场迎来格局洗牌

在中国经济"新常态"的发展态势下,家电及消费电子市场也正经历着深度变革,传统的市场竞争格局正面临洗牌。中国是世界"制造大国",也是世界最大的家电及消费电子生产和消费国,家电及消费电子业的跌宕起伏几乎就是中国制造业的映射。经过改革开放近四十年的飞速发展,中国家电及消费电子业已从上世纪七八十年代借助引进外资生产线蹒跚学步的婴儿,成长为积聚了力量的青年。而近年来,中国家电及消费电子行业频繁的海外并购案表明,中国品牌正倚重资本,为品牌走向全球积蓄力量。中国品牌在海外市场的声势正在持续壮大,这一趋势在黑电(指提供娱乐、休闲的家用电器,如彩电、录像机、音响等)行业表现得尤为突出。黑电市场目前主要有国内传统品牌、互联网品牌以及外资品牌三大阵营角逐,中国品牌已占据黑电市场的半壁江山。奥维云网数据显示,2016 年,中国黑电传统品牌占据了 66.6% 的市场份额,互联网品牌紧随其后,占据了 18.9% 的市场份额,外资品牌占近 14.5%。[1] 在白电(指减轻人们劳动强度的家电,如洗衣服、冰箱、厨电等)的空调品类,格力、美的两家独大,占据行业近 70% 的市场份额;在洗衣机品类,中国品牌海尔、美的已然是品类龙头。[2]

西门子、GE、三洋、东芝、日立等昔日纵横家电业的老牌外资品牌在不同程度上选择了剥离和淡化家电业务。2014 年 9 月 22 日,罗伯特·博世公司收购了西门子所持有的合资企业博西家电 50% 的股份,这意味着博世已成为博西家电的全资母公司,西门子不再是博西家电的股东,彻底告别了家电业务。[3] 实际上不止西门子,松下在 2009 年收购、整合了三洋的多项业务后,将航空电子、汽车电子、新能源电池等作为了

---

[1] 奥维云网黑电事业部. 2016 年中国彩电市场总结报告 [R/OL]. (2017-02) [2017-11-05]. http://wenku.baidu.com/view/48acc757bf23482fb4daa58da0116c175f0e1ed0.html.
[2] 彩电企业盈利难在于品牌格局的均衡 [EB/OL]. (2017-04-21) [2017-11-05]. http://house.qianlong.com/2017/0421/1624308.shtml.
[3] 毛俊霆. 西门子再见! 博世 30 亿欧元收购博西家电及消费电子 [EB/OL]. (2014-09-23) [2017-11-01]. http://jd.zol.com.cn/480/4807242.html.

自己重要的业务来源。2014年9月,美国通用电气以33亿美元的价格将旗下冰洗业务出售给欧洲家电制造商伊莱克斯,而将核心业务转向能源、医疗、交通运输、金融等领域。转型更为彻底的日资品牌东芝,其家电业务占整体营业额的份额已不到10%,核心业务已转为医疗、电机等领域。①

与此同时,我国家电龙头企业在外资品牌剥离家电业务时,动用资本的力量通过兼并重组拓展国际市场,而收购重点则是外资品牌积累的研发、技术、品牌优势。② 昔日的"液晶之王"夏普在2014财年爆出2,223亿日元的巨额亏损,2015年7月,中国老牌家电品牌海信以2,370万美元的低价收购了夏普墨西哥工厂100%的股权,获得夏普在美洲地区(巴西除外)5年的品牌使用权。③ 2015年10月27日,长虹集团发布公告,确认与日本三洋电机株式会社、松下电器株式会社签署合作协议,长虹集团获得三洋品牌在中国内地的电视机品类独家使用权,并承接三洋品牌电视的开发、生产、销售和服务。④ 2016年3月,美的集团与日本东芝达成最终协议,以537亿日元(约合31亿元人民币)的价格收购东芝白电业务80%的股份。美的集团董事长兼总裁方洪波公开表示,美的收购东芝是美的全球化进程的一个重要里程碑,在美的现有家电以及暖通空调业务的基础上,东芝家电带来了家喻户晓的品牌、优秀的团队和先进的技术,这将会显著增强美的在日本、东南亚及全球市场的竞争力。

在此背景下,中国家电品牌正面临难得的发展机遇:其一,通用电气(GE)、东芝等国际老牌家电企业的战略性退出给了中国龙头家电品牌借助资本力量进入国际主流市场和主流渠道的机会;⑤其二,中国家电品牌在技术、研发等方面仍与外资品牌有较大差距,通过兼并可以获得先进的技术、专利和管理经验;其三,随着我国国内制造成本的上升以及传统家电行业利润的摊薄,主动进入全球市场已成为中国家电品牌发展的现实需要。

---

① 贾丽. 中国市场成外资家电品牌竞技场[N/OL].(2014-10-22)[2017-11-05]. http://news.cheaa.com/2014/1022/424274.shtml.
② 施志军. 美的收购东芝家电80%股权 耗资537亿日元[N/OL].(2016-03-31)[2017-11-06]. http://www.ce.cn/cysc/zgjd/kx/201603/31/t20160331_10006667.shtml.
③ 种昂. 夏普复兴遭遇拦路虎 起诉海信欲强收品牌"殖民地"[N/OL].(2017-06-18)[2017-11-04]. http://www.eeo.com.cn/2017/0618/306751.shtml.
④ 王成栋,吴璟. 长虹将获得"三洋"电视品牌4年独家使用权[EB/OL].(2015-10-27)[2017-11-04]. http://sichuan.scol.com.cn/ggxw/201510/54052959.html.
⑤ 张崇和. 中国轻工业联合会会长张崇和:坚持中国家电业市场国际化发展战略[EB/OL].(2016-08-30)[2017-11-01]. http://topics.chinaleather.org/2016clia/News/20160905/289882.shtml.

(二)外资品牌在利润导向下的品类取舍:传统家电市场收紧,厨电、小家电及消费电子继续"撇脂"

从市场表现来看,外资品牌在不同品类下表现不一。在白电行业中,西门子、通用电气(GE)、东芝、惠而浦等品牌不断剥离其在华家电业务;在黑电行业中,夏普、松下、东芝、三洋等日系彩电巨头在中国本土电视品牌、互联网电视品牌以及韩系彩电的冲击下全线溃败。对比鲜明的是,在华外资品牌在厨电、小家电领域依旧占据着品类领导地位,例如热水器领域的 A.O.史密斯、能率、林内,空净领域的夏普、大金等。中怡康数据显示,2016 年热水器品类内,A.O.史密斯以 32.13 亿元的零售额位列品类第一,日系品牌林内和能率分为以 8.37 亿元和 5.67 亿元的零售额位列品类第五、第六。①

虽然从表面上看,外资品牌在彩电、冰洗等传统家电领域遭遇"溃败",但"只要蛋糕上的奶油够丰厚,总会吸引不远万里的掠食者",追逐利润是资本的天性,外资品牌也是如此。

首先,传统家电市场中,品牌竞争格局已趋于稳定且集中度较高,尤其在空调市场,格力、美的两家占据了 70%以上的市场份额,且历经国内数轮价格战洗礼后利润率不容乐观,外资品牌主动离开竞争红海也是资本本能所在。

其次,国内的新兴品类如厨电、空净、个人护理、小家电及消费电子等品类正处于成长期,即使市场规模难以与上千亿元的大家电品类相比,但是良好的品类成长性和丰厚的利润依然会吸引外资品牌致力于此。在中国家电及消费电子行业内,厨电和小家电及消费电子品类的利润率远远高于传统家电品类,这也是外资品牌在不同品类下荣枯分化的主要原因。数据显示,2016 年前三季度,整个家电行业的平均毛利率为 24.59%,净利率仅有 6.9%;②分品类来看,2016 年彩电业的平均净利润率进一步跌至 1%-1.2%;③空调行业的平均利润率在 23%左右,冰洗行业的平均利润率在 21%左右。反观厨电领域,2016 年厨电企业年度财报显示出普遍高于白电行业的利润增长,老板电器 2016 年母公司净利润增长 45.32%、华帝股份增长 58.45%、万和电气增长 35.12%,而同期白电行业的平均增长率为 17.91%。④

---

① 中怡康.2016 年国内热水器零售大数据:市场规模达 124.94 亿元[EB/OL].(2017-02-15)[2017-11-01].http://www.askci.com/news/dxf/20170215/09341890508.shtml.
② 黄燕."方老美"之后,2017 年美的厨电凭什么业绩"倍增"? [EB/OL].(2017-01-16)[2017-11-01]. http://www.jcxg.net/a/871988.html.
③ 董敏.TCL 多媒体利润降五成 竞争加剧彩电厂商需迎双重变革[EB/OL].(2016-03-24)[2017-11-03].http://www.yicai.com/news/4766227.html.
④ 石璐言.厨电企业高歌猛进,亮眼的财报等挺多久?[N/OL].(2017-04-27)[2017-11-03]. http://www.ce.cn/xwzx/gnsz/gdxw/201704/27/t20170427_22393929.shtml.

## (三)"再工业化"使外资家电及消费电子品牌选择将技术密集、高附加值业务向属地国回流

2008年国际金融危机爆发后,发达国家意识到以制造业为主的实体经济的战略意义,纷纷提出"再工业化"的战略。例如美国提出"美国制造业行动计划"、欧洲提出"未来工厂计划"等。发达国家的"再工业化"战略不是传统工业化道路的回归,而是以科技创新驱动制造业发展。① 欧美国家的制造业回流表现为海外工厂搬迁回国和通过本土建厂取代海外生产等。2011年,美国波士顿咨询公司(BCG)发布了一份《美国制造回归——为何制造业将返回美国》的报告,指出金融危机后美国正在向"低成本制造国家"转变,且处于产业链上游的高附加值、高技术含量的行业将逐步回流美国。据其推测,截至2020年,从中国返回美国的制造业岗位将会高达60多万个。②

随着电脑、智能手机等电子设备的发展,芯片技术也正在被视为大国竞争的核心技术力量。在过去几十年的全球制造业迁徙浪潮中,美国将手机、电脑等高科技生产线转移至海外,但芯片技术却牢牢掌握在自己手中,并且在"再工业化"政策下,美国政府积极鼓励此类高科技制造业回流本国。2017年2月,芯片制造商英特尔公司CEO布莱恩·科兹安尼克(Brian Krzanich)在与美国总统特朗普见面后随即宣布在美国亚利桑那州投资70亿美元建立芯片生产工厂。他在声明中表示:"美国有着得天独厚的人才、商业环境和全球市场地位。英特尔工厂将会吸引'双高'人才,即高薪人才和高科技人才。"他还表示:"我们从税收和监管政策方面权衡下来,政府正在推进这些工作。"除英特尔外,通用电气、IBM等家电制造企业也在一定程度上撤销或削减了海外投资项目,把生产线和就业机会转移回美国本土。③

外资品牌高附加值业务向发达国家的"回流"对中国的家电及消费电子制造业产生了重大影响。就目前而言,尽管中国已然是全球最大的家电制造国,但仍然停留在全球制造业产业链的中低端位置,许多核心技术仍掌握在外资品牌手中,产业价值链中的多数利润被瓜分。有业内专家表示:"彩电核心部件还依赖进口,另外中国家电企业更多的是依赖本国和发展中国家的销售,才保持了全球较高的市占率,其实在全

---

① 黄群慧. 发达国家再工业化倒逼我国产业转型升级[N/OL]. (2014-01-08)[2017-11-05]. http://opinion.people.com.cn/n/2014/0108/c1003-24054534.html.
② 胡峰,王芳. 美国制造业回流的原因、影响及对策[J]. 科技进步与对策,2014(9).
③ 周佳. 制造业继续回流 英特尔投资70亿美元在美建厂[N/OL]. (2017-02-10)[2017-11-05]. http://money.163.com/17/0210/06/CCT5L1FF002580S6.html.

球市场中不占多少优势。"①因此,在外资家电及消费电子品牌这一生物种群面前,中国家电及消费电子品牌还应抓紧时机,或学习借鉴其先进技术和管理经验,或利用资本撬动与外资品牌的合力优势,以提升自身在全球家电及消费电子制造产业链中的地位和优势。

(四)外资品牌的地域迁移:全球制造业迁移浪潮下,外资家电及消费电子品牌逐步向东南亚撤离

外资家电及消费电子品牌这一外来"生物种群"在中国发展、扎根已久,近年来其在华业务的撤离或淡化不能简单地被理解为"溃败",而是在全球制造业迁移浪潮下,出于投资和收益的驱动而将生产制造业务转移至越南、印度等新兴市场的举动。从上世纪初至今,全球范围内出现过四次大规模的制造业迁移:第一次是20世纪初,英国将"过剩产能"迁移至美国;第二次是20世纪50年代末,美国将钢铁、纺织等传统产业向日本、德国转移;第三次是20世纪60—70年代,日本、德国向亚洲"四小龙"和部分拉美国家转移轻工、纺织、制造加工等劳动密集型产业;第四次是20世纪80年代初,欧、美、日等发达国家和地区以及亚洲"四小龙"等新兴工业化国家向发展中国家转移劳动密集型和低技术高能耗的产业,中国成为此次产业转移的最大承接地和受益者。②

但随着中国经济的发展,中国市场的生产成本逐步上涨,而印度、越南等国家的成本优势日益显现,于是,劳动密集型和高能耗产业被转移至东南亚国家。2014年12月17日,微软宣布在春节前关闭其位于北京及东莞的诺基亚手机工厂,关闭中国工厂后,设备被转移至越南河内工厂。③ 2016年松下电器与越南签署自贸协定,考虑加大对越南的投资力度,松下电器(越南)有限公司总经理Eiji Fukumori表示,由于越南拥有年轻的人口结构、政治社会稳定、外资流入量日益提升、2016年GDP预期增长6.6%等因素,越南电器市场的前景十分广阔。④

---

① 肖隆平.日系家电没落,中国成全球家电新霸主?[J/OL].(2016-03-29)[2017-11-01].http://www.v4.cc/News-1051081.html.
② 数据时光机.无人幸免的全球制造业大迁移[EB/OL].(2017-02-07)[2017-11-06].https://zhuanlan.zhihu.com/p/23522317.
③ 卢真伟.微软东莞手机工厂春节前或关闭[N/OL].(2014-12-28)[2017-11-06].http://tech.sina.com.cn/t/2014-12-28/doc-icesifvy2006776.shtml.
④ 越南之窗.松下电器产业株式会社考虑加大对越南投资力度[EB/OL].(2016-01-12)[2017-11-03].http://mp.weixin.qq.com/s?__biz=MzA5MjU0MjUwOA==&mid=402068586&idx=2&sn=865fb5bbaf217829079e0f409a6f9c37&mpshare=1&scene=1&srcid=0727fEAEBJu4qJvYlmBiYSPp#rd.

## 三、外资家电及消费电子品牌在中国市场的荣枯分化：本土化生存与基因的有效传承

外资品牌作为外来"生物种群"，要想在中国市场稳定运营，树立自身品牌辨识度和好感度，必须从内外两方面融入中国家电及消费电子市场生态丛林，以"本土化"为出发点传承品牌基因，表达品牌特色，精准洞察消费市场，寻求品牌与消费者的契合点。

(一) 内化的基因管理：企业管理本土化

外资品牌在中国家电及消费电子市场的生存发展离不开内部的管理适应。由于国家间文化背景、经济环境差异等影响因素，外资品牌在开拓中国市场时大都会遇到经营管理模式水土不服的情况。大型跨国公司的通病是内部管理决策链条过长，中国市场的信息反馈到总部后，需经过不断商讨才能做出调整，往往贻误战机，而在此期间国内本土品牌早已凭借着自己对市场的灵敏嗅觉做出了反应。

在黑电市场上，自2011年起各类新名词被品牌营销人员提炼用以进行宣传，例如"3D""互联网""智能电视""4K屏""多屏互动"等。每一轮"新名词营销"的活跃周期可能仅有几个月，这样的市场反应速度对外资品牌来说无疑是致命的：其一，关于新功能的推出，外资企业内部通常需要经过成熟流程的体系推演和论证；其二，即便新功能通过了推演论证，外资企业也需进一步论证该功能在全球市场的普适性。因此，外资家电及消费电子品牌往往由于决策反应链过长而导致市场反应失灵。相较而言，中国本土品牌则在设计、功能更新和广告宣传等方面较外资品牌更为灵活。

对市场机遇反应滞后直接影响了企业市场战略的制订，进而影响到品牌的发展。因此，外资品牌要想在中国市场获得稳定的发展，调整企业固有的管理模式、开发出适应特定环境的决策流程、企业管理层本地化就显得非常有必要。佳能(中国)总裁小泽秀树就提倡企业的本土化应该首先从管理层本地化做起。2005年，佳能中国15家分公司的负责人都是日本人，到2014年，包括分公司负责人在内的经理及以上级别的员工中，中国人占70%左右。[①] 在这样的本土管理层决策下，佳能举办的一系列活动，尤其是公益活动都契合了中国的国情和文化，从而促进了中国消费者对佳能品牌的正面认知。

---

① 小泽秀树. 感动常在[M]. 北京：人民出版社，2014.

(二)外化的基因表达:品牌表达本土化

企业的内部管理模式作用于品牌基因,以品牌形象和品牌价值伦理的形式表达给消费者。对于消费者来说,产品和活动是他们与品牌接触的主要方式,外资品牌可以以此为切入点制订品牌的本土化表达策略。

1.产品研发本土化

产品作为品牌表达的媒介,是消费者与家电及消费电子品牌最直接的接触点。中外消费者出于本身所处消费市场、家庭环境、生活习惯等的不同,对家电及消费电子产品的需求点也会有所区别。

以A.O.史密斯为例,在美国市场,A.O.史密斯95%以上的热水器都是通过批发渠道售卖的,主要走房产渠道配套隐形安装,消费者更重视其功能性。但中国市场则完全不同,热水器主要走零售渠道,消费者选择热水器不仅要看功能,还要看造型、喷涂工艺等,外观也被作为一个重要的因素去考量。因此当A.O.史密斯把美国原装的大圆桶热水器拿到中国市场来销售的时候,消费者自然不感兴趣。

针对这一状况,A.O.史密斯双管齐下,通过产品研发和渠道铺设两个方面开发中国消费市场。2014年,A.O.史密斯成立了消费者体验部门,专项负责梳理、总结消费者的实时建议和意见,并反馈到公司高层会议用以指导工作。同时,公司还通过量化调查把握整个消费市场的需求,例如,针对净水器技术研发,A.O.史密斯规定了每年必须有1,200家的入户调研,调研结果并不直接反馈给美国总部,而是由本土研发团队针对性地解决问题。

在针对中国市场研发设计产品的同时,A.O.史密斯还根据中国消费人群特征和家庭结构来调整自己的营销渠道。随着中国城镇化进程的加快,城市家庭数量增加,中高收入人群在扩张,未来这些市场将成为A.O.史密斯拓展渠道的主攻方向。

当前,中国的社会构造和收入水平在不断发生变化,面对这样的市场,外资品牌必须以中国本土消费者的购买习惯和消费偏好为出发点,以本土化思维进行产品研发和改进。

2.品牌营销推广本土化

企业的品牌营销推广活动可以分为盈利性和非盈利性活动,其目标都是塑造良好的企业公众形象,提高消费者对品牌的信任度,从而促进购买行为和品牌信息的高效传播。外资品牌在开拓中国市场时,要切实考虑到中国市场的独特性和消费者特征,制订相应的品牌营销推广策略。

日本消费电子领导品牌佳能的情感营销或许值得其他外资品牌借鉴。相对于有些企业使用全球统一的口号推广品牌,佳能在北美、欧洲、亚洲等世界各地使用不同的口号:北美和南美使用"Canon Image Anyware(佳能影像无处不在)",日本使用"Make It Possible With Canon(佳能让一切皆有可能)",而亚洲的口号则是"Delighting You Always(感动常在)"。自2008年开始,佳能每年举办感动典藏影像大赛,聚焦用影像发现生活中的感人细节;2016年以中国用户爱社交分享的特征为基础,开发出"大影家"手机应用,打造佳能自己的社交平台;2017年5月发起"佳能大笑行动",倡导积极健康的生活,带动人们真心去大声笑出来,并将这些美好的笑容影像记录分享。佳能在华发展的数十年,成功地将"佳能=感动常在"的品牌印象传递给了消费者,通过塑造品牌的情感价值融入了中国消费市场。

同时期进入中国市场的消费电子品牌索尼则另辟蹊径,通过公益活动推广品牌。公益活动虽然不能为企业带来直接收益,却可以将活动效果转化为消费者对企业和品牌的正面感知,潜移默化地拉近品牌与消费者的心理距离。索尼在中国的公益活动主要侧重于学生教育方面,这既是索尼(中国)坚定践行创始人盛田昭夫"为了下一代"的可持续发展承诺的体现,也是索尼将自身电子技术的领先优势与中国教育环境有力结合的体现。建立"索尼探梦"科技展馆助力中小学生科学教育,选派优秀高中生进行中日文化交流,举办"索尼学生设计工作坊"活动推广索尼设计理念等,索尼的这些公益活动不但体现了企业的社会责任感,还向中国消费者传递了索尼"植根中国,长远发展"的品牌理念。

(三)基因的精准化"转录":品牌的有力传承

企业经营和品牌表达的本土化调整有益于外资品牌的基因在中国市场精准化地"转录"(Gene transcription)。需要注意的是,本土化并不意味着盲目追随中国市场的发展,而是在理解自身基因的基础上,与特定市场环境相结合进行调整。反之,则可能对品牌本身优良的基因造成破坏。1919年成立的瑞典品牌伊莱克斯经过大半个世纪的发展后,在全世界范围内确立了其在世界家电及消费电子市场领导者的地位。1996年,伊莱克斯进入中国,由于与长沙中意冰箱厂的合作陷入困境,公司承受着巨大的亏损压力。如果撤资,退出成本将非常高,伊莱克斯陷入了进退两难的尴尬境地。为解决这一问题,伊莱克斯当时的中国区总裁采取了高额的终端返利、控制成本和低价策略等方法,六年内将伊莱的市场规模扩大到了30亿元人民币。但是,低价策略却损害了伊莱克斯原本高端品牌的形象。① 一方面,伊莱克斯看似适应了中国的竞争环境,取得了可观的经济效益,但由于与原本高端优质的品牌形象割裂开了,品牌基因表达被异化,其品牌附加值在某种程度上也被削弱了。

对比之下,以创新为核心发展力的美国科技品牌3M自1984年进入中国后,就确立了"扎根中国,服务中国"的本土化发展战略。跟随中国市场和消费者需求的变化,3M不断丰富其产品线和产品功能,拥有700多名本土研发人员,贡献了超过千项的本土专利发明。②

伴随着时代政策和商业环境的变化,外资品牌应运进入中国市场。即使面临着诸多问题与挑战,但由于中国市场的开放性和强大的消费力,外资品牌仍将扎根在这片土地上生存发展。外资家电及消费电子品牌应以企业自身优势为基础,与中国消费环境相结合,以适合消费者的优质产品为媒介来开展本土化的品牌活动,将品牌核心基因有效地加以传承,以此为基础在中国市场稳步前行。

---

① 尹传高. 案例剖析:伊莱克斯的战略管理变革[EB/OL].(2005-08-05)[2017-10-30]. http://finance.sina.com.cn/leadership/jygl/20050805/2052251565.shtml.
② 3M中国官网[OL]. http://www.3m.com.cn/3M/zh_CN/company-cn/about-3m/company-information/.

# 报告五　历史之枷与破局之鉴：从"德国、日本制造"品牌建设思考中国家电及消费电子品牌基因生长

改革开放以来，中国利用劳动力成本低廉的优势和发达国家劳动密集型产业向外转移的机会，迅速成长，跻身世界制造业大国。然而，伴随着中国经济的持续发力，中国与海外贸易国家间的摩擦也越来越多，中国已经连续数年成为世界上受到反倾销反补贴调查最多的国家。"世界工厂"的经济模式已经不能适应如今国家发展的需要，家电及消费电子行业作为中国制造业的主力军，是中国制造业的"门面"，打造家电及消费电子品牌大国、探索中国家电及消费电子品牌独特基因，有利于中国制造转型升级，进一步提升国家和企业品牌实力。

不重视品牌建设、只看重眼前利益的弯路并非只有中国才走过。历史的局限性在任何一个国家都存在，如今作为优质产品品牌符号的"德国制造"和"日本制造"，曾经也是粗制滥造的代名词。通过回溯它们建设品牌的过程以及其特有的品牌基因形成过程，我们也能吸取经验，并将其应用于我国家电及消费电子业的品牌建设当中。

## 一、"德国制造"如何从低价劣质的代名词变为高品质的经典

### （一）"德国制造"翻身之路：从低价劣质的代表到品质保证的经典

"厚颜无耻"，这是125年前英国人给"德国制造"品牌扣上的帽子。1871年德国实现统一后，当时世界市场几乎被列强瓜分完毕，追求强国梦、在夹缝中求生存的德国人不得不仿造英、法、美等国的产品，并以廉价销售抢占市场。

德国企业一方面派出工业间谍，通过各种手段窃取英国的核心技术；一方面派出学徒员工到英国进行所谓的"旅游学习"，把英国的好产品带回德国进行仿造，然后又廉价倾销到英国本土及殖民地。在当时，德国产品成为"价廉质劣"的代名词。

1887年8月23日,英国议会通过了商标法条款,规定所有从德国进口的产品都须注明"Made in Germany"(德国制造),以此将劣质的德国产品与优质的英国产品区分开来。英国的该项法律条款刺激了德国工业界的觉醒。德国工业界将8月23日定为"德国制造诞生日",并拿出了一系列举措挽回"德国制造"的名声。至19世纪末期,德国多数商品在世界市场上已基本摆脱了"价廉质劣"的名声。就连曾经对"德国制造"讨厌至极的英国人也开始认识到,德国商品是他们生活中不可或缺的东西,不仅价格便宜,产品质量也追上甚至超过了英国产品。[1]

德国制造业在赶超英国后并没有停下前进的脚步,二战结束后,制造业一直被德国当做立国之本看待,自上世纪70年代石油危机开始,世界主要工业国纷纷放弃制造业,转而投向热门紧俏赚钱轻松的"资本运作"之路。80年代开始互联网经济飞速发展,成为又一个风口,很多国家转移重心布局互联网竞争。90年代美英等西方国家企业迫于成本压力将制造业重心外包,而德国始终坚守制造业并保持着"德国制造"在全球市场的竞争优势。

1994年德国制造业在国内生产总值的比重为23%,而2014年则为22.3%,20年间几乎保持恒定状态。和欧盟平均水平以及欧盟其他国家相比,2014年,欧盟国家制造业的平均占比为15.3%,法国为11.4%、英国仅为9.4%,德国制造业优势明显。"Made in Germany"已经成为产品高端、质量可靠、经久耐用、做工精细、服务周到的代名词。保时捷一款越野车的车身在斯洛文尼亚生产,座椅来自日本,生产组装地却选在德国莱比锡。虽然,在莱比锡组装一部汽车的成本比在其他国家贵几百欧元,但保时捷总裁魏德金说,如果没有"德国制造"标志,"我们就会失去最重要的质量标签,那对于我们的产品本身就是一个损害"。[2]

时至今日,德国制造业依然没有停下发展的脚步,而是进一步吹响了工业4.0的号角。面对以中国为首的发展中国家制造业的崛起,德国通过制造业升级来捍卫"德国制造"在国际上的竞争优势。曾经作为侮辱性符号的"Made in Germany",如今已在世界市场上成为高品质的保证。

(二)"德国制造"如何重塑品牌声誉

回顾德国制造业的发展,"德国制造"之所以能够在名牌林立的世界市场上成为品质保证,和它坚持重塑品牌的所作所为有很大关系。概括而言,"德国制造"优良品质品牌形象的塑造来源于以下几项措施:

---

[1] 徐工集团官网[OL].http://www.xcmg.com/special/index7news-detail-28737.htm.
[2] 芮虎.德国制造:从"山寨"到标杆[J].教师博览,2013(8).

1. 制定标准,严格遵守,实现"德国制造"的品质保证

处于欧洲中部的德国,长期以来一直是兵家必争之地。在长期忧患意识的影响下,德国人形成了善于思考、踏实严谨的作风。貌似拘泥刻板的作风,恰恰是"德国制造"一枝独秀的基石。

自1918年德国工业标准化委员会制定、发布第一个德国工业标准以来,截止到2010年,德国人发布了2.5万个标准,称为"DIN标准"。细致地制定标准加上严格地遵守标准,保证了"德国制造"的品质。DIN标准涉及家用电器、建筑工程、采矿、卫生、消防、运输等各个领域,其中80%以上被欧洲各国所采用。[①]

2. 重视研发和创新,提升"德国制造"的产品创新速率

德国学者冉珊鹤认为,美国代表的是一种寻求短期利润和个人财富的商人文化,而德国则代表了一种努力创造持久永恒产品的手工业文化。德国商业的手工业文化发源于德国家电企业的创始人们。德国家电企业的创始人大多是科学家或发明家出身,如西门子的创始人维尔纳·冯·西门子就是一位发明家,电动机、发电机、有轨电车和指南针式电报机都由其发明,平炉炼钢法也由其提出。德国弗朗霍夫学会的一项研究显示,德国总科研经费的90%都集中在企业,这令德国企业有着令人惊讶的新产品速率。根据博思公司的一份研究报告,尽管爆发了经济危机,德国企业的研发支出仍远远超过5.7%的世界平均水平,达到9%。[②]

3. 重视职业教育和专才培养,打造产业工人背后的"工匠精神"

德国全社会都非常重视职业教育,形成了尊重产业工人的社会氛围。二战后,联邦德国第一位总理阿登纳曾说"职业教育是全民族的事业"。德国的职业教育体系被誉为"德国制造"的秘密武器。德国仅拥有不到1亿的人口,却能够长期蹲守世界出口大国的地位,主要原因就在于德国通过大规模、系统化的职业教育,创造了质量型的人口红利优势。依靠独特的职业教育体系,德国培养了庞大的高素质产业工人队伍,这些技术人才在德国人口中占有相当高的比例。

为保证"德国制造"的品质,德国制定了"学徒制"的教育体系。选择职业教育的16岁学生必须当3-4年的学徒,其中一半时间在企业"学徒实习",另一半时间在学校学习理论。正是这种职业教育模式使德国快速走出困境,二战后短短几十年间便一跃

---

① 受胯下之辱崛起的德国制造[EB/OL].(2012-12)[2017-10-30]. http://auto.163.com/special/observation59/.
② 同①.

而成为欧洲工业强国。也是这些技术娴熟的产业工人把研发蓝图变成了品质优良的产品,帮助德国在激烈的制造业竞争中保持了强大的竞争力。[1]

由于重视产业工人,德国制造业形成了独特的尊重工人创造性技艺的"工匠精神"。以保时捷为例。为保障品牌,保时捷除玻璃和发动机外,均为手工组装。挡风玻璃过于沉重,机器人操作更为精准严实;发动机拧螺丝较单调费力,也由机械手代劳;而其他工序均为手工完成。所谓工业4.0的优势,表现在订单处理和生产自动化上。在保时捷工厂,工人负责组装,机器人负责搬运,全场通过WiFi遥控和联络,井然有序。好的工人永远比机器人更精准、更灵活。这就是德国工匠精神所强调的大工业生产制品与德国工业制造的"工业艺术品"的区别,而这种区别也正是支撑德国家电业诞生诸如美诺、嘉格纳等诸多家电奢侈品牌的重要因素。

## 二、"日本制造"如何从地摊货变为高品质"职人精神"的代表

(一)"日本制造"转型之路:从地摊货到高品质"职人精神"的代表

二战后,日本产品由于战后经济和科技实力的限制,产品质量低劣,生产偷工减料,品牌始终定位于中低端市场,在全世界范围内,"日本制造"都是价格便宜、品质低劣的代表。[2] 但在这之后,技术引进、外力扶持和石油危机开始促进"日本制造"的品牌转型。上世纪70年代前,日本制造业是建立在低廉的能源价格基础上的,其产业结构以重化工工业为主导。日本通产省前次官山下英明曾表示:"日本之所以能够维持那么高的发展速度,是以60年代廉价石油为基础的。"到了1973年,日本制造业遭遇第一次国际石油危机的严峻挑战,每桶石油的价格从2-3美元提高到了12美元,这直接导致了日本经济1974年出现罕见的-0.4%的增长率,是二战以后日本第一次经济负增长。

所谓"危中有机",这种能源压力迫使日本制造业做出调整,以高新技术为代表的组装加工业逐渐成为日本经济的新支柱。到20世纪80年代,凭借着发达国家的产业升级换代而来的出口加工贸易发展和自身的产业调整,日本紧紧依靠技术引进和吸收应用实现了制造业的繁荣。1975年,全球尖端技术出口额占世界技术出口总额的比重平均为20%,当时的日本还处于较低水平,仅为19.8%,而美国为26.0%,英国为25.2%,联邦德国为22.2%。到了1984年,日本已经成为全球尖端技术出口占比最

---

[1] 闻一言.中国制造可以向德国制造学什么[EB/OL].(2012-06-20)[2017-10-29]. http://opinion.china.com.cn/opinion_91_44091.html.
[2] 萨苏.日本制造曾是地摊货[J].党建文汇月刊,2010(3).

高的国家,达到32.1%,美国、英国、联邦德国分别为30.4%、27.6%和27.0%。[1]

(二)"日本制造"如何重塑品牌形象

回顾"日本制造"的崛起之路,我们发现它通过以下几个方面的举措,重新塑造了自己的品牌形象:

1.发展日本式全面质量管理,保障产品品质

海尔张瑞敏"砸冰箱"事件对于很多人来说还记忆犹新。海尔张瑞敏正是引进了日本的全面质量管理原则,才为海尔冰箱拿回了第一块质量金牌。是产品质量本身的提高改变了"日本制造"的形象,如建立严格的质量规范体系,政府对中小企业质量提高给予政策扶持,企业和民众自觉遵章守法。[2] 为了消除"Made in Japan"(日本制造)这种负面的品牌印象,日本企业努力改进质量管理,将源于美国的统计质量管理发展为全面质量管理。当时行业的常规做法是将次品率控制在某一个百分比以下,日本企业尤其是美誉度高的知名企业对产品则要求尽善尽美,对次品采取零容忍,在"零次品"的指导思想下,发展出了日本式的全面质量管理。在丰田公司著名的"及时生产看板制度"中,有这样一条质量管理原则:"在发现质量问题时,流水线上的任何一位员工都有权拉绳中止生产。"这种制度既鼓励了所有员工积极参与到企业的质量监管中,同时也能在生产制造的每个环节做到层层渗透,保证产品在最终出厂前能够被多次检验,从而有效地降低了废品率,增强了产品的市场竞争力。[3]

2.重视研发和创新,保持行业核心竞争力

日本在制造业上的科研投入巨大,仅次于美国。如表5-1所示,在2000-2011年的12年间,日本在科技研发上的投入始终保持在世界第二的位置,且处于逐年递增的态势。

表5-1 世界各国科技研发投入情况(单位:亿美元)[4]

| 国家/地区 | 2000年 | 2005年 | 2009年 | 2010年 | 2011年 |
| --- | --- | --- | --- | --- | --- |
| 美国 | 2,712 | 3,066 | 4,020 | 4,089 | 4,181 |
| 日本 | 1,438 | 1,518 | 1,692 | 1,789 | 1,989 |

---

[1] 孙杭生,丁庆蔚.日本"世界工厂"繁荣期的制造业转型升级[D].南京信息工程大学,2010(5).
[2] 曹林.日本制造转型的品牌经济学分析[J].石家庄经济学院学报,2010(10).
[3] Amber.从"日本制造"代表的品牌价值反思中国制造品牌的升级转型之路[J/OL].(2016-06-01)[2017-11-01].https://sanwen8.cn/p/1553UMi.html.
[4] 陈新.世界各国科技研发投入的分析与思考[EB/OL].(2016-05)[2017-11-03].http://www.360doc.com/content/16/0508/18/31712952_557339297.shtml.

续表

| 国家/地区 | 2000年 | 2005年 | 2009年 | 2010年 | 2011年 |
| --- | --- | --- | --- | --- | --- |
| 中国 | 108 | 298 | 849 | 1,044 | 1,347 |
| 德国 | 462 | 686 | 930 | 919 | 1028 |
| 法国 | 285 | 449 | 592 | 574 | 624 |
| 韩国 | 127 | 252 | 297 | 380 | 450 |
| 英国 | 273 | 401 | 404 | 396 | 433 |
| 加拿大 | 139 | 228 | 257 | 285 | 302 |
| 意大利 | 116 | 195 | 266 | 257 | 274 |
| 俄罗斯联邦 | 27 | 82 | 153 | 173 | 203 |

近年来，日本许多企业都在将制造部门迁移到海外，但研发中心依然留在本土，以保持行业的核心竞争力。除了自有研发技术，日本在上世纪60年代也从海外引进了很多先进技术，并努力消化应用。有"日本战略之父"称号的大前研一指出，日本在消化技术上花的时间比学习技术的时间长，能做到技术的深入应用和创新。为了更好地消化技术，对于技术工人和技术专家的聘用策略也偏向于终身和长期制，社会的整体工作氛围也在很大程度上激励了员工的创新精神和进取思想。①

3.发扬"职人精神"，追求消费者认可

日本工业技术背后有着特定的精神传统，即"职人精神"，特指产业革命以前基于手工的生产方式。这种旨在提高产品物理品质与精神品位的制造业主体人格结构，是日本从日式传统手工业继承的最大遗产。而"职人"大致相当于具有独特技术绝活的"工匠"。"职人精神"的最大特点是追求制品与制作者的人格之间的高度关联。"职人精神"不同于一般意义的"职业精神"，它以职人的全部人格为赌注，以获得消费者的认可为最终目标。"职人精神"这种独特的精神结构，在日本的经济生产活动中是极为普遍的现象。②

通过在外部抓住历史机遇、坚持技术引进，在内部修炼产品品质、重视研发创新、发扬职人精神，无数日本企业就这样慢慢造就了"日本制造"的神话，最终使其从地摊货主的低价货华丽转身变成为了高品质、高技术产品的代表。

---

① Amber. 从"日本制造"代表的品牌价值反思中国制造品牌的升级转型之路[J/OL].（2016-06-01）[2017-11-01]. https://sanwen8.cn/p/1553UMi.html.
② 同①.

## 三、中国家电及消费电子品牌成长的经验借鉴

通过借鉴德国和日本制造业打造品牌的经验,可以看到目前中国家电及消费电子品牌基因的生长面临着挑战,但也充满了机遇。

首先,从德国和日本制造业品牌腾飞的历史机遇来看,二者都抓住了本国经济腾飞的历史机遇,在完成了初始的资本、产能等原始积累后,开始了标准创立、技术创新、品质升级、精神内涵蕴育、生发的品牌基因生长之路。中国家电及消费电子业经过了改革开放几十年的发展,同样通过开放市场、引进技术等举措,实现了较为丰厚的产能、资本、管理经验等积淀,需要进一步实现从基础的商业价值到蕴涵丰富文化内涵的品牌价值的跃升。而这种跃升就是品牌基因切实建立的过程。

其次,中国家电及消费电子企业需要放弃重销售、轻品牌的战略短视,吸取德国、日本曾经的经验教训,坚持从战略高度积极地投入和建设品牌。正如德国在石油危机后不曾动摇过国内制造业的地位、海尔在改革开放初期供不应求的市场机遇下也并未放弃过质量管理一样,家电及消费电子企业不应该因为一时的竞争压力或市场形势就放弃对品牌基因的打造,因为前者是变化的、短期的、暂时的,而后者是长久的、关键的、永恒的。过去的历史局限不应成为借口。

再次,向德国和日本企业学习,一方面,要从企业制度着手,加强管理,提高技术创新等投入,保证产品品质;另一方面,要在品牌文化上下功夫,打造属于自己的品牌精神与价值伦理。

最后,还要重视企业文化的建设,不能光以销售为考核指标,还应该培养每一位员工的基本品牌素养,让员工认同品牌文化、传递品牌文化,以保证家电及消费电子品牌与消费者、与外界的每一个接触点都准确一致地传达出品牌形象。只有这样,我们才能转变"中国制造"的低端形象,走好中国家电及消费电子品牌的强国之路。

# 报告六　从品牌生命周期出发看家电及消费电子品牌建设

"生命周期"这一概念,营销界最早应用于产品领域,指的是产品从进入市场开始,直到最终退出市场为止所经历的市场生命循环过程,可分为导入、成长、成熟和衰退四个阶段。随着营销实践的发展,生命周期的概念早已不再局限于产品,而是延伸到了品牌的运作发展中。菲利普·科特勒认为,品牌也会遵循一个孕育、成长、成熟和衰退的发展过程和市场规律,并称之为"品牌生命周期"(Brand Life Circle)。

中国正在进入打造品牌强国的历史阶段。一直以来,"大国寡品"一词是对中国品牌的形象概括。习近平主席曾提到,要"推动中国制造向中国创造转变、中国速度向中国质量转变、中国产品向中国品牌转变"。家电及消费电子企业作为"中国制造"的主力军,品牌建设是重中之重。家电及消费电子业在进行品牌建设的过程中,也必须遵循规律,把品牌视作一个不断成长变化的生命体,在不同生命周期执行不同的品牌建设任务,按照不同生命周期的特点来规划其发展建设。

## 一、孕育期:品牌萌芽

家电及消费电子品牌发展的起始阶段被称为"孕育期"。这一阶段由于品牌刚刚投入市场,因此消费者几乎不了解品牌,品牌的认知度很低甚至为零。

在孕育期,家电及消费电子企业需要完成研发投入、工业设计、品牌定位与推广等一系列重要任务,为品牌将来的成长提供充分的保障和前进的动力。"好的开始是成功的一半"。在这一阶段,企业应通过翔实的市场调研、差异化的市场定位、有效的品牌推广,最终让目标市场对有品牌一定程度的认知。

以卡萨帝为例,卡萨帝是海尔集团推出的高端子品牌,在品牌诞生之初,海尔为其开展的一系列措施可以作为家电及消费电子品牌在孕育期品牌建设的典型示范。

首先,翔实的市场调研能够为家电及消费电子品牌的精准定位提供可靠的依据,帮助品牌充分了解消费者的需求。进入 21 世纪后,全球高端消费人群的比例和影响不断加大。2006 年,海尔经过长达 5 年的市场调研后,推出了卡萨帝高端家电品牌。5 年间,海尔集团对全球包括米兰、伦敦、柏林、巴黎、纽约、东京、上海等在内的 12 个城市的 8 万余名高端用户进行了详尽、深度的消费调查研究。调查结果显示,高端消费者正在高速发展成为独特的阶层,这些消费者越来越重视对生活品质的追求。因此海尔最终推出了卡萨帝这个高端子品牌。①

其次,差异化的市场定位能够帮助家电及消费电子企业在消费者头脑中建立清晰的品牌形象,在家电及消费电子市场这片红海中站稳脚跟。海尔 CEO 张瑞敏曾经表示,家电及消费电子市场竞争激烈,"利润薄如刀尖"。因此,只有拥有灵敏的市场嗅觉和差异化的品牌定位才能让品牌立于不败之地。卡萨帝不止定位于高端品牌,更定位于"艺术家电"。因为通过之前的市场调研,卡萨帝发现高端消费者通常文化程度较高,受国外思潮影响较大,对时尚、现代、西化的生活方式有较高的认同。因此,同样是高端市场的家电及消费电子品牌,但卡萨帝更提倡一种精致、优质、艺术的生活方式和态度。

最后,有效的品牌推广能够让消费者对品牌建立起一定的品牌认知度,为之后品牌的成长期和成熟期做好准备。卡萨帝搭建了全国首个高端家庭生活艺术交互体验平台"思享荟",与名人精英交流家庭需求,在机场等高端人群汇聚的触点场景打造卡萨帝整套艺术家电及消费电子的形象展示区。这一系列品牌推广活动在消费者头脑中初步建立起了卡萨帝的品牌印象,为之后品牌的高速成长打下了良好的基础。

然而,孕育期对于品牌生命发展的关键性也意味着,初创品牌时的判断失误可能导致企业在后续的发展阶段跟不上市场和时代的变化,甚至会遭遇重创、"英年早逝"。上世纪 90 年代,巨人集团在当时的传奇企业家史玉柱的带领下一跃而成为本土电脑行业的龙头品牌,从一开始,巨人就高举"民族产业振兴"的大旗,在传媒和中央领导的青睐下坚持自主开发。然而,1993 年开始,由于西方国家向中国出口计算机的禁令失效,康柏、惠普、IBM 等国际著名电脑公司大举入境,但以巨人为代表的本土电脑品牌彼时还缺乏完全与之抗衡的能力,其市场覆盖率迅速下降。反观联想,联想结合自身资源和国际国内环境,在前 10 年的积累期主要聚焦代理,在市场容量相对增长、消费人群日渐增多、企业实力逐步增强的情况下才开始实施自主开发的战略。两

---

① 卡萨帝:"高端"是如何炼成的?[EB/OL].(2016-10-13)[2017-10-04].http://jiaju.sina.com.cn/news/20161013/6192233341811753233.shtml.

相对比我们可以发现,巨人在品牌刚刚诞生的阶段就实施超越现实的品牌发展战略,这一陷入发展民族经济陷阱的错误判断,成为巨人走下坡路的开始。①

## 二、成长期:高速发展

如果家电及消费电子企业在品牌孕育期表现尚佳,就会进入高速发展的成长期。这一阶段,家电及消费电子企业的品牌认知度和市场份额会迅速上升。经过这一阶段品牌从市场认知到市场销量的迅速提升,市场份额将趋于稳定,出现大幅波动的概率极大降低。因此家电及消费电子企业需要抓住机会实现高速增长,把握好这个阶段的品牌建设任务。

成长期的品牌特征表现为三点:第一,该品牌已经被目标市场所知晓,产品在市场上取得基本成功,市场份额迅速提升;第二,竞争对手逐渐加入同行业的竞争,竞争处于白热化;第三,企业需要投入大量的营销成本来支撑市场份额的不断上升。

这一阶段,家电及消费电子企业的任务是以较大的营销投入来撬动更大的市场份额,实现"跑马圈地"。以乐视电视为例,2013年乐视正式推出乐视TV超级电视X60以及普及型产品S40,打响了互联网电视的第一枪。乐视电视从2013年开始至2016年,始终处于高速发展的成长期。2014年1—7月,乐视TV超级电视的市场占比持续高速扩张,到7月,乐视超级电视的市场占比扩张已超过3倍,线上线下全渠道的销量成绩斐然。② 到2016年4月,根据奥维云网(AVC)公布的国内电视销量数据,乐视以19.0%的市场份额排名第一,已经成为全渠道销量冠军(图6-1)③。从2013年起,连续5年,乐视电视销售都保持了高速的增长态势。乐视超级电视2013年销售68万台,2014年销售182万台,2015年销售300万台,2016年销售600万台(图6-2)④:

---

① 吴晓波. 大败局1[M]. 杭州:浙江大学出版社,2000.
② 江飞. 乐视TV超级电视市场份额占比扩张超三倍[EB/OL]. (2014-09-03)[2017-10-06]. http://article.pchome.net/content-1748738.html.
③ 汐元. 传统品牌看呆:2016年4月国内电视市场份额乐视夺冠[EB/OL]. (2016-05-17)[2017-10-06]. https://www.ithome.com/html/next/226135.htm.
④ 199IT. 2016年乐视卖电视亏了6个亿,为何智能电视会遭遇滑铁卢[EB/OL]. (2017-04-21)[2017-10-06]. https://baijiahao.baidu.com/s?id=1565268862661975&wfr=spider&for=pc.

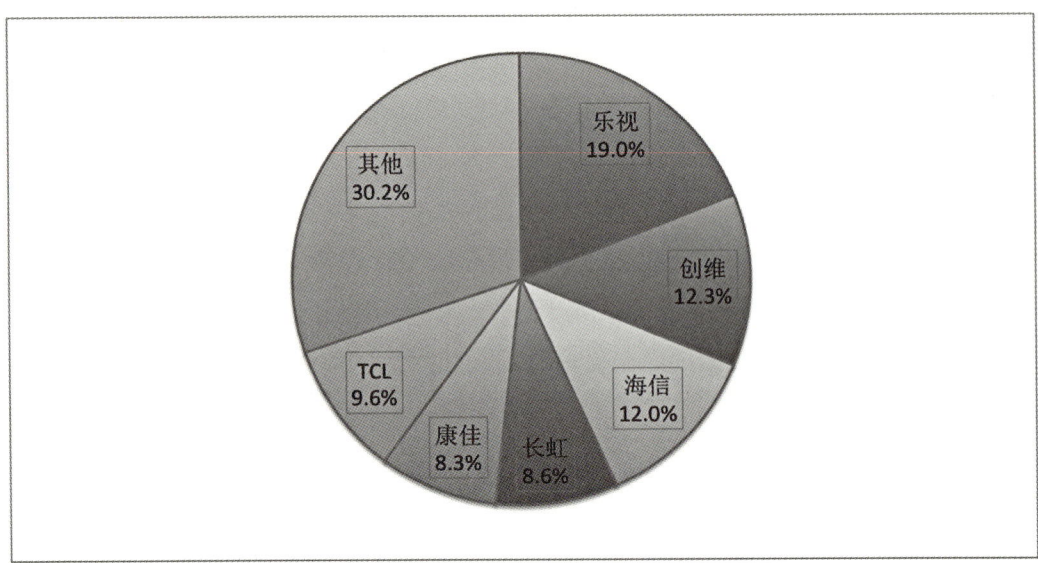

图 6-1　2016 年 4 月电视市场全渠道销量占有率①

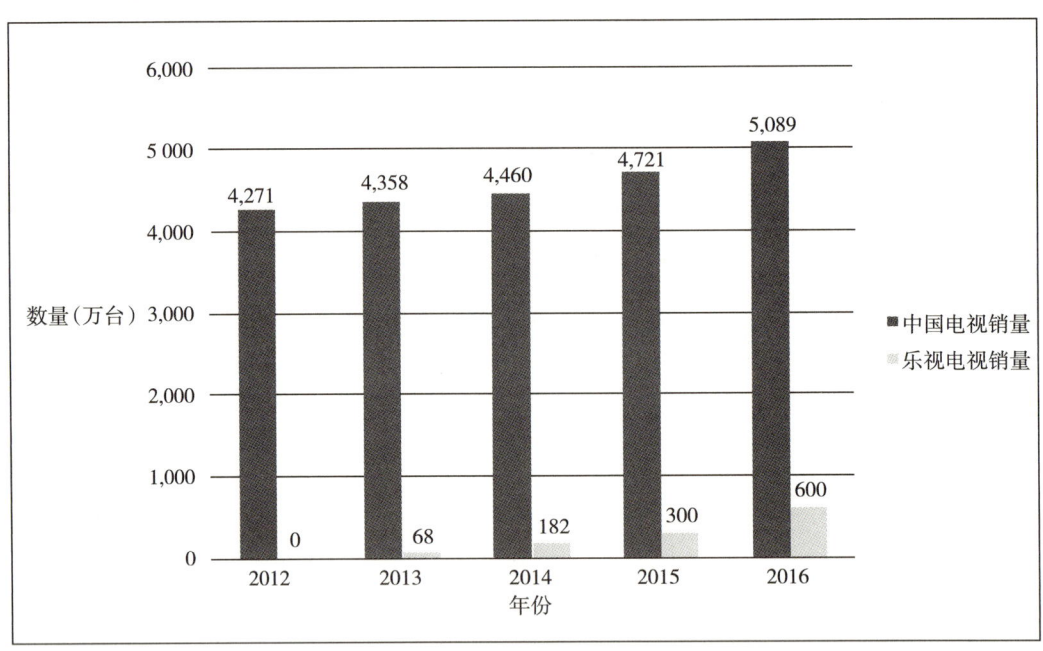

图 6-2　连续 5 年中国电视销量对比乐视销量②

---

① 199IT. 2016 年乐视卖电视亏了 6 个亿,为何智能电视会遭遇滑铁卢[EB/OL].(2017-04-21)[2017-10-06]. https://baijiahao.baidu.com/s?id=1565268862661975&wfr=spider&for=pc.
② 同①.

自乐视推出超级电视伊始,互联网电视便开始进入群雄逐鹿的时代,竞争十分激烈,其中既包括互联网企业等新进入者,也包括创维、TCL 等众多老牌家电企业,还包括芒果 TV、微鲸等带着传统电视媒体光环加入战局的选手(表 6-1)。[①] 为了应对竞争,乐视超级 TV 除了保证良好的操作体验、优质内容与硬件结合外,还制定了十分激进的定价。乐视一台 40 多寸互联网电视的价格降到了千元水平,这一价格几乎与一部中低端的手机相当,其背后是乐视在成长期跑马圈地的野心以及对自己后向软件和内容盈利能力的自信。

表 6-1 互联网电视市场竞争品牌

| 时间 | 公司 | 事件 |
| --- | --- | --- |
| 2013 年 5 月 | 乐视 | 乐视正式推出乐视 TV 超级电视 X60 以及普及型产品 S40 |
| 2013 年 9 月 | 酷开 | 创维集团联合阿里巴巴集团发布家庭互联网电视 |
| 2013 年 9 月 | 小米 | "小米电视"发布 |
| 2015 年 2 月 | 大麦科技 | 大麦科技发布运营商电视"大麦电视" |
| 2015 年 5 月 | 联想 | 联想宣布推出专门的电视品牌"17TV" |
| 2015 年 5 月 | PPTV | 苏宁旗下 PPTV 推出首款智能电视 |
| 2015 年 7 月 | 暴风科技 | 暴风宣布打造"暴风 TV" |
| 2015 年 8 月 | 微鲸 | 微鲸电视发布 55 英寸的互联网电视新品 |
| 2015 年 12 月 | 风行 | 兆驰股份、东方明珠、联合海尔、国美、风行网共同推出"风行互联网电视" |
| 2017 年 3 月 | 芒果 TV | "芒果 TV+国美+创维+光大优选"推出"爱芒果电视" |
| 2017 年 3 月 | TCL | TCL 正式发布互联网电视品牌"雷鸟" |

乐视同时也为此投入了大量的营销成本。以 2016 年三季度报为例,乐视营业成本和 2015 年同期相比大幅增加了 93.27%,其中销售费用支出的增长尤为令人瞩目,从 2015 年同期的 6.29 亿元增长至 16.37 亿元,增幅达 160.07%。其费用的增长除了以促销活动来吸引消费者外,在各个渠道也增加了广告投放。[②]

当然,机遇与风险也是这一阶段的一体两面。高增长的背后是高风险。首先,家电及消费电子企业必须要负担得起高昂的营销成本。例如,乐视的资金链断裂已经影响到乐视电视在 2017 年的市场表现。其次,这一阶段市场竞争激烈,容易引发企业价格战和恶性竞争。以空调领域为例,奥克斯在 1994 年进入空调领域后开始制定价格

---

[①] 199IT. 2016 年乐视卖电视亏了 6 个亿,为何智能电视会遭遇滑铁卢[EB/OL].(2017-04-21)[2017-10-06]. https://baijiahao.baidu.com/s? id=1565268862661975&wfr=spider&for=pc.
[②] 汪传鸿. 乐视销售费用猛增:"砸钱"拉动付费业务增长[N/OL].(2016-10-27)[2017-10-07]. http://tech.sina.com.cn/i/2016-10-27/doc-ifxxaeqk5768951.shtml.

领先的战略,2002年更是大曝空调行业成本内幕,直接将空调行业的价格体系拉低了30%。空调行业从1996年到2006年打了持续10年的价格战,为首的空调品牌奥克斯销量迅速上升,在2004年达到了空调领域销量的前4名。[①] 然而此举却对奥克斯的品牌形象造成了几乎不可逆转的负面影响,公众几乎将奥克斯等同于低价空调;同时利润微薄也导致它对产品研发和品牌运作的投入不力,品牌的升级换代和产品的创新都遭遇阻滞。

### 三、成熟期:稳中求胜

经过孕育期的萌芽和成长期的增速发展后,健康运行的品牌将进入成熟期。这一时期综合体现了品牌在前期发展历程中累积的品牌资产、塑造的品牌形象以及形成的品牌竞争力。

成熟期的品牌特征主要表现为三点:稳定的市场份额、清晰的形象定位、高度的品牌忠诚。第一,无论是位于行业领导者还是追随者的地位,品牌在这一时期的市场排名和市场份额都呈现出较为稳定的态势,很难有大幅度的波动。这既反映出企业的成熟经营状态,又说明了市场对品牌的认可。第二,品牌在成长期形成的品牌个性和形象在这一阶段更加清晰,且能有效地和竞争品牌区分开来。第三,品牌忠诚用户规模化,即品牌已通过产品和一系列营销推广活动形成了较高的美誉度,拥有了一批忠诚度极高的品牌关注者和传播者。

对于品牌来说,维系并延长成熟期是其生命历程的重中之重,因此企业要认真对待影响品牌形象传递的各个因素。首先,产品作为连接品牌与消费者的第一媒介,它的高品质和与消费需求的契合度应该得到保证。在成熟期,市场趋近饱和,产品同质化加重,品牌若想继续维护自己的市场占有率,就应该紧跟市场需求,深度挖掘用户痛点,对产品进行更新迭代,同时与良好的售前售后服务配合,给消费者提供满意的用户体验。如家电领导品牌海尔推出的个性化定制服务,将产品研发和用户需求无缝对接,用户可根据自身喜好设计产品外观。海尔以此差异化的产品和服务与消费者沟通,满足他们的独特诉求。

其次,凭借连贯的营销推广活动使品牌形象鲜活化。即使消费者已经对品牌产生了正面认知,品牌仍需通过一系列符合品牌定位的活动增加品牌和消费者的接触机会,以发挥协同效应,增强品牌活力。消费电子品牌卡西欧为促进品牌的年轻化,近年

---

① 程曦.奥克斯,从价格战走向价值战[J].日用电器,2007(12).

来致力于创新年轻人的生活方式。基于这一定位,卡西欧针对年轻群体举办了"321自拍盛典""弹唱大赛""街头嘉年华"等活动,以此融入年轻人的生活,强化他们对品牌形象的感知。

最后,要管理和完善客户关系,追求消费者忠诚的最大化。企业可以分析已有客户的信息,辨别客户价值,集中精力服务于高价值客户,维系低价值客户的利润生成,挖掘潜在客户。在此基础上,以客户为中心,有针对性地制订品牌传播策略。

此外,过往其他品牌失败的经验说明,成熟期的一帆风顺并不代表企业就可以盲目自信。尤其是在市场环境日新月异的今天,企业若缺乏危机意识,很可能就会被后来者追赶甚至被市场淘汰。创立于1984年的科龙,作为20世纪末21世纪初家喻户晓的家电品牌,在经历了大起大落后于2006年被海信收购。昔日世界领先的家电品牌东芝近年来也将核心业务转向医疗设备和电机等,家电业务占其整体营业额不到10%,家电卖场的销售情况显示,东芝品牌已在市场上销声匿迹。[①] 这些品牌的衰败或是由于企业产权经营不善,或是由于企业未紧跟市场变化做出反应,但追寻本质可以看出,成熟期的品牌依旧要谨慎分析品牌发展的利弊,若肆意消耗品牌所积累的资源,只会使品牌加速进入衰退期。

## 四、衰退期:破而后立

作为一个生命体,品牌不可避免地会经历老化至退出市场这一阶段。产品销量和利润大幅下降,品牌无法及时回应消费需求,用户流失等都是这一阶段的特征,也是品牌所要经历的考验。

一方面,对于发展向好的品牌来说,针对衰退期的未雨绸缪很有必要。首先,处于成熟期的家电及消费电子品牌已经在消费者心中留下了固定的印象,但这种固化印象若不能根据消费升级等趋势做出调整,就容易导致消费者产生品牌老化的负面感知,如数码品牌尼康。尼康一直以领先影像技术和优质产品塑造低调沉稳的形象,但在当前消费主体年轻化的背景下,尼康的产品研发、形象代言、营销活动都没有针对年轻消费者进行明显的转变,传统的品牌形象或许会让80后、90后认为尼康是保守的、有代沟的老牌相机。相比之下,始建于1958年的小天鹅则双管齐下,通过工业设计和营销活动革新应对年轻消费群体的崛起。2015年9月小天鹅宣布与迪士尼签署许可协

---

① 贾丽. 日本家电品牌在华衰落 感叹失去中国失去世界[EB/OL].(2014-10-22)[2017-10-03]. http://homea.people.com.cn/n/2014/1022/c41390-25882237.html.

议,此后三年在洗衣机产品上使用迪士尼、漫威、星战原型,并授权公司通过指定的经销渠道销售许可产品。① 同时,小天鹅策划了相关营销活动,如"我妈说"主题活动,以线上社交媒体话题讨论、微视频传播等形式传递年轻化的品牌理念,该营销活动还获得了 2015 年度中国广告长城奖媒介营销金奖和互动创意银奖。

其次,实力雄厚的成熟品牌可以通过收购其他品牌来弥补自身在技术、产品、品牌等方面的不足。如联想收购 ThinkPad,既获得了多项技术专利,提高了用户对产品品质的认可,又有助于其开拓全球市场、打响知名度。海尔收购美国通用电气,既稳固了其在中国家电市场的领导地位,又可以拥有通用电气高端市场的用户。形象的升级转变和实力的提升能够增强品牌的竞争力和消费者对品牌价值的认同感,从而保持品牌的健康状态。

另一方面,对于即将和已经进入衰退期的品牌来说,以低成本维系品牌运营抑或重新定位品牌成为两难选择。品牌并非按部就班地经历每一个生命周期,如在孕育期对品牌发展预估错误,或在成长期经营不善,在成熟期疏于对环境变化的洞察等,这些因素都会造成品牌直接进入衰退期。其一,如果品牌已经历成熟期,企业应将资源集中到最有利的市场上,从中获得更多的利润,发挥衰退期品牌的余热,延长品牌退出市场之前的时间。其二,若品牌还处于孕育期或成长期,企业可以"重新出发",二次定位,力求改变消费者的原有认知,争取有利的市场地位。世界领先的通信软件品牌莲花曾经通过莲花 1-2-3 试算表获得消费者的认可,但同时也吸引了微软公司对这一领域的注意,推出 Excel 试算表与莲花竞争并获得胜利。莲花公司陷入了进退维谷的境地,在 CEO 曼兹的带领下,莲花以占领消费者心智的电子试算表为起点,将品牌定位于电脑群组软件提供者,推出 Notes 软件,重塑了其品牌行业领导者的形象。衰退现象并不意味着品牌一定会与失败画上等号,适时谨慎的策略应对和对固化定位的突破一定程度上能够维系品牌的生存。

对竞争日趋激烈的家电及消费电子品牌来说,精准把握生命发展状态,明晰不同周期下的企业品牌任务,及时做出战略调整,是其在商业市场中建设品牌的必要动作。品牌不是流于表面的标志和口号,而是经过市场洗礼后印证在人们心中的特殊符号,是附加在产品和服务上的价值表现,是企业文化、品牌理念等抽象概念的实体凝聚。只有深入理解不同生命周期下品牌面临的挑战和机遇,才能有的放矢地建设品牌,助力品牌的健康发展。

---

① 30 年依旧动力澎湃,小天鹅引领年轻化转型[EB/OL].(2016-03-11)[2017-10-07]. http://jiaju.sina.com.cn/news/20160311/6113894728535966501.shtml.

# 报告七　国美三十年——新零售助力中国家电品牌成长

改革开放以来,中国经济取得的巨大成就令全球瞩目。伴随着经济的不断发展,技术的不断变革以及信息技术的快速发展,消费者的生活方式、信息沟通方式以及消费行为都发生了巨大变化。中国家电零售业伴随着中国消费者的上述变化,也在不断调整、变革。数十年间,中国家电零售业伴随着中国家电企业共同经历了最为充分的市场化洗礼:行业集中、龙头崛起、格局盘整、渠道变革……既有全球经济危机中的惊魂,又有政策扶持中的狂欢,还有电商崛起带来的模式变革。以国美为代表的家电零售企业见证了中国家电品牌的成长,也助推了中国家电品牌的成长与进化!

## 一、三十年国美发展助力家电品牌成长

作为中国家电连锁的创新者和领导者,国美的实力体现在三个方面:规模实力、成本实力、差异化实力。三十年来,在企业发展的不同阶段,国美一直致力于以消费者为中心,不断进行商业模式创新,成就中国家庭品质生活。

### (一)创建连锁,业态替代

1987年元月1日,国美在北京珠市口率先经营中国首个家用电器专业卖场,标志着国美的诞生。1993年开始,国美在北京近十家门店统一使用"国美电器"名称,确立了家电连锁经营模式的雏形。1999-2003年,国美率先走出北京,从区域连锁向全国连锁发展。在这一阶段,以国美为首的新型家电连锁逐步替代了传统的百货商场,成为家电销售的主渠道,完成了行业内的业态替代。

## (二)转型公众企业,实施多品牌战略

2004年6月7日,国美在香港联交所成功上市,成为中国首家在海外上市的家电连锁企业。成功进入上市公司平台,不仅意味着企业拥有了融资能力,同时也标志着以国美为代表的中国家电连锁企业成为了公众型社会化企业。

2005年,国美确立"拓疆域,行天下"的全国规模扩张战略,采取自我开店和收购兼并并举的发展战略,到2008年年底,国美完成了以规模扩张为核心战略的历史使命。这期间,2005年全年国美先后成功收购了哈尔滨黑天鹅、深圳易好家、武汉中商、江苏金太阳等企业的全部网络;2006年,国美与永乐电器合并,实施双品牌运作战略;2007年9月,国美成功收购陕西蜂星电器全国网络,使得国美在通讯业务上得到进一步巩固与加强;2007年12月,国美全面托管大中电器;2008年3月,国美以三联商社第一大股东身份,控股三联商社。

## (三)优化升级,精细管理

2009—2011年,国美开始优化升级和精细管理。这期间,2010年下半年,国美对全国门店实行了分类管理,门店形态划分为超级旗舰店、旗舰店、标准店、畅品店。从卖场经营向商品经营转化,从供应商经营向客户经营转化。2010年11月,国美收购库巴购物网(www.coo8.com);2011年4月国美自身电子商务新平台(www.gome.com.cn)上线。国美双品牌运营模式全面发力家电网购市场,创新出"B2C+实体店"融合式发展的电子商务运营模式。

2011年12月,国美成功上线业内最先进的ERP系统,首次在中国零售业范围内实现了对单店、单品和个人的管理。通过新的ERP系统,国美与供应商实现了订单协同、库存协同、收入及结算协同、促销协同、商品推广协同、促销员资源共享、市场信息协同、服务协同的八大供应链协同。

## (四)蜕变转型,多渠道发展

优化升级完成后,2012年国美正式进入蜕变转型、多渠道发展阶段。一级市场规模从2012年的3,610亿元增长到2016年的约6,320亿元;二级市场规模则由2012年的约5,060亿元发展到2016年的超过万亿元,并超过一级市场总规模。2017年8月,国美正式更名为国美零售,并建成了电竞、烘焙、动漫、VR影院等休闲娱乐场景,以及空净系统、全屋净水系统、地暖系统等多个以"家"为核心的场景体验区,致力于从零售商向家庭整体解决方案提供商和服务商积极转型。

(五)助力家电品牌成长

自国美创立伊始,国美一直致力于和家电品牌共同成长,实现消费者、家电品牌与国美品牌的共赢共生、价值融合进化。作为零售企业,国美一直是消费者与家电企业之间的连接桥梁,一方面坚守专业定位,向消费者推介更卓越的家电品牌;一方面为家电品牌捕捉消费者需求变化,引流、凝聚更为广泛的消费人群。

以国产家电品牌的崛起为例,三十年来,国美为国产品牌搭建起与消费者沟通的界面,赋能国产品牌的成长。2012-2017 年间,国美线下国产品牌 SKU(stock keeping unit 库存单位)占比一直保持在 25%-82% 之间(表7-1)。国美依据不同产品、品牌的特性,量身定制不同的合作策略。国美致力于为消费者提供最优质的商品,助力消费者改善生活品质;与此同时,国美助力家电企业打造品牌、深耕品质,不断提升工业水平、技术水平,赶超世界,参与全球竞争。

表 7-1  2012-2017 年国产 SKU 在国美的占比

| 年份 | 非国产 | 国产 | 总计 | 国产 SKU 占比 |
| --- | --- | --- | --- | --- |
| 2012 | 17,862 | 81,766 | 99,628 | 82.07% |
| 2013 | 16,182 | 74,284 | 90,466 | 82.11% |
| 2014 | 14,512 | 68,150 | 82,662 | 82.44% |
| 2015 | 15,478 | 60,420 | 75,898 | 79.61% |
| 2016 | 15,531 | 51,710 | 67,241 | 76.90% |
| 2017 | 13,847 | 42,877 | 56,724 | 75.59% |
| 总计 | 93,412 | 379,207 | 472,619 | 80.24% |

三十年,国美陪伴着中国消费者一同度过了 10,950 天、262,800 小时、1,576.8 万分钟,累计销售超过 1 亿台彩电、8,000 万台冰箱、7,000 万台洗衣机、8,000 万台空调、2,000 万台抽油烟机、15 万台洗碗机,借助线上线下深度融合的全渠道消费互动界面搭建了品牌和消费者的沟通桥梁,并进一步通过线下门店的新场景改造,为消费者提供了一站式购物的消费体验。未来,国美还将增加反向定制产品的配比,以助力国产品牌在国美渠道销售额的快速发展。

国美通过业务赋能、技术赋能和营销赋能,引领产业布局。以华为为例,在 2012-2017 年间,华为产品 6 年在国美线下销售总额 173 亿元,增长率达 178%。新零售时代,在互联网技术的支撑下,国美依据消费需求,打造了与零售相关联的大集体,各成员之间紧密合作、协同发展、共创共赢。

## 二、零售业:新时期挑战与机遇

### (一)零售业:寒冬下回暖信号释放

2011年开始,大型零售企业销售额增速连续放缓,近两年甚至出现负增长,进入2016年,见底回稳信号开始释放(图7-2)。根据中华全国商业信息中心的数据,2016年全国百家重点大型零售企业零售额同比下降0.5%,下半年市场情况好转,7月、9月、11月、12月百家重点大型零售企业零售额同比为正增长,其中9月、11月、12月增速高于上一年同期,12月增速高达7%(图7-3)。

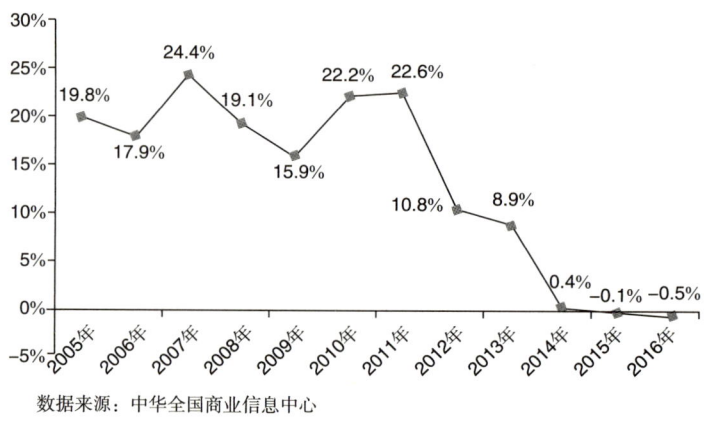

数据来源:中华全国商业信息中心

图7-2 2005-2016年全国百家重点大型零售企业零售额增速

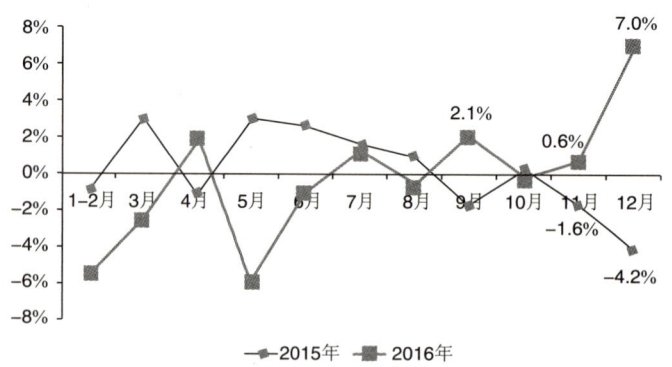

数据来源:中华全国商业信息中心

图7-3 2015-2016年各月全国百家重点大型零售企业零售额增速

### (二) 零售业面临的机遇与挑战

首先,2016年11月国务院办公厅颁布了《关于推动实体零售创新转型的意见》,从国家政策层面推动零售业改革升级,对实体零售企业加快结构调整、创新发展方式、实现跨界融合、不断提升商品和服务的供给能力及效率作出部署。这对零售业而言可谓机遇与挑战并存:一方面,零售业要加快调整商业结构,创新发展方式,促进跨界融合;另一方面,无论是实体零售还是网络零售,都必须正视自身的短板,尽快实现线上线下融合发展。与其他电商平台大而全品类定位不同的是,国美新版图全面聚焦"家生活"。目前国美已把年销售18亿元的大中中塔全球体验中心改建为生活馆试点,未来该模式还将复制到北京、上海、广州、深圳等一线城市,总计将建成50家2万平方米的生活馆,整个"家生活"市场预计将达到10万亿元的规模。

其次,消费升级趋势显著。70后、80后、90后已成为主流的中国消费者。这些消费群体更加适应移动互联消费模式,也更加注重互动、体验以及产品背后的文化与价值分享、交流。未来,只有加强对消费者需求的理解和掌控,精耕细作,不断创新价值,才能有效地获取客流,赢得竞争。

再次,无论是京东与苏宁的自建物流,还是海尔日日顺平台、美的安得物流,其创建、整合投入大、周期长、牵涉面广,但这些零售企业却都争先投入部署。其背后的原因就在于家电零售的核心特质在于"高效流通",而要想实现"高效率低成本"经营,除了流通结构要进一步扁平化、垂直化外,最关键的是必须要打造覆盖中国城乡、强大有力的"仓储、配送"物流体系。未来,零售业的竞争不可避免地是一场以仓储、配送为核心的物流战,谁的物流配送效率高、配送成本低,谁在零售体系的竞争优势就更强大。当然,还有一个重要的前提,那就是面向上游的规模化采购平台和能力。[①]

### (三) 国美新零售战略的提出

在国美重新定义的零售概念里,就是要建立人与人之间、人与产品之间、人与企业之间、企业与产品之间的广泛连接,形成社群关系,推动供应端与需求端的有效对接,推动更深层次的消费价值和产业价值的重构,这样才能源源不断地创造"厚价值"——参与各方都能共享的价值。

抓住上述机遇与挑战,国美提出了重新定义零售的"6+1战略",即以用户为王、

---

① 2017年家电零售渠道将面临新一轮巨变[EB/OL]. (2016-11-30) [2017-08-11]. http://icebox.ea3w.com/152/1522637.html.

产品为王、平台为王、服务为王、分享为王、体验为王,以及线上线下融合的"六王两融"为价值创造触点,以供应链为核心竞争力的集互联网、物联网、务联网(专注于服务的三个网络)于一体的新零售生态体。其中,"6"指以"用户、产品、平台、服务、分享、体验"等为核心,在逻辑上层层递进,最后形成完整的生态闭环,"1"指"线上线下融合"。

## 三、"新技术、新业务、新市场"的国美新零售时代

### (一)场景化改造

国美打造了更多使用型体验门店,通过搭建应用实景进行产品使用延伸体验,让顾客在门店完成"吃喝玩乐",并以使用实景展示及家庭消费场景再现启发消费者,让消费者切身体验国美所提供的品质生活。

近年来,国美持续推动门店改造,搭建了以家为核心的"家装+家电"和"娱乐+休闲"的新场景,通过高频场景和沉浸式体验重塑线下场景。国美还向互联网家装公司爱空间战略投资了3.56亿人民币,首家爱空间家装样板间已在北京国美马甸鹏润店开业。目前,国美已在北京、浙江、成都和上海等门店引入家装设计及电器套购、全屋水暖系统、中央空调、整体橱柜,持续深化家庭整体解决方案,以实现客户引流和品牌互动。国美还与泥巴公社、more+猫舍、觅糖装饰等家装、装饰公司达成合作,预计将导入近100家门店,2018年家装业务预计将拉动同店收入上升2%-3%。如今,超过170家国美门店已经完成新场景改造。2017年国美中报显示,国美线下门店在第二季度单季实现了可比门店同店增长率8.5%。这一数据,相比同行高出了近3个百分点。

### (二)线上线下融合

基于互联网及移动互联网的加速普及,国美将与消费者建立起了全天候、全地域的有效连接,随时随地满足消费者的个性化需求。

围绕用户与需求的整体布局,国美推出了"新零售"的连接器——国美APP。它线下链接国美终端遍布全国的近1,600家实体门店、物流链和供应链,线上整合了国美APP、美信、国美管家、GOME酒窖、国美海外购等业务资源,以互联网大数据及云计算为后台技术保障,向用户提供跨渠道、无缝化的新型购物场景体验。

由此,国美实现了系统融合、商品融合、服务融合,从采购、库存、价格、营销、会员

与物流仓储六大方面打通线上线下的零售环节,最终构建了完整的用户生态闭环。

特别是在商品融合的含义中,国美全品类商品在线上线下两个渠道相互覆盖,基于线上的海量存储,线下商品100%覆盖到线上,线上优质商品可以引流至线下,消费者可以根据自己的意愿和个性化需求,任意选择线上线下下单,进而可以选择物流配送或门店自提,24小时自由穿行的购物场景深受消费者青睐。

(三)强化差异化供应链

国美积淀了三十年的供应链资源,产销模式领先,包括OEM、ODM、包销定制等,在研发、生产、销售、售后及双方优质资源互补等方面进行全面的供需链合作,能够自主掌握定价权,采购成本比行业平均低0.3%-0.5%,差异化产品占比超过40%。

基于大数据分析,国美与厂家共同研究差异化商品的定制。例如,与卡萨帝联手定制国美专属的451立升可自由嵌入法式冰箱,与格力合作特别定制搭载了"国美云智"智能WiFi模块的舒享风系列智能空调。数据显示,目前,国美差异化商品占比已从2009年的1.2%大幅攀升为2016年的40%。此外,商品结构决定了零售企业的综合毛利率。2017年国美半年报显示,影音、空调、冰洗三大品类占据了国美销售额的50%,而这三大品类均为可以获得较高毛利的家电品类。

(四)市场下沉

国美已经形成独有的商业模式,增长方式将从过去的"开店型"增长转变为"存量+增量"的增长,在渠道下沉、后服务及物流三个层面不断探索新的业绩增长点,扩大盈利空间。

来自奥维云网的数据显示,2016年三四级市场线下家电市场规模达3,321亿元,占比高于一二级市场,且有逐年上升的趋势。未来,国美将通过"互联网+实体店"结合的方式,依托国美APP平台+自营家电供应链+全国物流链,以县域为中心支点,以自营+加盟的形式逐步覆盖周边区域,实现在2-3年内覆盖80%县级城市、开设2,000家实体店的目标。

(五)社会化物流

国美拥有遍布全国并具备核心竞争优势的物流运营能力,因而可以向全社会输出国美物流服务,让更多的消费者享受到国美"一日三达、精准配送、送装同步"的行业最高标准服务。

在物流体系方面,国美物流网络已覆盖95.5%的地级市、91.0%的县区、71.0%的乡镇。除了在建的西安、沈阳、宁波物流基地,未来,国美还将大力发展物流自建仓库,深化全国物流网络覆盖,计划新增仓库面积196万平方米。

(六)后服务市场

在后服务方面,以彩电送装一体化为基础,国美将逐步形成技术型配送体系,全面推广"送装一体化",打造家电服务竞争门槛。2017年下半年彩电送装量达到50万台,2018年提升至100万台,空调、洗衣机各70万台。

此外,国美正在以物联网技术为支撑,构建国美后服务市场,向万亿后服务要增长。2017年下半年,国美将以空调、净水、空净为突破口,升级供应链管理体系,预计在两年左右的时间产生5亿元的利润。

传承思辨编

# 家电及消费电子品牌基因传承之"困"与"解"

# 报告八　资本之于家电及消费电子品牌基因传承：糖衣还是炮弹

**一、资本的助推：家电及消费电子企业纷纷通过资本运作站稳脚跟**

资本，是企业购置从事生产经营活动所需资产的资金来源，是投资者对企业的投入。企业是资本的载体，资本是企业的血液。从新中国改革开放开始，随着中国加入世界贸易组织（WTO）与国际接轨、社会主义市场经济体制确立、国企改制等一系列助力市场经济发展的利好释放，资本运作便成为企业改革、发展的有力抓手。企业的资本运作包括上市融资、兼并重组及股份制改造等。

家用电器作为人们日常起居必不可少的生活元素，市场规模巨大，然而其市场却是一片利润极其微薄的红海。海尔CEO张瑞敏就曾经表示，家电及消费电子市场竞争激烈，"利润薄如刀片"。单靠产品售卖自然无法支持一个家电企业在这片红海中生存壮大，尤其伴随着家电企业扶持政策的退出，资本运作能力对于家电及消费电子企业而言就显得愈发重要。那么，资本运作能够为家电及消费电子企业带来哪些价值呢？具体来看：

第一，上市融资能够为家电及消费电子企业带来大量资金，提高企业净资产，改善资本结构，提高抗风险能力。这一点对于在红海里艰难求生、利润微薄的家电及消费电子企业来说尤为重要。以美菱为例，1992年成立的美菱集团公司由于一系列原因暂停运营，企业陷入低谷，但美菱领导人张巨声通过企业转制实行股份制改造，开启了美菱寻找资金的新思路。1993年，美菱成为安徽省第一家上市公司，一直为资金所困的美菱在当年10月18日在深交所正式挂牌交易。这一年美菱冰箱产能突破50万台，位列行业第二。接着，美菱工业园区以每亩1.5万元的价格拿下近500亩土地，给未来的美菱留下了巨大的增值机会。①

改革开放以来,我国一共有42家家电企业在沪、深两地证券交易所挂牌上市(表8-1):

表8-1 中国42家上市家电企业②

| 股票名称、代码 | 主要股东 | 最大股东比例(%) | 总股本(万股) | 流动A股 | 总资产(亿元) | 净利润(亿元) |
|---|---|---|---|---|---|---|
| 深康佳A 000016 | 华侨城集团公司 | 21.75 | 120,397.27 | 59,991.50 | 164.00 | 0.39 |
| TCL集团 000100 | 惠州市投资控股有限公司 | 7.20 | 1,220,272.38 | 817,744.38 | 835.67 | 20.29 |
| 小天鹅A 000418 | 美的集团股份有限公司 | 37.78 | 63,248.78 | 43,776.50 | 96.73 | 4.83 |
| 美菱电器 000521 | 四川长虹电器股份有限公司 | 21.58 | 76,373.92 | 59,054.77 | 80.03 | 1.91 |
| 美的集团 000333 | 美的控股有限公司 | 35.49 | 421,580.85 | 223,852.14 | 916.33 | 40.10 |
| 万家乐 000533 | 广州汇顺投资有限公司 | 24.97 | 69,081.60 | 68,487.71 | 28.20 | 1.09 |
| 格力电器 000651 | 珠海格力集团有限公司 | 18.22 | 300,786.54 | 298,621.16 | 1,088.33 | 78.40 |
| 数源科技 000909 | 西湖电子集团有限公司 | 51.99 | 29,400.00 | 29,400.00 | 38.30 | 0.41 |
| 海信科龙 000921 | 青岛海信空调有限公司 | 45.07 | 135,849.56 | 89,723.63 | 96.13 | 7.28 |
| 苏泊尔 002032 | SEB INTERNATIONALS S.A.S | 71.44 | 63,385.34 | 33,994.75 | 50.30 | 5.11 |
| 华帝股份 002035 | 石河子九州股份投资有限合伙企业 | 20.76 | 35,886.13 | 29,677.21 | 18.53 | 1.74 |
| 九阳股份 002242 | 上海力鸿新技术投资有限公司 | 48.19 | 76,788.50 | 76,095.00 | 42.20 | 4.75 |
| 伊立浦 002260 | 北京市梧桐翔宇投资有限公司 | 24.66 | 26,520.00 | 26,520.00 | 5.49 | 0.22 |
| 爱仕达 002403 | 爱仕达集团有限公司 | 39.38 | 24,000.00 | 22,238.25 | 22.63 | 0.45 |
| 常发股份 002413 | 江苏常发实业集团有限公司 | 49.53 | 22,050.00 | 22,050.00 | 16.30 | 0.57 |
| 毅昌股份 002420 | 广州高金技术产业集团有限公司 | 35.17 | 40,100.00 | 37,782.36 | 31.70 | 0.06 |
| 兆驰股份 002429 | 新疆兆驰股份投资合伙企业(有限合伙) | 63.90 | 160,205.52 | 158,599.24 | 59.03 | 5.27 |
| 圣莱达 002473 | 宁波金阳光电热科技有限公司 | 38.25 | 16,000.00 | 16,000.00 | 4.79 | 0.14 |
| 老板电器 002508 | 杭州老板实业集团有限公司 | 50.38 | 32,405.00 | 31,437.50 | 23.50 | 2.80 |
| 银河电子 002519 | 银河电子集团投资有限公司 | 35.49 | 28,408.10 | 19,553.18 | 14.80 | 0.95 |
| 万和电气 002543 | 广东万和集团有限公司 | 38.25 | 44,000.00 | 31,872.50 | 31.50 | 2.23 |

---

① 张春蔚. 美菱变迁史[EB/OL]. (2006-03-24)[2017-09-12]. http://www.globrand.com/2006/21181.shtml.
② 高悦. 家电类上市公司资本运营评价研究——以S集团为例[D]. 青岛理工大学, 2015.

续表

| 股票名称、代码 | 主要股东 | 最大股东比例(%) | 总股本(万股) | 流动A股 | 总资产(亿) | 净利润(亿) |
|---|---|---|---|---|---|---|
| 长青集团 002616 | 何启强 | 24.11 | 17,493.67 | 8,140.00 | 18.43 | 0.60 |
| 奥马电器 002668 | 中山施诺工业投资有限公司 | 56.24 | 16,535.00 | 7,235.00 | 23.63 | 1.69 |
| 华声股份 002670 | 佛山市顺德区远茂化工实业有限公司 | 20.41 | 20,000.00 | 8,020.98 | 11.73 | 0.76 |
| 顺威股份 002676 | 佛山市顺德区祥得投资咨询有限公司 | 46.56 | 1,600.00 | 4,275.23 | 14.00 | 0.71 |
| 浙江美大 002677 | 美大集团有限公司 | 67.50 | 20,000.00 | 5,000.00 | 8.43 | 0.92 |
| 奋达科技 002681 | 肖奋 | 44.95 | 34,312.10 | 7,500.00 | 9.73 | 1.00 |
| 海信电器 600060 | 海信集团有限公司 | 40.37 | 130,848.12 | 130,848.12 | 181.00 | 16.23 |
| 澳柯玛 600336 | 青岛市企业发展投资有限公司 | 43.66 | 68,207.20 | 68,207.20 | 29.53 | 1.18 |
| 青岛海尔 600690 | 海尔电器国际股份有限公司 | 20.77 | 304,593.51 | 273,684.11 | 502.00 | 33.77 |
| 四川长虹 600839 | 四川长虹电子集团有限公司 | 23.20 | 461,624.42 | 460,999.78 | 550.00 | 4.11 |
| 春兰股份 600854 | 春兰(集团)公司 | 25.34 | 51,945.85 | 51,945.85 | 27.17 | 0.20 |
| 惠而浦 600983 | 惠而浦(中国)投资有限公司 | 51.00 | 76,643.90 | 37,555.48 | 44.93 | 3.29 |
| 日出东方 603366 | 太阳雨控股集团有限公司 | 57.75 | 40,000.00 | 14,140.00 | 37.20 | 3.68 |
| 秀强股份 300160 | 宿迁市新星投资有限公司 | 29.62 | 18,680.00 | 18,680.00 | 13.50 | 0.62 |
| 东方电热 300217 | 谭荣生 | 22.49 | 39,547.20 | 20,640.28 | 14.40 | 0.98 |
| 天银机电 300342 | 常熟市天恒投资管理有限公司 | 50.06 | 20,000.00 | 6,650.00 | 6.70 | 0.82 |
| 新宝股份 002705 | 广东东菱凯琴集团有限公司 | 46.16 | 44,200.12 | 10,937.84 | 31.00 | 1.78 |
| 金莱特 002723 | 田畴 | 54.63 | 9,335.00 | 3,065.00 | 5.05 | 0.53 |
| 地尔汉宇 300403 | 石华山 | 46.29 | 13,400.00 | 3,400.00 | 4.34 | 0.97 |
| 厦华电子 600870 | 华映光电股份有限公司 | 15.17 | 52,319.97 | 37,081.87 | 8.03 | -0.54 |
| 禾盛新材 002290 | 赵东明 | 39.68 | 21,067.20 | 13,391.49 | 13.44 | 0.30 |

第二，兼并重组能够帮助意欲进入新市场的家电及消费电子企业克服技术壁垒或地区壁垒，实现资本扩张，扩大生产规模，减少行业内部过度竞争；对于被收购企业来说，此举能够挽救经营颓势，盘活呆滞资产，充分利用母公司的资源优势。美的电器于2007年收购小天鹅105,673,347股，成为小天鹅第一大股东。美的电器入主后，小天鹅能够充分借助美的的物流配送系统和营销渠道，以优惠价格获取原料，广泛拓展销售，全面提升盈利能力。美的也能够吸收小天鹅的滚筒技术优势，将美的、荣事达、小天鹅三个洗衣机品牌整合，迅速覆盖高、中、低档全线洗衣机产品市场，进一步提升美

的的品牌影响力和全品类覆盖水平。① 而海尔集团则通过全世界范围内的兼并收购,实现了海尔集团白电的全球化版图扩张(图8-1)。

图8-1 海尔全球化品牌战略图②

概括而言,成熟的资本运作能够帮助家电及消费电子企业在红海市场中站稳脚跟,通过上市、收购、兼并、控股等多种方式灵活应对市场局势,实现家电及消费电子品牌的增值和规模经营。从一个家电及消费电子企业对资本的运作管理情况,可以看出其经营观念是否更新、战略眼光是否长远,也有利于国家经济增长方式的转变,有利于保持家电及消费电子品牌市场竞争的活力。

但是,必须正视的是,资本运作从来都是一把双刃剑,其在推动家电及消费电子品牌快速成长的同时也给家电及消费电子品牌成长带来了不小的压力与挑战。

## 二、资本的阴霾:资本对家电及消费电子品牌成长的负面压力

(一)上市企业发展可能受制于短期财报表现而忽视长远战略布局与发展

资本在为企业带来更多发展机遇的同时也可能给上市企业带来了束缚,企业的发展战略既要受股东的制约,还要时刻考虑短期财报的表现。

2013年,戴尔私有化的最大原因就是"为了推动业务转型。私有化前,股东们对这一转型心存疑虑,现在戴尔公司自己说了算。脱离股市,让我们摆脱了以90天(一个季度)为单位的短期目标束缚,可以让我们做出对于客户与Dell自身发展更为有利

---

① 小天鹅发展的过程[EB/OL]. (2013-10-15)[2017-09-13]. http://www.xuebuyuan.com/1126855.html.
② 海尔官网网站[OL]. http://www.haier.net/cn/about_haier/haier_global/.

的长远规划"①,戴尔认为,一个由自己控制的公司更易于集中精力去创新,去面对未来的不确定性。脱离股市一年后,戴尔公司软件业务获得了两位数的增长,渠道扩张速度是IT产业平均值的4倍。②

事实上,转型不仅仅是戴尔一家电脑公司的需求。PC全球市场的前三名厂商中除了戴尔,惠普已经将硬件、软件和打印机业务拆分,而联想2017年新财年誓师大会上提出的"三波走"转型战略中包含云、智能终端,但在戴尔创始人迈克尔·戴尔看来,"HP分拆成两家公司,只对股东有帮助,而无益于顾客"。至于联想的转型战略,至少在云市场领域或许已经提得有些晚了。目前的全球云市场格局中,亚马逊AWS、微软Azure遥遥领先,戴尔在摆脱资本市场的束缚后,比联想更快一步借助云服务布局转型成为服务提供商。英国《金融时报》中文网专栏作家称联想近些年出现了"战略悖论"③,缺少了求变和冒风险的勇气,也许部分原因是资本市场对盈利要求的压力,渐渐地,"一个充满无限想象力的品牌,正在用一切合理性的逻辑拘泥自身想象,沉迷于被认可,远离孤独和勇敢的创新"④。

此外,上市公司频现控制权争夺战,而股权斗争又往往会对公司运营和企业形象造成伤害,万科就曾经在深陷股权斗争漩涡时月销售额环比下降了四成。任志强对此在微博中评论道,引发万科股权之争的正是"资本的游戏"。万科的股权之争及资本与管理层的矛盾也许是个案或特例,但反映出资本市场的残酷竞争不一定会给企业的稳定发展带来机遇,反而可能带来灾难。

(二)并购之后的烦恼与挑战

1.技术并购对自主创新可能存在不利影响

技术并购(technology acquisition)指企业以获得外部技术、提升技术能力为主要目标的并购行为⑤。许多上市企业将技术并购视为补齐研发和专利技术短板的"捷径",殊不知,技术并购对自主创新也可能产生不利影响。

一方面,交易成本理论认为,技术并购可能对自主创新存在替代效应。大量的研

---

① 侯继勇.戴尔转型:一个"美丽与孤独"的故事[EB/OL].(2014-11-09)[2017-09-14].finance.eastmoney.com/new/1355,20141109443710083.html.
② 同①.
③ 周掌柜.联想的战略悖论[EB/OL].(2016-5-31)[2017-09-14].http://www.ftchinese.com/story/001067791.
④ 同③.
⑤ 周小春,陈灿,牛卫平.技术并购与自主创新:互补还是替代[J].科技管理研究,2014(3).

究表明,并购后的整合往往是技术并购能否提升公司创新能力的关键①。整合需要对并购双方资源进行实质性的重组和处置,如:处置重复的研发项目,调整公司的研发目标,对辞退的研发人员给予经济补偿等,一般所需时间较长,因此整合成本较高。此外,公司管理层需要花费大量的精力和财力应付并购过程的相关事宜,这也会减少公司自身的研发投入,对自主创新产生挤出效应②。

另一方面,过于依赖这样的"捷径",可能导致企业自主创新意识的麻痹。联想"贸工技"的基因被认为是根深蒂固的,"贸工技"下的联想以销售为主导,研发逐渐被边缘化。联想曾连续12年每年研发支出占收入比不超过2%,创新能力的缺乏使联想无法研发出足以抵御竞争对手的新产品。完成对摩托罗拉的收购后,联想集团2015-2016年度营收同比下滑3%,年度净亏损1.28亿美元,对此,联想的官方理由是联想低估了整合MOTO移动业务的困难。③ 2016-2017财年,联想集团时隔两个财年扭亏为盈,但智能手机部门亏损扩大,出货量减少22%,全球份额仅为3.5%,从IBM收购的中小型服务器业务也流失了部分客户,数据中心部门转为亏损。④ 联想将大笔资金投在技术并购上,却依然"更重视通过市场、营销渠道的整合来实现变革"⑤,没有真正发挥出技术的价值,同时,为整合成本所拖累。

而同为PC企业,华硕董事长施崇棠则坚持华硕应该坚定地走自主研发创新的"难行门",而不是依赖并购。在三星、LG、明基等竞争者均拥有面板工厂的情况下,华硕曾有机会收购利润高的日立液晶面板业务。但施崇棠综合评估之后最终放弃了收购,原因在于面板产业进入风险较高,受产业环境影响巨大,而华硕的核心竞争力在于技术创新,在变革时能保持弹性,两者契合度不高。⑥

2.以并购求规模与短期业绩表现,却忽视规模与快速增长背后新旧资源的有效整合

资本并购也是通向"规模扩张"的又一个捷径。占据最大的市场份额、成为全球市场龙头老大对每个企业的诱惑都是巨大的,然而这样的规模扩张究竟是真正有利于

---

① 于开乐,王铁民. 基于并购的开放式创新对企业自主创新的影响———南汽并购罗孚经验及一般启示[J]. 管理世界,2008(4).
② DESYLLASA P, HUGHES A. Do high technology acquirers become more innovative? [J]. Research Policy, 2010 (39): 1105 – 1121.
③ 周掌柜. 联想的战略悖论[EB/OL]. (2016-5-31)[2017-09-14]. http://www.ftchinese.com/story/001067791.
④ 王欢. 联想2016财年扭亏为盈 手机业务亏损扩大[EB/OL].(2017-05-26)[2017-09-14]. http://tech.sina. com.cn/roll/2017-05-26/doc-ifyfqqyh8504464.shtml.
⑤ 于斌. 逐渐变老的联想,如何才能自救? [EB/OL]. (2016-05-13)[2017-09-16]. https://www.ming.cn/ news/lenovo-10513.shtml.
⑥ 王丹. 施崇棠法则[EB/OL]. (2013-06-02)[2017-09-17]. http://wap.ithome.com/html/45831.htm.

企业的战略发展和业务扩张,还是仅仅为了一时亮眼的财报表现?当资本可以轻易帮助企业圆梦规模第一时,悲剧也往往悄悄埋下了伏笔。

惠普 2002 年以 250 亿美元收购康柏亏损的 PC 业务之后,成为全球 PC 市场份额冠军,但几年过去,人们发现这是一个没有回报的巨大赌注,甚至没有达到主导这次收购的 CEO 菲奥丽娜和惠普董事会私下设定的目标。合并后的 PC 业务在 2003 年和 2004 年都没有实现盈利的目标。①惠普的此次并购举措令业界质疑也许只是公司管理层为了短期业绩增长的一种急功近利的表现。

从中国家电及消费电子企业的历次跨境收购来看,类似的教训也为数不少。2004年,TCL 集团并购法国汤姆逊公司彩电业务,共同组建 TCL-汤姆逊电子有限公司TTE,TCL 因此成为中国第一个真正意义上的国际化企业,轰动一时。但此后的两年,由于市场需求转变,企业整合推进不力等原因,TCL 连续创下巨额亏损。

企业在进行兼并时,不能被短期看似增长迅速的业绩表现冲昏头脑。海尔张瑞敏认为,企业兼并的目的是以少量的资金投入迅速扩大企业规模,企业扭亏为盈不是靠大量的资金注入,否则不如建立一家新的企业。海尔进行大大小小的收购时,并不执着于兼并对象能给海尔带来的一时之名和即刻效益,而更看重兼并对象的潜在市场、潜在活力和潜在效益。海尔的 18 件兼并案中,有 14 个被兼并的企业亏损总额达到5.5 亿元,而最终盘活的资产为 14.2 亿元。②

3.并购后不同品牌文化整合面临挑战

企业进行并购之后面临的一个很大挑战是不同品牌文化之间的整合,并购后的品牌文化整合通常是并购能否取得成功的关键。有数据表明,由于文化整合不畅而导致并购失败的比例大致占 80% 以上。从并购后的文化整合模式来说,有三种基本形态:替代式整合模式(即将本公司文化强加于被并购企业);混合式整合模式(即并购后双方仍保留各自的文化特点,相互融合);独立式整合模式(即并购后双方文化保持完全的独立)。③

海尔在 20 世纪 90 年代提出"海尔文化激活休克鱼"理论,就是并购后"替代式整合模式"的应用。1991 年海尔进入多元化战略阶段后,兼并了 18 家亏损企业。人们习惯于将企业间的兼并比作"鱼吃鱼",海尔人认为他们吃的是"休克鱼",被吃掉的鱼

---

① 天虹.惠普收购康柏彻底失败 CEO 菲奥丽娜的失策[EB/OL].(2005-01-25)[2017-09-17].http://tech.hexun.com/2005-01-25/100149049.html.
② 海尔知识库.什么是海尔的休克鱼理论?[EB/OL].(2013-04-12)[2017-09-17].http://www.qdbg.org/archives/251.
③ 吴晓波频道.并购之后如何消化 看看海尔张瑞敏的做法[EB/OL].(2016-10-22)[2017-09-17].http://stock.10jqka.com.cn/20161022/c594197565.shtml.

肌体并没有腐烂,即企业硬件很好;但鱼处于休克状态,比喻企业的思想、观念有问题。这种企业一旦注入新的管理思想和文化,很快就能够被激活。海尔运用"文化激活休克鱼"整合被收购的红星电器正是品牌文化整合的成功示范。由于经营不善,红星电器亏损 1 亿多元,资不抵债。张瑞敏认为,文化是企业的灵魂,无形资产可以盘活有形资产,红星必然重生。在划归的第二天,海尔人就率领企业文化、资产管理等五大中心的管理人员进驻红星,实施"文化先行"的管理理念。随后,张瑞敏又到红星全体中层以上干部会上推心置腹地讲述自己的管理心得体会。三个月之后,企业扭亏为盈。

曾经,中国家电及消费电子品牌的并购大多局限于国内市场,并且是对国企等僵化企业资源的盘活,所以更适用于上文的"休克鱼"理论。但近年来的并购案更多的是"大鱼吃大鱼",被吃掉的"大鱼"本身已经形成了较为成熟的品牌文化,因此"混合式整合模式"乃至"独立式整合模式"也很常见。2016 年 1 月 15 日,海尔与美国通用电气(GE)签署战略合作备忘录。不同于以往的"休克鱼",通用电气的家电业务(GEA)品牌已有百年历史,在美国拥有很高的品牌认可度。张瑞敏对此表示,海尔收购 GEA 后,未来将继续保持其独立运营自主权,海尔将支持其进一步做大做强。"人单合一"也复制于 GEA,不过未来海尔将依照美国本土情况做"轻度整合",调动当地管理人员积极完成自我突破,并实现统一平台上多元文化的并存。①

可见,结合被收购企业的具体情况,家电及消费电子品牌需要有智慧地采取不同的品牌文化整合模式,以实现收购品牌之间的"文化兼容"。家电及消费电子业发展至今,各家电及消费电子企业之间的竞争焦点早已不是价格战,而是品牌战。品牌文化是一个家电及消费电子品牌健康发展的灵魂支撑,成熟的资本运作与兼并重组能够帮助家电及消费电子企业实现品牌增值和规模经营,但前提是必须处理好与被收购品牌之间的文化整合。

综上所述,一方面资本能够给家电及消费电子企业带来诸多利好;另一方面,资本也在一定程度上具备了成为糖衣炮弹的可能,给企业发展带来束缚。对于资本运作,各家电及消费电子企业需要有长远的眼光。在竞争日益激烈和复杂的市场局势下,未来中国家电及消费电子品牌的健康发展离不开成熟、科学的资本运作。

---

① 李光斗. 张瑞敏:这是一次完全不同以往的并购[EB/OL]. (2016-11-08)[2017-09-21]. http://bschool.hexun.com/2016-11-08/186793635.html.

# 报告九 "创始人烙印"对家电及消费电子品牌基因建立与传承的影响

在目前诸多家电及消费电子品牌身上,我们可以看到这样一个有趣的事实:许多家电及消费电子品牌蕴含着其创始人或早期领导人带来的品牌特色,这种特色一直伴随着这个家电及消费电子品牌,甚至成为其独特的企业文化和品牌灵魂,我们可以形象地称之为创始人在这个品牌的基因中打下的"个性化烙印"。

家电及消费电子企业作为"中国制造"的主力军,其品牌建设是重中之重。而创始人在品牌基因中打下的"个性化烙印",能够造就一个家电及消费电子品牌独特的文化气质。因此,品牌领导人对品牌基因塑造和传承的影响对于家电及消费电子业品牌建设来说极其重要。

然而,时代的变换、领导人的更迭、新战略的考量,都会给品牌基因的传承带来疑惑和动摇。针对家电及消费电子品牌身上的"创始人烙印",我们不应一概而论,认为其非好即坏,也不应盲目坚持或随意放弃,而是应该结合家电及消费电子品牌发展实践进行辩证分析。

## 一、家电及消费电子品牌发展历史长河中闪耀的"创始人烙印"

在中国家电及消费电子市场上,一些家电及消费电子品牌延续和传承了其领导者为它们打下的品牌烙印,这种烙印深深地刻写在它们的品牌基因中,帮助它们形成了独特的品牌文化,被消费者铭记、喜爱、信任。

(一)张瑞敏给海尔留下的:勇于变革、把握时代的创新文化

海尔 CEO 张瑞敏认为,没有成功的企业,只有时代的企业,所谓成功只不过是踏准了时代的节拍,他以企业"组织设计师"为使命,引领海尔经历了五次发展战略变革

(图9-1)。三十余年创业创新,张瑞敏始终以创新的企业家精神和预测时代潮流的超前战略决策引航海尔。

图 9-1　海尔的五个战略发展阶段①

张瑞敏提出了数不胜数的企业管理理念,比如"海尔文化激活休克鱼""东方亮了再亮西方""下棋找高手""先难后易""人单合一,小微引爆"等,留下了"砸冰箱""砸仓库"等事迹。然而,在这些数不胜数的理念中,我们发现海尔文化中不变的基因是以变制变、变中求胜的特质和创业创新的两创精神。海尔的每一次战略决策、每一个新理念,都是适应时代改变、超前时代发展的。

拿当前的网络化战略阶段来说,海尔从传统家电制造企业转型为面向全社会孵化创客的互联网平台企业,颠覆了传统企业自成体系的封闭系统,将自己变成了网络互联的节点,互联互通各种资源,实现了攸关各方的共赢增值。目前,这个"生态圈"汇聚了平台主、小微主和创客共6万多人,小微生态圈183个,已诞生470个项目,汇聚了1,328家风投公司……海尔发布的数据显示,现在集团有77%的小微团队年销售额过亿元,而每个小微团队的核心成员只有七到八人。海尔的"人单合一"双赢模式已被国内外知名大学作为经典案例进行研究。②

---

① 海尔官方网站[OL]. http://www.haier.net/cn/.
② 海尔品牌故事[OL]. http://www.51cmsb.com/keji/13382576.html.

张瑞敏将自己勇于变革的企业家精神和对时代发展趋势的敏锐洞察倾注到了海尔的每一步战略发展中,为海尔品牌文化打上了永恒"求变"的烙印,并支撑着它在惊涛拍岸、变化无常的历史长河中焕发生机与活力。

### (二)茅忠群给方太留下的:方太儒道文化

方太是国内知名厨电龙头品牌,其独特的方太儒道文化为这个品牌带来了沉稳、有品质的国学气息。

方太的创始人茅忠群于1994年在上海交大电子电力技术专业硕士毕业,1996年与父亲共同创立方太,2003年接触国学,并到北大学习国学课程,2008年将儒道引入方太。茅忠群儒雅、内敛、温和、沉静,又带着理工科出身严谨、诚实的气质。茅忠群性格较内向,身上最大的特质是"专注",一旦确定坚持的东西便会置干扰于不顾,这一点深深影响了方太。茅忠群在公开采访中常说到"梦想",他对金钱的欲望很少,做企业更多的是为了梦想。他不喜欢奢靡的消费,平日的爱好是越剧、国学、喝茶、中医。

茅忠群作为品牌创始人的特质和他钟爱的国学儒道文化都在方太这个品牌上得以体现,方太儒道文化作为其企业文化,镌刻在品牌文化和品牌形象中。茅忠群指出,方太儒道的指导思想一是中西合璧,"中学明道,西学优术,中西合璧,以道御术";二是领导,中国文化的领导启示是"为政以德,譬如北辰,居其所而众星拱之";三是管理,借鉴《论语》中的"道之以德,齐之以礼,有耻且格";四是仁道经营,西方买进卖出是经营,儒家"修己以安人"也是经营。方太儒道"术"的内容主要来自西方,将其落实的经验是"两要五法":"两要"是以用户为中心,以员工为中心;"五法"是教育熏化、关爱感化、礼制固化、专业强化、领导垂范。[①] 而方太"道"的内容则来自东方,其在企业内部推行儒家文化,通过文化修养,让研发团队、制造团队整体静下心来专注做产品。[②]

儒道文化是方太二十余年如一日不变的坚持,在竞争日益激烈、风气日益浮躁的社会环境中,方太依然坚持其品牌创始人茅忠群为它打下的儒道文化的品牌烙印,坚持用工匠精神做好产品,用仁爱之心造福民众,用中学西术领导企业,助力方太在消费者心中赢得有品质、有品德的良好口碑。

---

[①] 茅忠群. 方太儒道[EB/OL]. (2015-03-02)[2017-10-02]. http://nb.zjol.com.cn/system/2015/03/02/020530127.shtml.

[②] 许红洲. 钻研中式烹饪,服务中国厨房:方太20年来做好一件事[EB/OL]. (2016-12-08)[2017-10-10]. http://finance.sina.com.cn/roll/2016-12-08/doc-ifxypcqa9017134.shtml.

(三) 周厚健给海信留下的:低调行事的作风

周厚健是海信的早期领导人,也是海信集团有限公司现任董事长。周厚健 1982 年走进青岛电视机厂(海信集团的前身)的车间,1992 年担任青岛电视机厂长。1994 年青岛电视机厂改名为海信集团,周厚健开始担任总经理,1995 年 2 月接任青岛海信集团公司总裁。

周厚健当年是山东省青岛市高考理科状元,他说读书时老师曾经嘱咐他两点:一是工作后要多读历史书,读史明智;另一件事就是不要"管人",不要处理复杂的人际关系。而周厚健以无线电系毕业生身份成为设计员进入青岛电视机厂工作至今,几乎做遍了每一个岗位。

面对大家对海信过于"低调"的评价,周厚健介绍,海信在澳洲的冰箱和彩电业务营收都占据前两三位,在美国销售额将近 10 亿美元,在南非电视、冰箱市场占有率排名第一或第二位,海信在南非的家电及消费电子工厂也是非洲最大的家电及消费电子工厂,在北美市场收购的墨西哥工厂收购后产量成倍增长,但海信就是"不说"或者"不多说"。

周厚健表示,可能恰恰因为自己作为理工男,技术思维比较强,唯恐把话讲大,绝不允许夸大宣传,所以对外宣传上一直相对收敛。他和团队一直坚持"如果我们水平高的话,干十分正好讲十分",就不存在讲过了或者讲欠的问题。其实,他宁愿干到十分讲五分。

周厚健的个人风格深深地影响着海信的品牌风格。海信注重技术和品质,在宣传上相对低调。宣传不足在很多家电及消费电子品牌身上是作为一种品牌建设实践的不足之处而存在的,但海信这种低调所代表的实干、靠谱、少说多做却成了海信独特的风格。周厚健为海信打下的品牌烙印,让海信作为一个品牌在家电市场上始终拥有可信的光环加持。

从以上案例我们可以看到,家电及消费电子品牌创始人或早期领导者为品牌文化打下的"创始人烙印"具备这样的可能性:能够作为品牌基因支撑企业发展,形成独特的品牌特色和品牌灵魂,让消费者感受到这是一个有历史、有坚守、有灵魂、有特色的品牌。

## 二、"创始人烙印"传承之困与道

然而,除了上述这些案例以外,我们还应看到,现在许多家电及消费电子品牌的"创始人烙印"已经与时代脱节,甚至成为一种固化思维在拖企业发展的后腿。对于这样的烙印,我们是否应该传承?应该如何传承?

(一)"创始人烙印"传承之困

有一个现实问题摆在现在许多家电及消费电子品牌面前:当创始人当年打下的"烙印"与如今的企业战略不符时,如何重新激活它使之与时代接轨?

以美菱为例,作为一个老牌国企,美菱今天面临的最大问题就是"品牌老化"。从改革开放至今,张巨声领导美菱在家电市场创造了数次辉煌,美菱冰箱是国家首批名牌产品,1996年美菱B股股票在深圳证券交易所挂牌上市,成为家电行业中唯一被评为深交所十佳绩优的上市公司。然而后来美菱却一直走下坡路。2001年美菱电器亏损3.5亿元,此后公司多次被兼并收购。安徽省轻工业协会关京安处长认为:"美菱作为国企承担了很多的社会责任,但是一把手任职时间太长,作为功臣,他们很难像浙江企业那样借助外力改变企业。观念更新不足和缺少战略性的投资伙伴都使得企业难以走出去。"① 奥维咨询研究院院长张彦斌表示,美菱的品牌含金量早已不可同日而语,已经难以与行业龙头品牌如海尔等相匹敌。家电行业观察家梁振鹏在2015年《中国商报》的一篇报道中表示,美菱作为一个地方老牌国企,品牌老化问题一直存在,且程度愈发严重。在北京、上海、广州、深圳等一线市场,相比海尔、西门子,美菱在消费群体里的认知度不高,与之相对应,美菱在一线市场的占有率也不高。对此,另一位业内专家刘步尘表示,许多年轻的消费者甚至都不知道这个品牌的存在。美菱在当前的40岁、50岁消费者心中是知名品牌,但在越来越年轻化的消费群体中认知度却很低。② 美菱在2015年更换LOGO后声称自己要向年轻化、科技化转型,还表示"互联网时代的年轻群体决定了美菱的未来",然而现今许多年轻消费者仍然不知道美菱这个品牌。美菱老牌国企出身的品牌烙印与现在美菱所倡导的年轻化、国际化转型之间存在着一种生硬的尴尬。

再以在华日企为例,近年来日企在华衰落严重。日式管理模式和日企管理文化中的年功序列思想给在中国市场上挣扎的日企打下了难以磨灭的品牌烙印。日本经营模式的鲜明特点为日本企业提供了成功的保障,帮助日本企业战后迅速复兴和崛起,但其难以摆脱的内在缺陷也导致了日企在中国市场屡屡触礁。以消费类电子产品为例,曾经日本产品的性价比优势在如今的"微利时代"已优势不再。日企从材料、生产设备、研发、制造都由日本企业完成的封闭模式,在智能设备时代导致其边际效用迅速

---

① 张春蕤. 美菱变迁史[EB/OL]. (2006-03-24)[2017-10-09]. http://www.globrand.com/2006/21181.shtml.
② 缺乏创新品牌形象老化 美菱前三季净利降三成多[EB/OL]. (2015-11-02)[2017-10-09]. http://tj.winshang.com/news-541242.html.

递减。此外,强烈的年功序列思想也是阻挠日企创新和突破的绊脚石。日本航空公司董事长兼 CEO 稻盛和夫在接受媒体采访时曾直言不讳道,日本的商业环境非常不利于风险企业的成长,简直就是"枪打出头鸟"的典型。① 在竞争激烈、艰难求生的中国家电及消费电子红海里,日本家电及消费电子企业的年功序列等思想与中国品牌的生猛活跃、虎狼精神放在一起,无疑缺乏足够的竞争力。

(二)"创始人烙印"传承之道

在一个固定的时空里打下的"创始人烙印"如何适应不断变化的时代和市场环境呢?"创始人烙印"作为品牌基因重要的一部分,还要不要传承?应该怎么传承?

面对上述问题,笔者认为,各家电及消费电子品牌应该拥有甄别的智慧,具备由表及里和抓住品牌核心精神的能力。"创始人烙印"是能够作为品牌基因一直支撑家电及消费电子企业发展的。因此,对于"创始人烙印"的理解,不应流于表面。

正如上文提到,海尔的张瑞敏提出了数不胜数的企业管理理念,比如"海尔文化激活休克鱼""东方亮了再亮西方""下棋找高手""先难后易""人单合一,小微引爆"等,然而,在这些数不胜数的理念中,我们发现内里的核心其实是以变制变、变中求胜的特质和创业创新的两创精神。海尔的每一次战略决策、每一个新理念,都是适应时代改变、超前于时代发展的。因此,海尔没有把张瑞敏的其他理念作为品牌烙印,而是抓住了核心,抓住了精髓,抓住了"变中求胜"这一永不过时的精神,最终成就了海尔不可动摇的品牌基因内核。

再如,日企的"创始人烙印"不一定是指管理制度这种外化的表面现象。日式企业注重团结、平等、社会责任,其内核是集体主义下的责任感和利他心,而这些在当今时代依然是珍贵的品质,在充分竞争的市场上也是一种稀缺资源。例如,松下创始人松下幸之助先生曾说,"企业乃社会之公器",松下注重公益事业,注重社会责任,即使中国市场业务出现巨额亏损、转型迫在眉睫,松下也从未减损过自己这份初心的一丝一毫。镌刻在松下品牌基因中的这一创始人烙印,在日趋浮躁、短视的现代社会中十分稀罕。一个真心注重社会责任,把"益于该国发展、受该国欢迎"作为第一要务的企业,很难不受到消费者的欢迎和发自心底的尊重。

综上所述,我们可以看到,在中国正在打造家电及消费电子品牌大国的今天,"创始人烙印"作为品牌初创者为其留下的品牌特色,是各个家电及消费电子品牌可以充

---

① 究竟是什么造成了日本家电企业的衰退?[N/OL].(2015-04-14)[2017-10-08]. http://news.to8to.com/shichang/13473.html.

分利用的珍贵资源,能够作为品牌基因加以延续和传承。然而,传承却是个技巧活儿。智慧的传承需要我们由表及里、由浅入深,抓住核心和精髓,需要我们把"创始人烙印"放在历史长河和永恒时空中去细细体悟,抓住能够在变化的时代中闪现永恒光芒的"创始人烙印"作为品牌基因,让它持续发光发热,照亮中国家电及消费电子品牌大国的前行之路。

# 报告十　转型升级趋势下家电及消费电子品牌基因传承面临的挑战

## 一、中国家电及消费电子品牌转型升级迫在眉睫

2016年是"十三五"的开局之年,在新一轮世界经济格局的调整中,"中国制造"的力量举足轻重,而中国家电及消费电子业在"中国制造"中的地位更为特殊。消费者对家电及消费电子产品的要求越来越高,消费升级不断加速,个性化、多元化的消费需求异军突起。注重品牌效应的80后、90后已经成为消费主力人群,品牌成为他们在家电及消费电子消费方面的重要考量因素。

此外,从国际市场来看,虽然2016年我国家电出口情况基本好转,但出口家电产品单价低且有走低的趋势,企业利润空间被压缩,生存压力加大,[①]我国家电品牌在国际市场上的竞争力和影响力还有待提高。

面对来自经营环境和消费者需求的双重压力,家电及消费电子品牌的升级转型迫在眉睫。品牌升级要使品牌内涵在围绕目标市场升级的同时不断同步升级,并由此带动企业创新管理手段,提高管理水平,促进经济效益发展。为了适应经营环境的变化和消费者需求的变化,一些家电及消费电子厂商开始通过更新品牌形象、升级品牌定位、制订新的营销策略或者进行管理上的创新来保持品牌的活力和竞争力,通过品牌的转型和升级来使企业的发展更上一层楼。

作为企业建立和维护品牌资产的重要战略和战术手段,品牌升级不仅能使家电及消费电子品牌突破发展困境,还有助于品牌基因的稳定传承,对家电及消费电子品牌

---

① 薄冬梅. 出口价低倒逼我国家电企业品牌升级[EB/OL]. (2017-02-22)[2017-10-08]. http://homea.people.com.cn/n1/2017/0222/c41390-29100031.html.

来说这无疑是一种十分有效的转变方式。尽管如此,家电及消费电子品牌在转型升级的过程中也会遇到诸多潜在问题。

## 二、家电及消费电子品牌转型升级中的潜在问题

"品牌升级"四个字常常被企业写入某阶段的战略方案中。近两年,很多家电及消费电子品牌都宣称要向全球化、智能化、个性化三方面升级,家电及消费电子业刮起了又一轮"升级转型"之风。但是,品牌升级不仅仅是写进规划里那么简单,在升级过程中存在着很多问题和陷阱。一些品牌还没有做好品牌积淀就开始盲目地进行升级;一些品牌缺乏创新性技术,品牌升级动力不足;还有一些品牌升级方向与品牌定位产生了偏差,在升级的过程中显得十分吃力。

(一)品牌积淀不足,盲目升级后果堪忧

并非所有的家电及消费电子品牌都需要转型升级,尤其是对于那些非领导品牌的企业来说,盲目进行品牌升级,不仅效果不理想,还有可能对品牌自身造成伤害。

2015年,万和电气投资设立子公司梅赛思,希望通过建立高端子品牌与"万和"品牌形成有效的差异化互补,并完成品牌向高端市场的升级转型。但是梅赛思自创立以来,表现并不尽如人意。万和电气2015年度财报显示,梅赛思在2015年亏损近21.14万元,至2016年10月,亏损近140.41万元。2016年,万和电气不得不将所持有的广东梅赛思科技有限公司45%的股权予以转让。对此,家电分析师梁振鹏认为,高端厨卫市场被老板、方太、西门子等强势把守,万和电气主营的吸油烟机、燃气灶等市场占有率仅在3%上下浮动,通过梅赛思搅局高端市场困难重重。"论品牌溢价能力,万和难敌老板、方太;论产品性价比,万和难抗美的、华帝。"①

(二)品牌创新力不足,技术短板引发木桶效应

随着家电及消费电子消费人群的逐渐成熟,消费者对于家电及消费电子品牌的期望和要求越来越高。与此同时,中国家电及消费电子品牌要想在国内外市场争取高端地位,必须极大地增强品牌的创新能力。"在以往的市场竞争中,中国家电企业擅长借用动听的新概念和新名词,希望以最快的速度和最小的投入寻求突破。"中国家用

---

① 万和推出新品牌梅赛思 瞄准智能高端家电及消费电子[EB/OL].(2015-10-12)[2017-10-09]. http://www.abi.com.cn/news/htmfiles/2015-10/163142.shtml.

电器研究院研发设计中心用户体验研究总监李国建表示,"但是一项分析结果显示,在购买家电及消费电子时,消费者更多地关注产品的基本特性,新技术、新名词并没有对消费者的购买决策产生明显影响。"①

本土家电及消费电子品牌热衷于概念创新的主要原因是企业在品牌创新之路上遭遇了技术短板。"虽然中国本土企业确实能够拿出精力和志向追赶智能家电的大潮,但是在实际的起跑线上,中国企业还是落后于美、日、韩等国家一大截。"②技术短板一直是中国家电及消费电子企业的隐痛,无论是白电还是黑电,其核心部件、关键技术和最新设计等大都为国际品牌所持有。③

手机市场也曾是以技术论英雄的地方。2007年,苹果公司发布iPhone手机,掀起了智能手机的革命。依托iOS系统和电容触屏技术,iPhone很快就火遍全球,它的出现让人们感受到使用手机是如此地方便与简单。而与此同时,曾经的手机巨头摩托罗拉在全球智能手机市场逐渐失去霸主地位,市场占有率不断被挤压,被谷歌收购之后便再无创新性、里程碑式的产品问世。摩托罗拉在品牌发展的过程中,没有突破性技术的支撑,不仅没有实现品牌的升级,连品牌存活也成了问题。2012年4月,摩托罗拉的品牌关注度跌至10%以下;到2013年,摩托罗拉的品牌关注状况更加糟糕;3月,摩托罗拉的品牌关注度降至5%以下;4月则不足4%。④

(三)品牌定位固化,品牌升级受阻

企业为了适应新的发展需求,会对品牌进行升级。除了努力在技术上具备优势外,企业还应该考虑品牌自身的基础与定位以及升级的条件是否成熟,升级的方向是否准确,否则品牌升级之路必定会寸步难行。

在成立之初,小米手机以"配置高、性能好、价格实惠"的优点迅速闻名,不仅得到了消费者的一致好评,销量也屡破纪录。2013年,小米在高性价比手机上继续发力,开设子品牌红米,主打入门级国民手机并迅速在千元机市场站稳脚跟,也因此给消费者留下了"便宜、入门级、中低端"的深刻印象。2015年伊始,随着手机市场的竞争日趋激烈,手机市场开始结构升级,各大品牌纷纷冲击中高端市场,小米也发布了中高端手机"小米Note"。但是,由于小米的品牌调性已被固化,转型难度极大,小米错失了

---

① 桑雪骐. 家电品牌创新面临多方挑战[N/OL]. (2014-10-24)[2017-10-08]. http://hbrb.hebnews.cn/html/2014-10/24/content_39723.htm.
② 同①.
③ 同①.
④ 摩托罗拉手机发展现状调研[EB/OL]. (2013-08-27)[2017-10-08]. http://www.askci.com/news/201308/27/27913564643.shtml.

2015年品牌升级的绝佳机会。尽管小米在发布Note2时邀请梁朝伟作为产品代言人来提升品牌形象，但是小米"廉价"的印象已经深入人心，价格提升受到了很大的阻碍。《小米生态链战地笔记》中写道："2015年，小米的手机产品重点是小米Note。Note本来是想提升小米品牌定位的一款产品，但Note并没有达到预期销量。"[1]

### 三、家电及消费电子品牌转型升级之路径与趋势

#### （一）产品和渠道优先升级

品牌升级的重要性不言而喻，如何升级便成为各企业需要切实考虑的问题。对于处在不同生长周期、不同细分市场的品牌来说，品牌升级的具体方式有所不同，但是产品和渠道应该成为企业首要考虑的两个方面。

回归本质看待品牌升级的问题，作为品牌基因传承的基础和品牌表达的媒介，产品肩负着与消费者直接交流的重任。对产品的创新是品牌升级需要迈出的第一步。近几年来，厨电行业是家电及消费电子市场增长的主要驱动力。中怡康数据统计显示，2016年厨电市场规模达到847亿元，同比上升了14个百分点，成为家电及消费电子四大品类中增长最快的品类。[2] 中国家用电器研究院副院长葛丰亮认为："这主要得益于厨电企业坚持高端智能厨电发展战略，牢牢把握住了国内消费升级的大势，积极进行产品差异化创新，抢占高端消费人群。"[3]厨电企业所进行的产品创新，并不局限于改善产品的外形和功能，而是根据对消费者生活习惯的洞察，在深入了解中国厨房文化的基础上，对相关厨房产品协同改进，并为消费者营造和谐的厨房环境。只有这种"独具匠心"的产品创新才能使品牌从众多竞争者中突围而出，带给用户真正的品质消费。

在进行产品创新的同时，渠道作为产品实体和品牌信息传播的途径，也应得到相应的升级。现今线上电商和线下实体店形成了双渠道模式，对家电及消费电子企业来说，对渠道的把控就非常重要了。2016年，电商渠道凭借近20%的渗透率而跃升为家电及消费电子零售的第一渠道，2016年家电网购零售额整体增幅为35.3%。[4] 电商渠

---

[1] 小米生态链谷仓学院. 小米生态链战地笔记[M]. 北京：中信出版社，2017.
[2] 2016年厨电市场规模达847亿元 市场潜力增大[EB/OL].（2017-05-26）[2017-10-12]. http://www.jiemian.com/article/1351811.html.
[3] 同[2].
[4] 金朝力. 消费升级加速家电零售渠道变革[EB/OL].（2017-03-17）[2017-10-12]. http://news.xinhuanet.com/tech/2017-03/17/c_1120643452.htm.

道的快速扩张固然能带来销量的上升,但企业自己无法占据主动权,难以保持稳定统一的价格体系和服务质量。线下非官方渠道也会发生此类问题,如由于部分经销商以利为先,缺乏品牌意识,导致品牌形象传达不一致,品牌理念传递出现偏差。

在尚未形成健康合适的渠道环境之前,不少品牌在近几年内加速建立官方体验店,旨在与消费者直接接触,传递最精准的品牌理念和文化内涵。如大疆创新于2015年12月在深圳建立全球首家品牌旗舰店,极米于2016年、2017年分别在成都和长沙开设品牌旗舰店。格力也用自己多年的坚持验证了品牌自建渠道的可能性——董明珠将格力取得的成就归功于其20多年来建立起的分销网络:"我们创造出'格力专卖店'这一独特的渠道模式,通过多年经营,逐渐形成了以城市为中心、以地县为基础、以乡镇为依托的三级营销网络,从而保证了在空调市场竞争激烈、家电渠道商挤压厂家利润的形势下,销售连年增长。"[1]

(二)品牌扩容,协同发展

对于发展已经相对成熟的品牌来说,在产品和渠道升级之外,其还可以通过拓展子品牌或并购知名品牌的方式来进行品牌升级。

以海尔为例,自1984年成立,依托冰箱单个产品的优势树立品牌影响力后,海尔成功地进入洗衣机、空调、厨房电器等领域。伴随着行业领导者的定位清晰化,海尔集团于2006年创建了子品牌卡萨帝,将其定位为国际高端家电品牌。经过10多年的发展,卡萨帝相继进入美国、欧洲、澳洲等国际市场,成为全球高端家电品牌,在世界家电市场中代表海尔占据了一席之地。但与此同时,海尔集团并未放慢升级的脚步,于2017年3月发布了海尔、美国GE Appliances、新西兰Fisher & Paykel、日本AQUA、卡萨帝、统帅六大家电品牌全球化战略。[2] 六大品牌协同发展,共同作用于海尔的品牌形象建造。海尔的品牌升级之路可能不适用于其他品牌,但其中体现出的品牌扩容升级原则却值得深思:无论是拓展子品牌抑或并购品牌,母品牌本身必须具备一定的综合实力和整体竞争优势,清晰的品牌个性和包容的品牌文化,以及在消费者心中留存的稳定的品牌形象,只有这样,企业才能有效地扩大品牌的生存空间。

(三)家电及消费电子品牌正朝智能化、高端化、个性化方向升级发展

过去,消费者在购买家电及消费电子产品时,往往看中的是"节能环保""物美价

---

[1] 孙旭东.格力电器自建渠道成功的秘密[EB/OL].(2015-03-20)[2017-10-12].http://www.2ok.com.cn/news_new/newsshow.asp?id=462.
[2] 海尔六大品牌协同满足全球社群[EB/OL].(2017-03-08)[2017-10-12].http://news.to8to.com/article/134002.html.

廉"等卖点;而如今,许多消费者更青睐家电及消费电子的智能操控功能。语音及体感操作技术在家电及消费电子产品上的尝试,推动了智能家居迈上新台阶。各大家电及消费电子品牌也开始在智能化战略上投入更多的精力,如:美的转型"智慧家居+智能制造"双智战略;海尔"将电器变成网器",打造智慧家庭平台;格力力推手机抢夺智能家居入口等。智能化已经成为家电及消费电子企业转型的新市场。[①]

不仅如此,家电及消费电子产品的个性化与定制化也成为家电及消费电子品牌转型升级的方向之一。《2016年我国家电市场运行情况及未来发展趋势展望》显示,家电市场消费群体年轻化特点显著,其中80后占据家电消费者的74%,成为家电产品的主要购买者。随着80后、90后多元化、个性化的消费需求愈加突出,家电企业开始将这些新业态、新模式、新需求与自身的研发、制造、供应链、营销、渠道、服务等全方位融合,实现从大规模生产和销售向以用户为导向的个性需求、快速反应转变,以推进企业的全面转型与模式创新。[②] 为满足消费者的个性化需求,各大企业推出了定制家电及消费电子产品,如海信欧洲杯主题定制冰箱、海尔Hello Kitty定制洗衣机(图10-1)、格兰仕情侣款"热恋"微波炉、美的小天鹅"美国队长"款洗衣机等。虽然目前的产品定制还主要表现为产品外观和花色的个性化,家电及消费电子产品真正的样式、尺寸、功能量身定制等还亟待技术的突破与支持,但用户做主、按需定制已成为新的发展趋势,也成为家电及消费电子品牌升级发展的方向。

### 四、品牌升级给基因传承提供的机遇与提出的挑战

对家电及消费电子品牌来说,全球技术革命和产业格局变化、消费升级和新的消费需求是机遇,在此背景下的升级趋势也为品牌发展带来了挑战。作为以品牌基因为核心的多元生命体,这种转型升级作用于品牌,势必会影响到其基因的有序传承。

品牌升级是其自我提升的综合体现,它有助于部分尚未形成稳固基因的品牌清晰自身的定位并改良基因。1981年创立的罗技,当今外设领域的高端品牌,却是以代工起家的,在技术创新和产品研发的提升过程中形成了自己的品牌基因。1997年,格瑞诺出任罗技CEO,他给了罗技一个大胆的重新定位——"做人和技术之间的界面产

---

① 华经咨询. 2017年家电市场发展趋势分析[EB/OL].(2017-03-30)[2017-10-13]. http://www.sohu.com/a/131062880_372052.
② 家电行业转型升级农村市场即将爆发[EB/OL].(2016-12-19)[2017-10-14]. https://m.sohu.com/a/121943142_161623.

图 10-1　海尔 Hello Kitty 定制洗衣机①

品"。他为罗技注入了以产品为中心的运营哲学,意图让产品本身成为最好的营销手段,将公司竞争力植根于前卫的工业设计和直观的用户界面之中,强化其新潮高端的品牌形象。②同时,罗技不断扩大外设产品的定义,追加技术投入和设计投入,将音响、耳机、网络摄像头、游戏机手柄等产品都纳入自己的生产范围,将外设产品大众化和消费化。这些升级策略不但为罗技开创了高端外设市场,也彻底改变了罗技的命运,令其从一个无品牌意义的代工企业成长为优秀的外设品牌。在技术快速变革的今天,罗技依然传承着对产品和技术的追求,积极跟随时代变化,开发移动、VR 等外设产品。

与罗技在品牌升级的过程中形成自身基因不同,华为在自我提升的道路上逐渐改良了品牌基因,影响力和认知度得到了全球消费者的认可。自 1994 年起,随着 C&C08 机的研发成功,华为采取人海战术,大面积进入农村市场,公司人员急剧增加,到 1999 年,公司人数已经达到 15,000 人。③ 这样的快速扩张下,如何管理员工和公司以便品牌长久有序地发展便成为华为当时亟待解决的问题。任正非在《我们向美国

---

① 陈冉. 萌货来袭!海尔 Hello Kitty 定制版洗衣机[EB/OL]. (2016-04-01)[2017-10-14]. http://washer.cheaa.com/2016/0412/474937.shtml.
② 罗技:把产品卖两次 在代工和品牌之间寻求突破[EB/OL]. (2008-05-06)[2017-10-14]. http://news.hexun.com/2008-05-06/105754713.html.
③ 程东升,刘丽丽. 华为三十年[M]. 贵阳:贵州人民出版社,2016.

人民学习什么》一文中写到,华为的官僚化虽然还不重,但是苗头已经不小,企业缩小规模就会失去竞争力,扩大规模却不能有效管理,又面临死亡。① 因此,华为管理层一起制定了《华为基本法》,引入 IBM,学习 IPD(集成产品开发),建立全流程研发管理,形成了华为独有的管理体系,为企业稳健发展奠定了基础,从企业战略管理的高度,在品牌基因的成长期就前瞻性地避免了可能会出现的危机。华为以这种方式对品牌进行升级,摒弃不利因素,将优良基因传承下去。

需要注意的是,并非所有品牌都适合进行转型升级。若自身积淀不足便盲目跟随趋势改变,不但会影响品牌发展,更会损害品牌基因。牵一发而动全身,品牌基因是品牌成长、品牌表达、品牌传承的核心,是品牌内外发展的驱动力。企业选择品牌升级,必须要考虑其核心基因和外部建设是否适合。

在中国,借着互联网、大数据、物联网等技术革命和产业革命之风,越来越多的企业投身于品牌升级的行动中。这种发展考量的前瞻性毋庸置疑,但如何秉承正确的升级理念,在新一波竞争中占领先机是需要切实考虑的问题,而对品牌生命体特殊性的充分重视是正解之一。

---

① 任正非:我们向美国人民学习什么[EB/OL].(2016-12-08)[2017-10-23]. http://mini.eastday.com/a/161208123448103-6.html.

## 生存能力编
# 家电及消费电子品牌基因营销支持之"惑"与"解"

# 报告十一　多元化之于家电品牌基因传承：馅饼还是陷阱

## 一、家电品牌多元化现状

在瞬息万变的市场上，如果企业的产品类型单一，资源过于集中，就会导致企业的抗风险能力相对较弱。一旦行业出现动荡或企业自身产品的竞争力减弱，企业就有可能受到冲击，扭转颓势的难度增大。美国《财富》杂志对全球前200名企业经营情况进行的统计表明，实行单一产品经营的企业只有14家，占全部企业总数的7%。[①] 由于多元化发展能为企业在资金、技术、管理等多重压力下提供有力的支持，使企业在强大的市场竞争压力下有效突围，因此多元化发展战略成为大多数企业经营发展过程中的选择。

随着经济全球化、跨国经营和集团化的深入，20世纪90年代以后，我国家电企业开始逐步实施多元化经营战略，开展各种跨行业、跨产品、跨业务的相关多元化或非相关多元化实践（表11-1）。

表11-1　国内家电企业多元化业务类型（部分）

| 企业名称 | 原业务类型 | 多元化开始时间 | 多元化业务类型 |
| --- | --- | --- | --- |
| 海尔 | 冰洗 | 1985年 | 空调、电磁炉、冰洗产品及相关业务 |
| 美的 | 小家电 | 1992年 | 冰洗、空调、热水器等产品及相关业务 |
| 创维 | 电视机遥控器 | 1992年 | 彩电、VCD、DVD、信号接收器等产品 |
| TCL | 通讯 | 1992年 | 电话机、电视、空调等行业 |
| 奥克斯 | 电表 | 1994年 | 电表、空调、小家电及消费电子产品及非相关业务 |
| 春兰 | 空调 | 1994年 | 空调、摩托车等非相关业务 |

---

① 马文彬. 转型期间中国的企业多元化经营的发展动因及其战略选择[D]. 安徽大学, 2002.

续表

| 企业名称 | 原业务类型 | 多元化开始时间 | 多元化业务类型 |
|---|---|---|---|
| 海信 | 电视 | 1996 年 | 电视、收音机、空调产品 |
| 长虹 | 电视 | 1997 年 | 电视、空调、电池产品及相关业务 |
| 格兰仕 | 微波炉 | 2000 年 | 微波炉、空调、冰洗产品 |

现如今,家电行业面临转型升级浪潮,智能家居概念成为热点。海尔为此大力推进"U+智慧家庭"战略,美的推出 M-smart 智慧家居生态计划。消费者使用相互连接的成套家电产品已俨然成为趋势,随之而来的智慧家庭生态系统成为很多家电企业布局多元化业务的重点,以专业化享誉空调界的格力亦开始了相关筹备工作,家电企业迎来了又一次多元化浪潮。[1]

## 二、多元化:企业发展的关键选择

对企业自身来说,选择多元化战略既是机遇也是挑战。一方面,企业的多元化发展可以帮助企业开辟新的市场,进一步提高企业的活动空间和活动能力;另一方面,企业也会面临更多的挑战。多元化的经营管理模式要求企业管理者具有长远的发展眼光和敏锐的判断能力,要清晰地抓住不同市场的风向标,这样才能实现企业的长期稳定发展。多元化发展不是片面地追求企业的规模扩张,而是在多元化经营的基础上,实现企业和品牌综合效能的提升。

(一)拓展价值链,实现协同效益

美的是家电企业中依靠多元化走向成功的经典案例。美的自 1980 年开始以电风扇产品进入家电行业,短短几年便开始筹划进军空调领域,开始了多元化的尝试(表 11-2)。历经 30 余年的摸索和尝试,美的走出了"聚焦白电,业内多元"的独特发展路径。2015 年,美的空调实现营业收入 720 亿元,其中小家电 330 亿元、洗衣机 99 亿元、冰箱 97 亿元,在多元化道路上取得了不俗的业绩。[2]

---

[1] 陈少华. 家电巨头纷纷进军智能家居行业格局将被颠覆[EB/OL]. (2014-03) [2017-11-01]. http://www.qianzhan.com/analyst/detail/340/140324-1fe0869e.html.
[2] 网易. 美的 2016 年年报[EB/OL]. (2017-03) [2017-11-01]. http://quotes.money.163.com/f10/gsgg_000333, dqbg.html.

**表 11-2　美的电器多元化业务打造价值链整合历史**[①]

| 时间 | 价值链整合大事记 | 价值链整合类型 |
| --- | --- | --- |
| 1980 年 | 生产电风扇 | 价值链根基 |
| 1985 年 | 生产空调 | 价值链拓展 |
| 1993 年 | 成立电机公司 | 纵向延伸 |
| 1993 年 | 成立电饭煲公司 | 价值链拓展 |
| 1998 年 | 收购压缩机企业,成立芜湖制冷公司 | 纵向延伸 |
| 1998 年 | 芜湖家用空调生产基地投产 | 横向延伸 |
| 2001 年 | 收购东芝万家乐压缩机公司 | 上游的横向延伸 |
| 2001 年 | 成立磁控公司、变压器公司 | 纵向延伸 |
| 2002 年 | 投资微波炉、饮水机、洗碗机和燃气灶 | 价值链拓展 |
| 2004 年 | 成立冰箱公司 | 价值链拓展 |
| 2007 年 | 收购华凌、荣事达 | 价值链拓展 |
| 2008 年 | 武汉家用空调生产基地投产 | 纵向延伸 |
| 2010 年 | 投资小天鹅 | 价值链拓展 |
| 2010 年 | 美的邯郸基地投产 | 纵向延伸 |
| 2011 年 | 收购江西贵溪贵雅照明,建设江西照明基地 | 价值链拓展 |
| 2011 年 | 收购开利拉美空调业务 | 横向价值链 |
| 2011 年 | 收购常州弘禄华特电机 | 价值链拓展 |
| 2014 年 | 成立芜湖美智空调设备有限公司 | 价值链拓展 |
| 2014 年 | 与小米达成战略合作,推出"美居"APP | 虚拟价值链 |
| 2014 年 | 搭建"美的商城" | 虚拟价值链 |
| 2015 年 | 与开利、博世、希克斯三家公司展开合作 | 价值链拓展 |
| 2015 年 | 收购库卡 | 价值链拓展 |
| 2015 年 | 收购 Clivet、东芝 | 横向价值链 |

美的的成功与它的多元化战略密切相关,"聚焦白电"的多元化路径优化了美的的企业资源配置,使美的在企业管理、市场营销、产品生产三个方面的工作都产生了巨大的协同效应:

**1.企业管理协同效应**

如果企业新的业务领域与原有业务领域在经营管理上有很大区别,会给企业造成

---

[①] 姚志云. 业价值链整合——于战略成本管理的分析[D]. 厦门大学,2013.

巨大的管理负担。一方面，企业管理人员要花费大量时间和精力去熟悉新产品、新业务；另一方面，企业决策者和管理人员往往习惯于将原有的一套经营经验和方法不自觉地运用到新产品、新业务上，容易造成更多的决策失误。

而美的聚焦白电的多元化战略让美的经营管理的决策基准可以大致相同，白电产品的相似性使得美的在管理方法上具有较强的一致性。美的产品管理之间的共享性使得美的多元化经营战略的管理成本降低，从而在一定程度上规避了多元化造成的管理风险，保持了企业经营的连贯性和一致性。

2. 市场营销协同效应

不同的产品如果有共同的营销渠道和销售顾客，往往会产生协同效应。老产品可以带动新产品的销售，新产品反过来又能为老产品开拓新市场，从而增加销售总额。由于白电产品面对共同的市场，使用相同的渠道，美的就无需为新产品增加很多额外的销售费用，从而使美的单位营销成本大大降低。

3. 产品生产协同效应

聚焦白电产品无疑让美的在技术、生产设备、原材料以及零部件领域都获得了巨大的互通优势，加上美的内部高效的产品部件模块化管理，这些优势不仅能在一定程度上解决库存问题，往往也能使新产品以较低的成本和较快的速度问世。

(二) 依托核心优势，有效配置资源

除美的这样以多元化实现协同效益的企业外，一些企业依靠自身的技术优势，在不同行业进行产业布局，使那些看似毫不相关的业务紧紧围绕企业的核心优势运行，同样实现了以多元化有效配置企业资源的目的。

作为全球知名的综合性机电产品生产企业，三菱电机业务涉及交通电机(28%)、电气自动化(29%)、通信业务(12%)、电子机械(4%)、空调、空气净化器(22%)等领域（表11-3）。2011年，三菱电机以超过420亿美元的营业收入位列《财富》世界500强企业第203名。① 三菱电机之所以能够走向成功，与它能够发挥技术优势、互通创新资源的多元化模式有巨大关系：

---

① 世界经理人.三菱电机：拧毛巾拧出来的生意[J/OL].(2011-03)[2017-11-02]. http://blog.ceconlinebbs.com/BLOG_ARTICLE_71999.HTM.

表11-3 三菱电机2015财年不同业务营收情况表(单位:百万日元)

| 业务类型 | 营业收入(百万日元) |
|---|---|
| 交通电机 | 1,264,604(28%) |
| 电气自动化 | 1,321,937(29%) |
| 通信业务 | 561,119(12%) |
| 空调、空气净化器 | 982,064(22%) |
| 电子机械 | 211,580(4%) |
| 其他 | 707,746(5%) |
| 合计 | 4,394,353(100%) |

1.有效配置企业技术资源

电力设备、轨道交通电机、电梯、工业自动化、空调……从三菱电机的业务类型中我们可以发现,三菱电机围绕自身电机技术优势进行了一系列产业布局,三菱电机通过对技术资源的有效整合,以同一技术实现了规模经济,达到了技术资源有效配置的目的。

2.实现创新能力的共融互通

三菱电机以技术为链条,将不同业务紧紧串联在一起,形成了高效稳固的创新价值链条。这种创新价值链的各个节点相互作用、共融互通,突破了单一业务对企业创新资源和能力的限制。当某一业务在关键技术上实现突破后,整个产业链条均能因此而受益并实现升级,从而分担了创新风险,提高了创新收益。且由于三菱电机各项业务间的技术侧重有所不用,因而不同问题的处理经验也可供相互借鉴、启发,从而提高了创新效率,帮助三菱电机实现了创新资源和创新能力的最大化利用。

### 三、多元化对品牌基因传承的压力

不论是以多元化实现协同效益的美的,还是以多元化达成技术有效配置的三菱电机,毫无疑问,运行良好的多元化可以帮助企业协同价值链条,优化资源配置,保证企业和品牌长期有效地发展。然而,多元化运营不当造成的一系列负面效果,也令无数企业扼腕叹息。

(一)分散企业资源,导致对品质与品牌管理失控

当企业进行品牌扩张和多元化发展时,必定要投入一部分资金、人才、技术资源到

新的领域,以支持新业务的发展。随着企业把商业馅饼摊得越来越大,一旦疏于管理,则会导致产品品质不一、品牌形象管理失控等诸多问题。

1994年春兰空调稳居市场首位。空调业的快速发展让春兰迫不及待地将触角伸进其他领域。除了主业,春兰先后介入了摩托车、洗衣机、冰箱、汽车底盘和压缩机等项目,意图打造一个"春兰帝国"。然而,由于资源投入、战略设定不够集中,导致春兰在以上行业均未能做精。2002年年报显示,春兰股份持股的江苏春兰摩托车有限公司、江苏春兰动力制造有限公司、江苏春兰机械制造有限公司、江苏春兰洗涤机械有限公司全部亏损。2007年年报显示,春兰洗衣机与压缩机的营业利润率也均为负数。[1]

(二)削弱品牌个性,导致品牌形象混乱

如果企业专注于一个品类,品牌就能够与某个品类紧密相连,消费者可以迅速识别出品牌的特点。当企业进行多元化发展后,由于品牌要贴合不同品类的产品,就有可能造成品牌个性不明显甚至品牌形象混乱。

如小米最早定位于"手机发烧友",专注于手机领域。2013年起小米开始建立小米生态链系统,小米这个品牌不仅意味着"手机",还贴牌移动电源、空气净化器、手环、平衡车甚至电饭煲等产品。雷军在2017年中国国际经济贸易洽谈会上透露,"小米手环目前的销量在中国排在第一,在全球排在第二,累计销量已经突破了3,000万只。小米空气净化器2016年一年卖了200万台,市场份额遥遥领先,排在第一位。2016年在智能硬件生态链的总收入已经达到150亿人民币。"[2]但在小米生态链业务蒸蒸日上的同时,小米手机业务的表现却不尽如人意。2016年小米Note2手机销量未达到销售目标,全球手机出货量跌出前五,被OPPO、vivo超越。小米的多元化淡化了消费者对它作为"手机"品牌的独特偏好,致使自己在手机市场上的影响力减弱,结果市场占有率大幅下跌。显然,小米需要新定位,整合品牌形象,以适应日益多元化的业务布局。

(三)产业布局失衡,基因传承断裂

企业的多元化扩展还会面对一个更具危机意味的挑战,那就是企业可能会为了追求利益最大化,不考虑自身条件而一味地扩展自己的商业版图,导致产业布局失衡,甚

---

[1] 孙聪颖.春兰多元化成败局,重拾空调霸主难度巨大[N/OL].(2011-01-28)[2017-11-01],http://www.ce.cn/cysc/zgjd/kx/201101/28/t20110128_20773775.shtml.

[2] 王潘.雷军:小米生态链企业已有77家 去年总收入达150亿[EB/OL].(2017-05-18)[2017-11-01].http://tech.qq.com/a/20170518/029678.htm.

至遭遇灭顶之灾。

厨卫行业的元老级企业帅康,正是因为过度多元化而掉下了神坛,从抽油烟机行业的第一阵营退至"寻找阵营"的境地。[①] 2003 年,国内空调业刚刚起步,帅康也想分一杯羹,于是斥资超亿元进军空调市场,而结局却是惨败。2005 年,在空调行业摔了跟头的帅康宣布放弃空调业务,把精力重新转回到抽油烟机市场。然而,厨电市场早已不比当年,两年间抽油烟机企业方太、老板等已经崛起。错失良机的帅康想要回到 2003 年之前一家独大的局面,似乎已经不再可能。在日后的多年里,帅康一直没有彻底走出阴影,业绩和市场份额逐年下降。有数据显示,在一二线城市,帅康厨电的市场零售份额占比排在第八、第九的位置上,市场份额不足 10%。[②]

多元化战略可以帮助企业将品牌基因拓展到更多的领域,但也有可能对品牌基因的传承造成一定的压力。因此,企业应在合适的时机选择多元化战略,切不可盲目跟风。一旦企业决定实施多元化战略,品牌基因是否能良好地延续下去将是品牌需要面对与思考的问题。

---

① 中国行业研究网. 九阳业绩下滑 多元化战略或步帅康后尘[EB/OL].(2013-09-24)[2017-11-02]. http://kitchen.ea3w.com/139/1399723.html.
② 中国行业研究网. 九阳业绩下滑 多元化战略或步帅康后尘[EB/OL](2013-09-24)[2017-11-02]. http://kitchen.ea3w.com/139/1399723.html.

# 报告十二　以产品和服务为本,夯实基因传承基础

产品指能够提供给市场被人们使用和消费并满足人们某种需要的任何东西,包括有形产品、服务、人员、组织、观念或它们的组合。麦卡锡的 4P( Product, Price, Price, Promotion)理论中,产品位于第一位置,这既说明了产品在营销策略方面的基础性,又体现了产品在品牌表达中的关键性。

## 一、产品是品牌基因表达的重要媒介

无论社会环境和消费市场如何变化,产品在品牌基因表达的过程中都扮演着不可或缺的角色,作为连接品牌与消费者的桥梁,产品的媒介属性始终如一。

产品是品牌基因的表达者,对家电及消费电子品牌来说,产品以实体介质的形式向消费者传递品牌理念和品牌形象,是消费者接触品牌的最直接方式。使用体验的优劣和驻家时间的长短都会影响用户对品牌形象和品牌理念的感知。近年来,中国品牌在产品品质上不断有所突破创新。2016 年,美国最权威的科技媒体网站之一 The Verge 对大疆 Mavic Pro 进行评测,并给出了 9.5 分的高分(满分 10 分),这是 Verge 评分迄今为止的第一高分。[1] 大疆创始人汪滔在接受采访时表示:"大疆成立至今的 10 年间,我们一直在思考应该如何不断优化无人机操作体验。我们从未停止对产品从外观到功能的更新迭代,希望看到大疆的产品能激发每位用户的想象力和创造力。Mavic 再次集中体现了大疆在业界的领先地位。"(图 12-1)[2]

---

[1] 大疆 Mavic Pro 让无人机成为全球最受欢迎礼品之一[EB/OL]. (2017-01-04)[2017-11-07]. http://mt.sohu.com/20170104/n477770023.shtml.
[2] DJI 大疆创新发布"御"Mavic Pro 随身无人机,黑科技都在这儿[EB/OL]. (2016-09-27)[2017-11-02]. http://www.leiphone.com/news/201609/FSUvfmDKQMPaCYFv.html.

图 12-1　大疆 Mavic Pro

需要注意的是，各品牌所提供的服务也可被视为一种"附加产品"，不可替代的服务会有效地提升品牌价值，将自己与同质化品牌区分开来。苹果一直定期举办免费的产品讲座，使用户能够更全面地了解产品的功能和使用技巧。2017 年 4 月，苹果在全球 495 家零售店中推出"TODAY AT APPLE"活动，涵盖照片和视频、音乐、编程和设计等主题，像小型校园一样教授"互动课程"（图 12-2）。这样的服务不但提升了用户对苹果的品牌好感度，也可以间接通过优质服务促进消费者购买。厨电品牌老板在 2011 年首先提出 KDS（Kitchen Design Service）服务体系，从厨房设计支持、送货安装、维护修理、养护指导、跟踪安检五个层面与消费者进行具体沟通，填补了"购买之后，安装之前"的服务空白点，同时还有望改善行业服务同质化的现象。

图 12-2　TODAY AT APPLE 活动

## 二、"中国制造"的成就和挑战

### (一)"中国制造"逐渐摆脱低质低价标签,向质优价美、质优价优转化

经济和科技快速发展下,中国家电及消费电子行业迅速崛起,许多企业纷纷开始走向海外市场,向世界展示中国家电及消费电子的制造力量。中国品牌华为、海尔、格力、大疆等都通过优质产品为"中国制造"正名:调研机构 Strategy Analytics 的数据显示,2016 年华为智能手机发货量为 1.39 亿台,同比增长 29%,全球份额提升至 9.3%;① 根据欧睿国际发布的 2015 年全球大型家用电器调查数据报告,海尔冰箱的市场份额占有率高达 17.1%,第八次蝉联全球第一,海尔也再次成为全球最受消费者喜爱的家电品牌。② 而海尔集团属下的国际高端家电品牌卡萨帝在欧洲家电市场同比增长 4%-5% 的情况下,2016 年一年内实现了销量近 3 倍的增长,法国市场销量创下新高,市场份额增长约 48.8%,并获得了向来以严谨著称的法国消费者联盟颁发的"最佳选择产品奖"。③ 2016 年,中国彩电品牌在全球的份额达到了 30%,较 2015 年增长了 15%,规模增长 1,000 万台。④ 2015 年,大疆在美国商用无人机市场的份额达到 47%,全球市场份额达到 70%,大幅领先于竞争对手。⑤ 这些优秀的销售数据和逐渐增多的国际奖项反映了国际消费者对"中国制造"的认同,"中国制造"正在逐渐摆脱低质低价的标签,向质优价美、质优价优转化。

### (二)技术短板仍存,但与国际品牌差距逐渐缩小

在"中国制造"正名的过程中,各家电及消费电子品牌依旧不能忽视产品技术方面的短板和服务品质的提升空间。

中国经济联合会会长李毅中指出,中国培育发展先进制造业和新兴产业,关键是

---

① 华为手机全球份额提升至 9.3% 高端市场仍在"爬坡"[EB/OL].(2017-04-14)[2017-11-04]. http://www.itbear.com.cn/html/2017-04/205197.html.
② 欧睿国际:海尔冰箱唯一连续 7 年全球第一[EB/OL].(2015-01-04)[2017-11-04]. http://tech.southcn.com/t/2015-01/04/content_115543925.htm.
③ 卡萨帝冰箱欧洲市场逆势倍增 销量增长近 3 倍[EB/OL].(2016-11-10)[2017-11-05]. http://jiaju.sina.com.cn/news/20161110/6202426664442725151.shtml.
④ 中国彩电品牌全球市场份额跃居第一 首超韩国[EB/OL].(2017-05-09)[2017-11-06]. http://tech.sina.com.cn/e/2017-05-09/doc-ifyeycfp9356244.shtml.
⑤ 大疆在美国商用无人机市场份额达 47%[EB/OL].(2015-04-17)[2017-11-09]. http://tech.ifeng.com/a/20150417/41057984_0.shtml.

要掌握核心技术和关键技术。① 家电及消费电子产业作为中国制造业的主力军,部分核心技术的短缺势必会使产品研发和改进处于被动状态。目前我国白电核心技术处于领先地位的只有空调这一品类,黑电的核心技术仍然是短板,以"加工制造"起家的中国彩电业仅在加工、组装环节方面有技术创新,作为彩电核心技术的液晶屏则长期依赖进口。为了应对技术制约,本土家电企业不断在核心技术上加大突破力度。以海信为例,其坚守"技术立企,稳健经营"的发展策略:2005年,海信研发出国产第一枚自主知识产权并产业化的音视频处理芯片——信芯(图12-3),打破了国外芯片对中国彩电业全行业的垄断;2007年,第一条国产液晶模组生产线在海信投入生产,打破了面板厂家欲向平板电视整机方向进行延伸垄断的如意

图 12-3　海信　信芯

算盘,也为日后海信在背光领域的技术突破创造了条件;2014年,海信推出了全球首台自主研发的激光电视;2016年7月,海信又发布了世界第一台4K激光电视(图12-4)。② 基于技术创新带来的产品突破,使海信在领跑中国彩电市场后成功地在2015年跻身于全球彩电三强,为中国彩电品牌在世界的崛起提供了可能。

图 12-4　海信 4K 激光电视

---

① 中国发展先进制造业关键是掌握核心技术[EB/OL].(2014-10-27)[2017-10-30]. http://www.gkzhan.com/news/detail/48826.html.
② 从巨亏到"彩电之王",海信:鬼知道这10年都发生了啥[EB/OL].(2016-10-20)[2017-10-30]. http://www.eefocus.com/consumer-electronics/370823/r0

(三) 众多家电及消费电子品牌售后服务短板明显,智能家电或可成为提升服务水平的突破口

2017 年家电、数码行业消费者满意度调查显示,有超过七成的被调查者对家电、数码产品的购买或消费过程不太满意。在这些消费者中,约两成被调查者表示在家电安装时发生纠纷,接近四成的被调查者表示对家电及数码产品的维修收费和售后服务不满。[①] 由此可以看出,中国家电及消费电子品牌需要正视服务品质对于品牌形象塑造和品牌基因表达的必要性,若不能配套与产品质量齐平的高水准服务,则会影响消费者对品牌的正面评价。

在实体产品同质化日益严重的竞争背景和家电及消费电子"智能化"的发展趋势下,消费者所体验到的服务成为凸显品牌差异化、提高消费者满意度的突破口。中国家用电器协会理事长姜风指出:"传统家电销售过程中,很多企业的售后服务都是外包模式,对自己的消费者在哪里、使用情况毫无了解,但通过智能家电,企业可以在第一时间主动了解到产品的使用情况、消费需求,从而可以直接为消费者提供个性化服务,提升消费体验,提供远程售后服务,实现精准的产品升级。"[②]

产品和服务,既是表达品牌基因的媒介,又是夯实品牌基因传承的基础;既决定着消费者对品牌形象的感知,又是品牌与企业有效沟通的保障。在消费升级的今天,它们的重要性不言而喻,而以满足消费者需求、完善用户体验为导向是各品牌更新产品和提升服务所要遵循的基本原则。

## 三、家电及消费电子品牌产品与服务升级路径探析

随着家电及消费电子行业的消费升级,消费者在市场中的地位逐渐走高。当下,谁能满足消费者的需求,谁就能占领市场。

(一) 用户体验与痛点指导企业完善产品

受消费者欢迎的产品必然是那些从消费者需求出发而设计的产品。企业只有以消费者需求为核心,重视用户体验,把握消费者在使用产品时的痛点,并以此来完善产

---

① 2017 消费者满意度调查出炉 品牌和质量成家电业关注点[EB/OL].(2017-03-29)[2017-11-01]. http://news.chinabm.cn/jcnews/2017/0329391385.shtml.
② 姜风. 提升智能战略高度把握家电的明天[EB/OL].(2017-01-04)[2017-10-30]. http://news.cheaa.com/2017/0104/499014.shtml.

品,才能够获得用户的喜爱,进而才能推动销售的增长。

小米公司成立之初,其软件系统 MIUI 的开发就牢牢把握住了用户需求的痛点。小米在论坛上收集用户的产品使用反馈意见,无论这些反馈是表扬还是抱怨,小米都注意听取,并在产品的研发过程中加以改进。在每个星期五,很多手机发烧友用户会等着 MIUI 的更新发布。这些更新很可能就是用户亲自设计的,或者是通过用户的提议而修复的。这种"以人为本"的用户参与方式便是小米著名的"橙色星期五"互联网开发模式。黎万强在《参与感》中写道:"我们除了工程代码编写部分,其他的产品需求、测试和发布,都开放给用户参与了;这种开放是企业和用户双方获益的,我们根据用户意见不断迭代完善产品,用户也拿到了自己想要的功能和产品。"(图12-5)[①]当用户使用到自己真正想要的产品的时候,品牌的美誉度便会随之提升,产品的销量自然也会迅速增长。

图 12-5　2014 年小米 MIUI6 系统发布会

(二)细分需求开辟新的蓝海产品

随着技术的发展,各个家电及消费电子厂商在产品研发上的差距逐渐缩小,家电及消费电子产品之间的同质化现象变得越来越严重,厂商想要突破技术瓶颈变得越来越难。与此同时,消费者对家电及消费电子产品提出的要求也越来越多、越来越个性化,普通的大众化产品已很难满足消费者的需求。为了增加自身的竞争力以及凸显产品的差异性,很多家电及消费电子品牌开始在产品上进行升级,一些有能力的企业开始针对一小部分具有相似需求的用户设计研发特殊的产品来满足他们,开拓利基市场,增强品牌的渗透力。

---

[①]　黎万强. 参与感:小米口碑营销内部手册[M]. 北京:中信出版社,2014.

如海尔,其在大众市场开疆拓土的同时,也在细分市场上做足了功课。在中国市场,当海尔发现有农民为了省时省力而直接用洗衣机洗地瓜时,海尔研发了"洗地瓜洗衣机"(图12-6),并于1998年4月批量生产。除了洗地瓜外,这款"洗衣机"还能洗水果甚至洗蛤蜊。海尔进入美国市场时,针对美国大学生特别研发了一款小冰箱。这种小冰箱不仅可以满足学生平常冷藏食物的需求,还可以将其拿来当书桌用,十分节省空间。在日本市场,考虑到日本是地震多发区,海尔推出了可以固定在墙上的洗衣机,当地震来临时,就能减少洗衣机砸人现象的发生,这种洗衣机的研发极大地方便了日本消费者。

图12-6 海尔洗地瓜洗衣机

(三)完善服务,增强用户体验

良好的体验与服务可以说是很多家电及消费电子品牌的软肋。未来,二者将成为家电及消费电子品牌从激烈的市场竞争中脱颖而出的保障,也是提升品牌好感度的"附加产品"。

在家电及消费电子行业中,很多企业都开设了体验店,邀请消费者到店内免费试用、体验最新的产品和服务。在小米之家,为了更好地让消费者体验小米手机,员工会每隔几分钟用软布轻轻擦拭摆放在展台上的小米手机,以保持小米手机最佳的面貌,方便为下一位顾客提供完美的使用体验。为了让更多无法到达小米之家现场的消费者感受到小米之家的氛围,小米之家员工还会使用手机在店内进行直播,员工一边介绍各种产品,一边解答线上用户的问题。通过这种方式,小米手机不仅增强了消费者的体验感,同时也提高了小米品牌的美誉度(图12-7)。

图 12-7　小米之家

通常,家电及消费电子企业都会设置客户服务系统,用户可以通过电话、在线交流或电子邮件联系到客服人员来解答相关问题。而苹果公司不仅在线上提供技术支持,还在苹果零售店内专门开设了"天才吧"(Genious Bar),天才吧的专家们每周都会为用户提供免费的培训课程,帮助消费者更好地使用苹果产品。作为购买苹果产品的附加服务,天才吧的课程受到了很多用户的欢迎(图 12-8)。

图 12-8　苹果天才吧

近几年，中国家电及消费电子业除了在产品质量方面有了大幅度的提升，在服务意识上也有了明显的进步。以人为本，从用户角度出发，重视体验，完善服务，这样的思想观念不仅使中国家电及消费电子品牌获得了更多的关注与赞扬，也加快了整个中国家电及消费电子业蓬勃发展的步伐。

# 报告十三　产品与市场需求的良性互动探析

"创造产品的实际目的是以价值的形式让客户感知企业,客户购买和使用产品的过程,实际上是企业与客户双向信息传递与交流的过程。"这句话形象地表达了产品和用户之间的关系,亦表达了企业产品更新的准则:"应该以消费者需求作为产品推陈出新的最终依据。"[①]

市场竞争日趋复杂激烈,洞察消费者需求成为难题,企业面临着产品更新与需求脱节的问题。一些企业在产品更新上显出乏力态势,推新多流于表面形式,甚至不少企业开始放弃客户视角,转而将竞争对手的表现作为推新产品的主要依据。这种做法不仅一开始就让企业在竞争中落于下风、陷入被动,长此以往还会导致不良的市场反响,最终使企业被消费者抛弃。

## 一、互动之困:企业产品迭代推新面临的问题和风险

### (一)盲目复制成功经验,资源依赖形成惯性思维

在家电及消费电子企业的经营管理过程中,很多企业往往会倾向于放大自己手中的资源和现有能力来开发和更新产品,执着于手中现存的技术和问题解决方案,以旧有的产品开发思维面对日新月异的市场。

HTC 在 2011 年以 3 亿美元的价格收购了高端音频设备制造商 Beats 51% 的股份,在双方达成交易后,HTC 即表示有将 Beats 的相关技术整合到 HTC 手机中的意图。由于 Beats 拥有优异的外观设计和出色的音效,HTC 想借助这两个优势来打动

---

① 乔诺之声. 企业的目的是创造客户,而不是创造利润[EB/OL]. (2017-06)[2017-10-08]. http://www.sohu.com/a/147231821_283333.

手机消费者。

随后 HTC 推出了主打音效的手机 Rezound，该款手机附送一副 Beats 耳机。当时（2011 年）市面上主流手机的价格是 200 美元，由于 Beats 配套耳机的成本高昂，因而搭载 Beats 耳机的 HTC 手机零售均价达到了 300 美元左右。过高的价格让大多数消费者望而却步，Rezound 的销量远未达到原有的市场预期。

在 Rezound 手机由于耳机成本问题而遭受失败后，HTC 开始在自己广受好评的 M 系列上搭载 Boomsound 扬声器，以求在控制成本的基础上为用户提供更好的音乐和电影体验。但是，在 HTC M8 中加入 Boomsound 导致了 M8 手机"长下巴"的诞生（图 13-1）：①

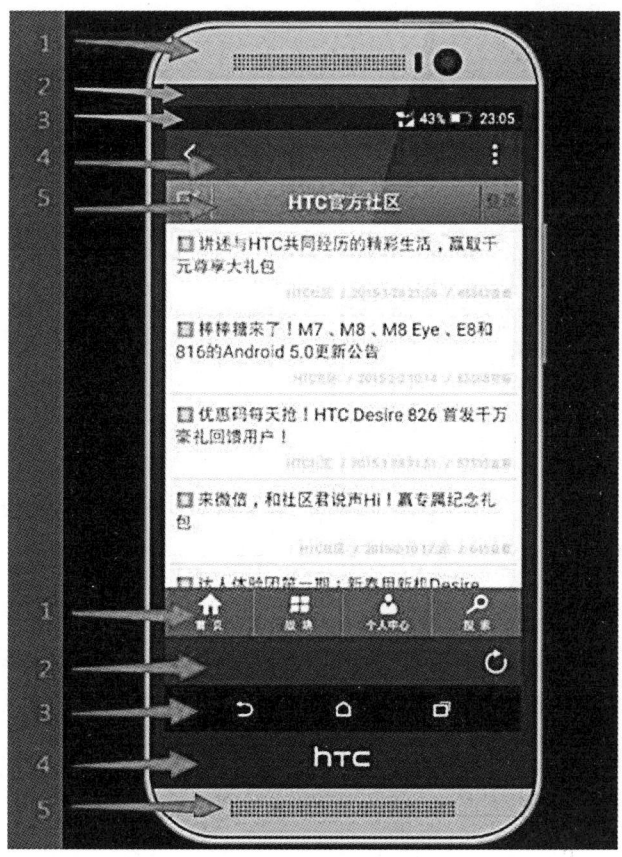

图 13-1　HTC M8 手机

---

① Dream. 苹果收购 Beats HTC 怎么看[EB/OL]．(2014-05-09)[2017-10-12]．http://it.sohu.com/20140509/n399350193.shtml．

据相关统计显示,在全球智能机用户中,喜欢经常用手机扬声器外放音乐的比例不足1%,更多的人倾向于用耳机和音响放音乐。为了 Boomsound 这个精致但不常用的部件,HTC 牺牲了用户体验。在 Boomsound 饱受用户诟病的一年之后,HTC 对用户的意见和建议仍充耳不闻,依然在 M9 中保留 Boomsound。结果 M9 并没有给 HTC 带来转机,2015 年 6 月(M9 上市 3 个月后),HTC One M9 的出货量总计约为 475 万台,出货量小于 43.75%,销售遭遇惨败。①

(二) 产品满足市场需求存在滞后性,导致风险

产品问世往往是企业群策群力的结果,从发现消费者需求到产品问世,企业往往要经历复杂而漫长的过程,这个"时间差"有可能给企业带来不可避免的风险,甚至对有些家电及消费电子企业而言,这个"时间差"可能是致命的。

30 多年来,罗技一直被业界称作外设领域的苹果公司,其别具一格的工业设计赢得了无数消费者的青睐。但由于外设产品是依附于其他产品的配件,这就要求罗技要有极高的市场前瞻性,能够预先把握市场的走向,提前分析出哪些产品是"将被消费者欢迎的"。而且,这一属性还考验着罗技的产品研发速度,罗技有时不得不为了抓住短暂的市场机会而降低自己对"伟大外设产品"的标准。

此外,优秀的数字设备生产商往往对产品的保密工作非常严格,甚至发布会前一天都没人知道什么样的产品即将到来。在这种环境下,如何预知市场的走势,对决策层来说无疑是巨大的挑战。所以,每一次数字设备的更新迭代,都在检验罗技是否拥有一个"伟大的领导人",同时也在考验罗技是否能够快如闪电地推出"伟大的产品"。只有满足这两个苛刻的要求,以罗技为代表的外设企业才能在一代又一代的产品循环中长久地生存。②

不仅仅对罗技这样的外设企业,对任何行业来说机会都转瞬即逝,企业在这个过程中往往要面对前有竞争对手抢占市场、后有消费者需求随时变动的处境。而家电及消费电子企业能做的只有两点:一是尽量缩短产品从研发到问世之间的时间差,二是对消费者可能存在的需求提前预判。

(三) 企业对市场需求预判失误

即使家电及消费电子企业秉承着契合市场需求更新产品的理念,若自身缺乏对市

---

① 方珺逸. HTC 危险:新旗舰 M9 销量惨淡 高库存成为其最大危机[EB/OL]. (2015-06)[2017-10-11]. http://www.360doc.com/content/15/0625/12/19476362_480560027.shtml.
② 一切尽在"掌"握 罗技多款新品外设发布[J]. 电子竞技, 2014(1).

场变化的精准洞察和思考,仍然可能功亏一篑。在日新月异的消费市场,一旦企业对市场需求的判断出现偏差,就势必会影响企业的正常运营和竞争优势,甚至会对品牌形象造成伤害。

20世纪60年代,依托特丽珑技术而崛起的索尼电视颠覆了电视市场的格局,成为CRT电视时代绝对的领导者;1996年开发出平面显像管后,索尼再一次稳固了自己在电视市场的主导地位,电视成为索尼消费电子业务的主要支柱,成为索尼"高质""卓越"的代名词。然而,2004年前后,当CRT技术难以满足消费者对"大屏电视"的需要、液晶产品占据主流市场时,索尼依然固守着平面显像管电视。对市场需求和发展的错误评估,导致索尼对核心零配件液晶面板的相关研究和投资不到位,进而落后于竞争对手三星、LG等品牌,结果市场份额被稀释,其电视部门自2004年起连续亏损8年。ZDC数据显示,2012年索尼在中国液晶电视市场的品牌关注度一路走低,12月关注比例仅为9.1%,较2012年1月的21.1%下降了整整12个百分点。①

虽然索尼现在依然是消费电子业务的佼佼者,但不可否认的是,对市场需求的失误性判断带来的破坏性打击阻碍了其在世界范围内的征途,也影响到消费者对其品牌的关注。

## 二、互动之解:产品更新迭代的密码在于与消费者需求的有效互动

企业产品的更新迭代虽然面临着诸多陷阱与挑战,但是若能以市场需求为核心,切实与消费者需求形成有效的互动,则成功的密码就能够掌握在企业手中。

(一)细化产品功能,抢攻细分市场

市场细分的概念于1956年提出,即企业根据消费者需求的不同,把整个市场划分成不同消费群体的过程。在家电及消费电子的消费越来越注重个性化、定制化的今天,细分的理念更应该受到家电及消费电子企业的重视。针对不同群体改进产品功能,以需求为导向的差异化产品策略有助于企业与细分人群进行高效交流。家电及消费电子企业通过独特的产品成功开发利基市场后,更容易跃升为细分市场的领导者,从而扩大企业的整体业务范围。

以同质化竞争较严重的手机市场为例,近几年来,OPPO通过主打"拍照功能",在

---

① ZOL调研中心. 没落贵族在挣扎 索尼电视能否扭亏为盈? [EB/OL]. (2013-04-26)[2017-10-14]. http://zdc.zol.com.cn/369/3694034.html.

以苹果和三星为代表的智能手机市场中占据了一席之地。根据调研机构 Counterpoint 发布的 2016 年中国手机市场报告,OPPO R9 成为 2016 年中国市场最畅销的手机单品。① Strategy Analytics 智能手机战略研究总监隋倩在接受采访时表示:"2017 年第一季度,OPPO 出货量为 2,760 万,以 8%的全球智能手机市场份额仍保持在第四的位置,OPPO 在该季度年增长率达到 78%。"②

基于年轻用户,尤其是女性用户对拍照功能的需求,OPPO 自 2011 年进入智能手机领域以来,将主要技术研发和产品更新集中于画质和拍照摄像方面,将高清画质和拍摄技术作为产品的独特卖点,有效地将自己与其他竞争品牌区分了开来,将 OPPO 与拍照画上等号,塑造了清晰的品牌印象。

(二)迅速回应需求,填补市场空白

如今,消费者的需求呈现出复杂且多变的特征。对于企业来说,如何快速回应这些需求,如何通过产品表达对消费者的关注,以及如何以此填补可能存在的市场空白等问题,值得思考。

针对中国消费者关心空气质量和空气净化器效果的需求,A.O.史密斯公司研发出 PM2.5 实时数字监测显示专利技术,突破了行业瓶颈,率先填补了市场空白。A.O.史密斯公司中国区总裁丁威认为,每个行业都希望产品越来越具有附加值,只有解决消费者的实际问题,消费者才愿意买单,产业才能够良性发展。③ 而海尔基于对我国二胎政策放开和消费水平提升所带来的母婴市场增长的预估,于 2017 年 6 月首先推出了 11 款母婴级产品。虽然目前还无法评价该系列产品的开发是否能够引领市场,但毫无疑问,海尔已在家电行业的母婴市场竞争中占得了先机。

(三)迎接新市场,开拓新品类

以市场需求为基础更新产品并不代表企业要一味迎合市场热点,企业应不局限于对现有市场需求的把握,还要有长远的市场眼光,洞察到消费人群的潜在需求,甚至以产品创造需求,主动引领市场。

在苹果工业设计开发的思路中,他们更加关注的是创造需求。苹果用 iPhone 证

---

① 赛诺:OPPO 在国内线下市场份额稳居第一[N/OL].(2017-04-17)[2017-10-23]. http://finance.china.com/jykx/news/11179727/20170417/24043149.html.
② 朱锦源. OPPO 市场份额年增长 78% 稳坐全球第四[EB/OL].(2017-05-08)[2017-10-24]. http://news.imobile.com.cn/articles/2017/0508/178028.shtml.
③ 美国《财富》杂志 50 强 A.O.史密斯 成就跨国企业成功典范[EB/OL].(2017-06-20)[2017-10-30]. http://jiangsu.sina.com.cn/news/general/2017-06-20/detail-ifyhfnrf9399741.shtml.

明了其一直坚信的观点：如果你有革命性产品，就足以对现有的用户起到引导作用。同样用创新产品开拓市场的还有日本消费电子品牌卡西欧。2011年4月，卡西欧TR100的上市开拓了数码相机的新品类：自拍相机，同时收获了"自拍神器"的称号。该系列产品不仅使卡西欧确立了"自拍=CASIO"的品牌形象，还在产品购买者和潜在购买者心中塑造了时尚个性的品牌印象。

对企业来说，产品是发展的本质。适应市场需求的产品是会说话的，它不仅可以表达企业对用户的关注和尊重，同时也潜移默化地影响着用户对企业和品牌的感知。

抛开产品去谈品牌永远是空中楼阁，伟大的品牌无疑是靠层出不穷的优秀产品做支撑的。而产品是否优秀的标准必然是能否满足消费者的需要。因此，企业每一次推新前都应该拷问自己：产品能满足客户什么需求？能给客户带来什么价值？唯有立足于消费者需求，吐故纳新，才能让企业立于不败之地。

# 报告十四　技术着力下的家电及消费电子品牌成长

## 一、技术成为中国家电及消费电子品牌未来发展的着力点

### (一)技术创新逐渐取代成本优势助推中国品牌海外市场扩张

海外市场的机遇不断吸引着中国家电及消费电子企业积极布局海外版图。海关总署的数据显示,2016年我国主要家电产品对外出口总体平稳,大家电出口增长形势好于内销。其中彩电全年出口量达到8,011万台,同比增长11.8%;空调出口量4,698万台,同比增长16.6%;洗衣机出口2,249万台,同比增长6.4%;冰箱出口2,679万台,同比增长11.7%。[①] 但与此同时,外贸的风险也伴随而来。首先,大宗商品价格及汇率波动为我国家电产品出口增添了不安定因素,尤其是自2016年下半年以来的原材料价格上涨,我国家电企业过去所依赖的成本优势正在逐渐减弱。其次,缺乏技术优势和品牌影响力是中国家电及消费电子企业"走出去"的隐痛。"彩电的核心部件还依赖于进口,多数利润都被日本等国家电企业拿走。"[②]因此,我国家电及消费电子企业在拓展海外市场时,也在逐渐改变以往单纯依靠成本优势的商业模式,开始努力尝试通过技术创新来提升产品竞争力。格力电器海外销售公司副总经理陈致安曾表示:"我们要利用自身的核心科技,以及我们在智能、环保、高效方面的产品,通过我们海外的渠道建设,打造自己的自主品牌。"

---

[①] 陈建明. 透视广交会:中国家电企业拓展海外思路生变[EB/OL]. (2017-04-19)[2017-09-30]. http://www.guangjiaohui.net.cn/zhxw/20170420493.html.

[②] 肖隆平. 日系家电没落,中国成全球家电新霸主?[N/OL]. (2016-03-30)[2017-09-27]. http://www.chinacaixin.com/newsview.asp?id=34740.

(二)家电及消费电子品牌转型升级的核心驱动力仍在于技术

在家电及消费电子行业中,技术仍是家电及消费电子品牌长远发展的关键要素。面临转型升级的大潮,缺乏技术引领的家电及消费电子品牌显然难以顺利行进。中国家电及消费电子品牌起步晚、起点低,在长时期内依靠模仿和代工一步步成长起来,核心技术的缺失和技术创新的不足成为中国家电及消费电子品牌在市场竞争中的软肋。但是中国家电及消费电子品牌已经意识到了自身的不足,正在迎头赶上,如一直被业界诟病的中国家电及消费电子品牌的"缺芯少屏"局面就在不断得到改善。华星光电战略规划中心总监连怡芬在"2017光电显示及半导体产业论坛"中指出,2007年至2014年,我国大陆前六大品牌厂电视机年复合成长率达39%,从600万台成长至6,100万台。2011年以前的面板供应基本上由韩国及我国台湾面板厂所掌控。为了摆脱"缺芯少屏"的产业格局,我国大陆自2012年起开始积极发展面板产业,京东方与华星光电陆续量产之后,大陆电视面板的自给率逐年提升。2014年,大陆电视面板的自给率首度突破50%,2016年自给率已达80%,预估2017年可突破85%的水准。[1]

从历史的视角来看,韩国知名家电及消费电子品牌三星也曾面临与中国品牌相似的遭遇,但在积累了一定实力后已然顺利实现了技术突围,成长为技术领先的国际知名品牌。上世纪,三星在进入欧洲市场时同样被贴以"廉价产品"的标签。三星研究院的金炳完曾这样写道:"三星电子只不过是快速模仿者,它没有生产出一部具有创新价值的手机。不管我们认不认可这一点,这就是2000年之前三星电子的发展现状。"[2]但在上世纪90年代,三星在累积了一定实力后决定扭转这一状况,并于1993年6月在法兰克福召开了高管会议,发布宣言,矢志改革,产品品质和技术含量则是其品牌升级的关键抓手。时任三星社长的李健熙公开表示:"现在是产品信用和形象的全球化时代,品质才是竞争力的衡量标准,它关系到三星的生存。"[3]

当今的消费升级和智能化浪潮对中国家电及消费电子品牌而言既是机遇也是挑战,中国家电及消费电子品牌应正视技术差距,把握机遇,弥补不足,以更好地迎接未来以技术创新为驱动的品牌转型升级之战。

---

[1] 缺芯少屏"快成过去式? 2017年大陆电视面板自给率达85%[J]. 电子产品世界,2017(6).
[2] 蓝科技网. 中国家电军团不缺技术缺品牌[EB/OL]. (2015-09-05)[2017-10-23]. https://baijia.baidu.com/s?old_id=156829.
[3] 秦朔. 品牌,品牌,中国和世界差多远[EB/OL]. (2017-06-26)[2017-10-25]. http://www.yicai.com/news/5305676.html.

### (三) 独特技术成为品牌个性的表达方式

技术不仅仅是产品功能的一部分,独特的技术还可以成为品牌基因表达的一条路径。ThinkPad 作为经典的商用笔记本电脑品牌,其标志性的小红点(TrackPoint)已然成为 ThinkPad 的图腾,人们只要看到黑色带着小红点的笔记本电脑便马上知道这是 ThinkPad。ThinkPad 小红点对光标的控制方式完全不同于鼠标和触摸板,而是通过检测支杆上的受力情况来确定光标的移动速度和方向,这一革新性的技术正是 ThinkPad 商务思考精神的风格化表达。近年来,在小家电领域冲出的"黑马"戴森也是凭借数码马达核心技术在"风"领域大显身手的,无风轮电风扇、无线吹风机等独特的工业设计为其锦上添花。同样,一些中国品牌也在积极构建独特的技术传达品牌个性。例如 OPPO 自主研发了 VOOC 闪充技术,引领了手机行业快充技术的热潮,vivo 则以拍照技术和 HIFI 音质技术建立"拍照+音乐"的技术识别。独特的消费者可识别技术成为中国家电及消费电子品牌塑造品牌差异化优势的有效路径之一。

## 二、目前中国家电及消费电子品牌技术突围面临的问题和挑战

### (一) 研发投入和研发研发人才比例比例普遍偏低

国际上,竞争力较强的企业的研发投入一般占当年企业营业收入的 5%-8%,但中国家电及消费电子品牌对研发的投入普遍较少。2014 年中国部分上市家电企业的研发投入占比普遍在 2%-3% 之间(表 14-1)。2016 年《广州日报》记者梳理的 14 家中国家电上市企业的研发投入平均比则仅为 3.42%,而同时期国外家电巨头中,德国博西家电集团 2015 年财报显示,其研发投入占收入的比重为 4%。[①] 值得一提的是,华为 2015 年的研发投入占营收的比重达到了 15%,超过了微软,据华为内部人士称,"任正非希望未来公司投入更多费用用于研发,这或许是华为能在国际市场表现优异的重要原因"[②]。

---

[①] 国内 14 家电企业研发投入比仅 3.42%[N/OL]. (2016-08-10) [2017-10-21]. http://news.xinhuanet.com/tech/2016/08/10/c_129217883.htm.

[②] 肖隆平. 日系家电没落,中国成全球家电新霸主?[N/OL]. (2016-04-02) [2017-09-27]. http://www.sohu.com/a/67349772_350488.

表 14-1　2014 年中国部分上市家电企业研发投入占比①

| 海信电器 | 3.89% | 青岛海尔 | 2.7% |
| --- | --- | --- | --- |
| TCL 集团 | 3.04% | 四川长虹 | 1.82% |
| 美的集团 | 2.82% | 康佳集团 | 低于 1.3% |

与研发投入力度不足直接相关的制约家电企业技术水平的另一个因素是研发人才比低。以韩国三星公司为例,2014 年媒体报道称,三星公司当时的研发人员有 6.93 万名,研发人员占比是 24.23%;其中博士毕业人员有 6400 名,即每 11 名研发人员中有 1 名为博士毕业。② 华为 2014 年的研发人员比是 45%,华为对研发的重视引起了韩国媒体的注意,韩国 IT 专家认为,如果有中国企业将超过三星电子,那一定是华为。③ 就目前中国家电及消费电子企业总体情况来说,康佳集团 2015 年研发人员占公司全体人员比例仅为 6.54%,海信电器为 9.83%,TCL 集团为 9.11%,四川长虹为 11.85%,白电三巨头海尔最高,达 15.8%,美的集团的为 9.30%。④ 它们的研发人员比均远低于三星和华为。实际上,中国家电及消费电子仍是劳动密集型行业,以白电"三巨头"为例,非本科以上学历职工占职工总数比例均在 80% 左右。⑤

在看到差距的同时,我们也要客观考虑到中国家电及消费电子企业目前整体上仍处在产业转型和技术升级时期的现状。正如有业内人士所指出的:华为的研发成本高是因为其已经站在了全球技术的最高端,华为需要投入更多的研发资本驱动效率创新,保持领先,但家电行业技术目前仍不是全球最领先的,还有很大的空间。⑥

(二) 跟随性的技术研发战略

国内家电及消费电子企业采取跟随战略的做法在一定程度上影响了其技术创新。一项基础技术从研发到产出产品需要 7-10 年甚至更长的时间。技术产出效益的滞后性以及巨大的风险,让专注于眼前利益的中国企业更倾向于选择跟随性技术研发战略。在过去相当长的一段时间里,我国家电及消费电子企业通常是看到国际上出现了

---

① 肖隆平. 日系家电没落,中国成全球家电新霸主?[N/OL]. (2016-04-02) [2017-09-27]. http://www.sohu.com/a/67349772_350488.
② 同①.
③ 研发投入更强,华为会超过三星吗?[N/OL]. (2014-05-25) [2017-10-02]. http://tech.163.com/14/0525/11/9T3BN7KA000915BE.html.
④ 研发那么抠,康佳如何自救?[EB/OL]. (2016-09-26) [2017-09-30]. http://money.163.com/16/0926/21/C1U071T7002580S6.html.
⑤ 罗晨. 智能制造背景下,中国家电强大起来了吗 [EB/OL]. (2017-06-28) [2017-09-24], http://m.yangqiu.cn/jiadianxfs/3034887.html.
⑥ 同①.

什么新技术,就马上跟进。这虽然让我国家电及消费电子企业迅速取得了规模上的成功,但这种战略并不利于企业的长远发展。因此,中国家电及消费电子企业要想真正主宰全球家电及消费电子市场,显然必须要有壮士断腕的战略眼光,肯为企业的长远领先优势放弃一部分当下的短期利益①。在 TCL 集团董事长李东生看来,以前 TCL 更多的是跟随全球领先企业的技术,现在则要在技术领域力争成为全球同步、未来局部领先的企业。

### 三、提升中国品牌核心技术的策略探索

(一)通过海外并购获得外资品牌技术优势

中国家电及消费电子产业的发展过程带有鲜明的贴牌生产特征,品牌技术积淀主要体现在整机组装加工方面,而核心零部件很大程度上依赖国际品牌。核心技术缺乏一直是中国家电及消费电子品牌发展的隐痛。美的集团董事长兼总裁方洪波曾说:"我们现在是制造大国,但都是在价值链的低端阶段,我们过去讲微笑曲线,实际上一端是技术、一端是品牌,今天中国企业依旧回避不了这两个基本规律,现在到向技术和品牌两端去发力的时候了。"②在家电业内,董明珠式的自主研发技术执着尤为可贵,然而在国内消费升级和国际家电及消费电子竞争日趋激烈的背景下,中国家电及消费电子品牌急需在有限的时间和资源内补足技术短板,此时跨国并购成为较优选项。在 2016 年一年内,中国家电及消费电子行业并购频频,不仅涉及的金额巨大,而且收购的品牌大都赫赫有名。美国通用电气(GE)、东芝、夏普等国际老牌家电及消费电子品牌都在收购或兼并范围之内。中国家电及消费电子品牌动用资本的力量"取长补短",在收购中更是对技术和研发人才求之若渴。2016 年,美的以 6.93 亿美元收购东芝白电部分业务,获得了东芝的 5,000 多项专利授权以及研发团队,在对机器人企业库卡的收购中更是对其核心技术青睐有加。③ 但在完成技术并购后,中国企业尚需注意结合自主技术创新进行有新的技术整合和持续的技术创新战略投入,避免因技术并购而抑制企业的自主技术创新能力,避免企业战略资源对技术创新投入不足。

---

① 肖隆平. 日系家电没落,中国成全球家电新霸主? [N/OL]. (2016-04-02)[2017-09-27]. http://www.sohu.com/a/67349772_350488.
② 科技圈扒哥. 中国家电企业的海外并购之路能否成功? [EB/OL]. (2017-04-20)[2017-10-04]. https://baijiahao.baidu.com/po/feed/share? wfr=spider&for=pc&context=%7B%22sourceFrom%22%3A%22bjh%22%2C%22nid%22%3A%22news_3631846625821247246%22%7D.
③ 同②.

## (二) 持续战略性技术研发投入

研发经费投入是企业实现技术创新的基础保障,只有依靠持续不断的资金及资源支持,企业才能顺利地开展创新工作并实现创新成果的转化。有业内人士认为,"过于关注成本,缺乏长期系统持续投入的计划,是中国家电及消费电子企业的通病"[①]。研发投入不足,导致家电及消费电子企业在核心技术上难以突破国外技术壁垒,产品附加值低,毛利率低,且受原材料价格影响大,低盈利水平又进一步导致家电及消费电子企业在研发投入上捉襟见肘,形成恶性循环。对此,企业要有针对性地进行持续的战略性技术研发投入,将研发投入重点转向人才、研究资源上。

## (三) 和全球高校合作,储备技术人才

研发人员的配置和质量很大程度上决定了一个企业技术创新的水平和效率,企业与高校、研究院合作,一方面可以利用高校和智库的研究资源实现前沿突破;另一方面,通过与高校签订人才合作协议,企业可以获取更多高质量的技术人才。

惠普公司和斯坦福大学就是产学研合作的典范,惠普与斯坦福大学合作实施优秀员工培训计划,并授予员工硕士或博士学位。这项计划使惠普从全美各大学招聘高水平的工程专业毕业生成为可能。[②] 我国家电及消费电子企业在全球化战略的推进过程中,除了与国内高校、研究院建立合作关系外,还可以积极与国外高校签署战略合作协议,譬如西门子与清华大学、美国与加州柏克莱大学合作研究节能建筑,华为与TELUS、与卡尔顿大学成立华为-TELUS企业云业务联合创新中心等,这些都是企业积极利用全球高校合作资源,实现互利共赢的典型范例。

---

[①] 罗晨. 智能制造背景下,中国家电强大起来了吗[EB/OL]. (2017-06-28)[2017-09-24]. http://m.yangqiu.cn/jiadianxfs/3034887.html.

[②] 岳瑛. "惠普之道"的魅力[N/OL]. (2017-06-09)[2017-10-21]. http://firm.workercn.cn/497/201706/09/170609061716562.shtml.

# 报告十五　新零售趋势下的家电及消费电子品牌全渠道变革

2016年10月,马云在阿里云栖大会上首次提出:"纯电商时代很快就会结束,未来的十年、二十年,没有电子商务,只有'新零售',也就是说线上线下和物流必须结合在一起,才能诞生真正的'新零售'。"一直以来,渠道对于家电及消费电子行业的重要性不言而喻,中国家电及消费电子行业作为成熟度较高、市场竞争较充分的行业,在渠道上也经历了多番变革,而在"新零售"概念下,家电及消费电子行业的参与者们正在全渠道融合上进行积极的探索。

## 一、家电及消费电子品牌渠道建设的历史衍化:从传统线下渠道到线上渠道崛起,再到全渠道融合

上世纪80年代末至90年代初是我国家电及消费电子产品的导入期。由于销售方式还属于试水阶段,各种销售渠道鱼龙混杂。在发展的过程中,逐渐形成了以代理制为特征的专业经销商渠道,即总代理—区域代理—终端零售的渠道网络格局。这种专业经销商渠道分为两种:一种是脱胎于国有商业企业的专业经销商,主要服务于一二级市场;另一种是个体经营性质,主要存在于三四级市场。两种专业经销商渠道共同构成了国内独有的分级批发零售渠道格局。

经过几年的发展与探索,家电及消费电子行业的渠道格局发生了变化,一种新型业态——家电及消费电子连锁卖场横空出世。1990年,家电及消费电子零售连锁企业国美创新了供销模式,脱离中间商,与上游厂家实施直供模式。在厂家、商家打价格战的时候,国美提出的"免费送货上门、上门安装调试"服务让连锁卖场在一二级市场中迅速崛起。这种连锁企业不仅对原有的渠道格局冲击巨大,迫使专业经销商败退一

二级市场,还对家电及消费电子厂商的经营模式造成了巨大影响。①

与此同时,区域性连锁渠道的发展也十分迅猛。江苏汇银家电、江西四平家电、河南八方电器等区域性连锁卖场纷纷崛起。相比大型连锁,这些区域性连锁更"接地气",更了解各地方消费者的需求。此外,一些家电及消费电子厂商受到渠道商的冲击后倍感压力,于是开始通过加盟的方式自建渠道。如1996年海尔开始建设第一批品牌专卖店,这些举措推动了家电渠道的创新发展。

随着互联网的兴起,线上渠道开始逐渐崛起。以京东商城、天猫、当当网为代表的电子商务平台出现,大大促进了商品的经营与发展。这些电商最初只是售卖价值不高的普通商品,但随着消费者购买习惯的改变以及渠道运营的日渐成熟,家电及消费电子产品也开始进入电商的经营范围之内。

电商的崛起,吸引了大型连锁渠道商苏宁、国美"触电"。苏宁电器建立了网上购物平台"苏宁易购"、国美电器设置了"国美商城"对垒普通电商。与此同时,家电及消费电子厂商也纷纷设立自己的官方商城,加速线上下线的协同合作。家电及消费电子渠道业态不再单纯,渠道商已经不再是单一的某一性质,我中有你、你中有我已成为较为普遍的现象,渠道已经显现融合的端倪。新兴渠道与传统渠道碰撞融合,促进了家电及消费电子渠道向更科学、更合理、更完善有序的方向发展。②

## 二、中国家电及消费电子品牌线上、线下渠道运作情况

中怡康数据显示,2016年中国家电及消费电子市场处于横盘调整阶段,包括手机3C在内的家电及消费电子市场的零售额达到了15,957亿元人民币,比2015年增长了4.2%。其中线上销售占比达到27%,比2015年提高了5个百分点。③

(一)家电品牌线上市场增长强劲,线上线下均价差异较大

2016年中国家电品牌线上线下销售主要呈现出两大特征:一是线上市场销量增长强劲(图15-1)。具体来看,电水壶的增速达到了106.3%,冰柜、空调与吸尘器的增速也保持在70%以上,除豆浆机和榨汁机以外,2016年重点家电品类的零售额增速都

---

① 张彦斌. 家电渠道变革前夜[J]. 家用电器,2013(4).
② 同①.
③ 中怡康. 2016中国家电市场年终盘点[EB/OL]. (2017-03)[2017-10-05]. http://www.monitor.com.cn/UserFiles/2016%E5%B9%B4%E5%85%A8%E5%B9%B4%E4%B8%AD%E5%9B%BD%E5%AE%B6%E7%94%B5%E5%B8%82%E5%9C%BA%E8%A1%A8%E7%8E%B0024-09080717305.pdf.

为正向增长。线下市场的零售额增速相对平缓,除了净水设备、空气净化器以及吸尘器的增速超过10%外,其他品类家用电器的增速有进有退、情况不一。

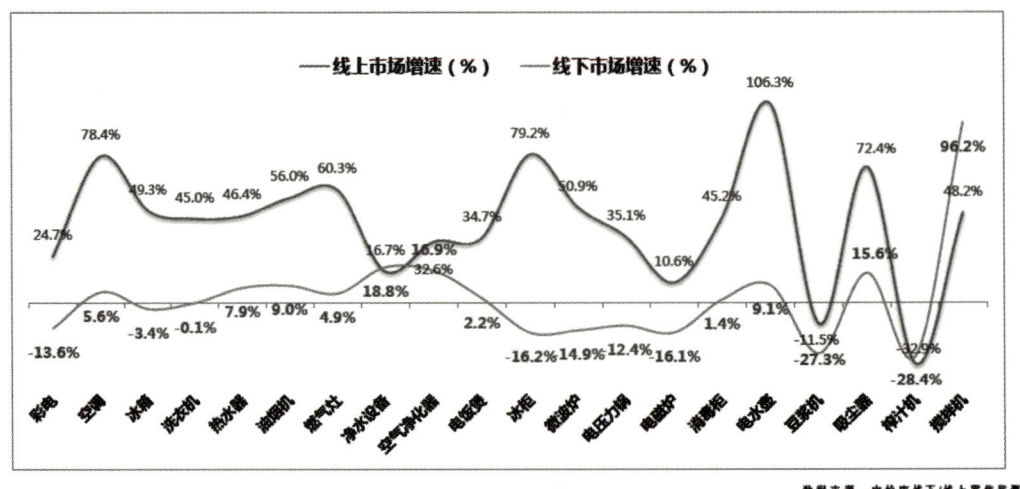

图15-1　2016年重点家电品类线上线下零售额增速①

二是线上线下均价差异大(图15-2)。一般来说,线下渠道要承受库存、租金以及各级中间商代理抽成的压力,在销售同款家电产品时,均价往往会比线上渠道高

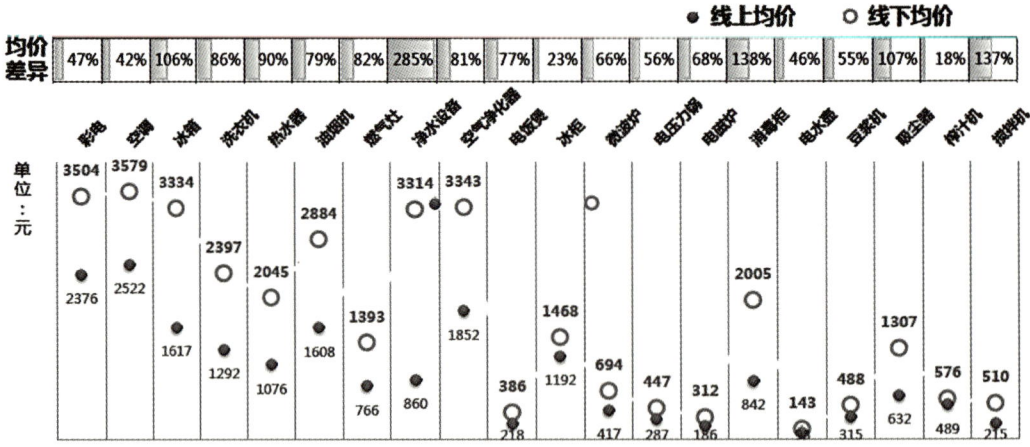

图15-2　2016年重点家电品类线上线下均价②

---

① 中怡康. 2016中国家电市场年终盘点[EB/OL]. (2017-03)[2017-10-05]. http://www.monitor.com.cn/UserFiles/2016/E5%B9%B4%E5%85%A8%E5%B9%B4%E4%B8%AD%E5%9B%BD%E5%AE%B6%E7%94%B5%E5%B8%82%E5%9C%BA%E8%A1%A8%E7%8E%B0024-09080717305.pdf.

② 同①.

一些。随着近两年线上渠道的快速发展以及渠道运营效率的进一步提升,线上渠道商可以拿出更便宜、更具吸引力的价格了。与此同时,线下渠道的发展基本已经饱和,渠道竞争激烈,线下渠道为了存活已很难再降低价格,从而导致线上线下的价格差进一步拉大。2016年,净水设备的线上线下均价差异最大,达到了285%。此外,消毒柜、搅拌机、吸尘器和冰箱的线上线下差价也都超过了100%。①

(二)线下渠道发展受到线上渠道的强烈冲击,转变功能线下渠道不可替代

《中国电子商务报告(2016)》的数据显示,2016年中国电子商务交易额达到26.1万亿元,同比增长19.8%,交易额约占全球电子商务零售市场的39.2%。2016年中国网络购物用户规模、电子商务交易额、电子商务从业人员数量稳步增长。其中,在中国网民规模达7.31亿的情况下,网络购物用户规模已经达到4.67亿,占总体网民的63.8%,较2015年年底增了12.9%。② 与此同时,在线下渠道方面,尽管家电及消费电子厂商开始渠道下沉,以进一步拓展三四级农村市场,但依然难以改变零售量、零售额双双下滑的趋势。奥维云网的数据显示,2016年上半年彩电线上渠道同比增长64%,而在线下渠道中,大连锁下降7.5%,百货商店下降16%,超市下降13.1%。③

电商平台的迅猛发展、线上渠道的崛起,使家电及消费电子的线上交易量逐渐走高,线下渠道受到巨大的冲击。首先是价格冲击。由于在网上售卖家电及消费电子产品不用支付高昂的店面租金,渠道商在定价方面就有了独特的优势,相同的产品,线上渠道的价格往往比实体店更低。另外,消费者在网上购物时还可以随时货比三家,而实体店却不具备这种优势。其次是来自购买便利性的挑战。消费者在线上购物方便快捷,随时可以进行支付交易,买的大件家用电器也会直接送货上门,消费者省时省心。再次是网络的评价体系可以帮助消费者把握产品质量。以往,由于家用电器属于高卷入度产品,消费者在购买时比较谨慎,一般要到实体店进行体验和挑选后才购买。随着家电及消费电子产品的质量逐渐提高,网络上的用户评价体系愈发公开和完善,消费者在网上一样可以购买到满意的产品。于是,越来越多的消费者愿意在线上购买家电及消费电子产品,线上购物的消费习惯也逐渐养成。

然而,线上互联网流量红利经过几年的爆发,触顶信号已开始显露。在2014-

---

① 中怡康. 2016中国家电市场年终盘点[EB/OL]. (2017-03)[2017-10-05]. http://www.monitor.com.cn/UserFiles/2016%E5%B9%B4%E5%85%A8%E5%B9%B4%E4%B8%AD%E5%9B%BD%E5%AE%B6%E7%94%B5%E5%B8%82%E5%9C%BA%E4%B8%A8%E7%8E%B024-09080717305.pdf.
② 商务部中国电子商务研究中心. 2016中国电商报告[EB/OL]. http://b2b.toocle.com/detail--6403080.html.
③ 杨英.家电线下渠道已走向穷途末路? 财报情况不容乐观[EB/OL]. (2016-08-19)[2017-09-28]. http://www.qudong.com/article/355593.shtml.

2016年的高速增长后,家电及消费电子的线上渠道销量虽然仍在持续提升,但增速已逐渐放缓。与此同时,在线下渠道建设上,一方面家电及消费电子企业需要利用线下渠道填补体验、销售等空缺。如小米、锤子等互联网品牌纷纷开设线下体验店,以产品体验增强客户黏性,还有机会接触到一些不会使用互联网购物的人群。另一方面,家电及消费电子企业也需要发展线下渠道,以扩大对市场的覆盖,为线上渠道的销售增量做好支持,减少自己对单一渠道商的依赖。因此,尽管受到线上渠道的冲击,家电及消费电子品牌的线下渠道建设依旧十分重要,且不可被轻易取代。线上渠道与线下渠道不再只是竞争的关系,二者更是合作、互补的关系。

(三)全渠道融合:加快线上线下全渠道布局,线上线下互为增量、功能互补

在全渠道融合的趋势下,传统家电品牌进一步增强了线上渠道的力量(图15-3),除了入驻电商网站、建立自己的线上官方商城外,还进行了电子商务的投资运作。如美菱与控股股东四川长虹电器股份有限公司共同投资设立电子商务公司——四川智易家网络科技有限公司,以推进电商业务的发展。而互联网家电品牌则开始从线上涉足线下。小米在2011年开始布局线下渠道,除了开设零售店小米之家外,还在近两年进入苏宁、国美卖场,并与通信运营商展开合作。2015年,小米加速线上线下渠道的融合,启动了"新零售"模式。小米CEO雷军表示,"新零售"就是用互联网方式做线

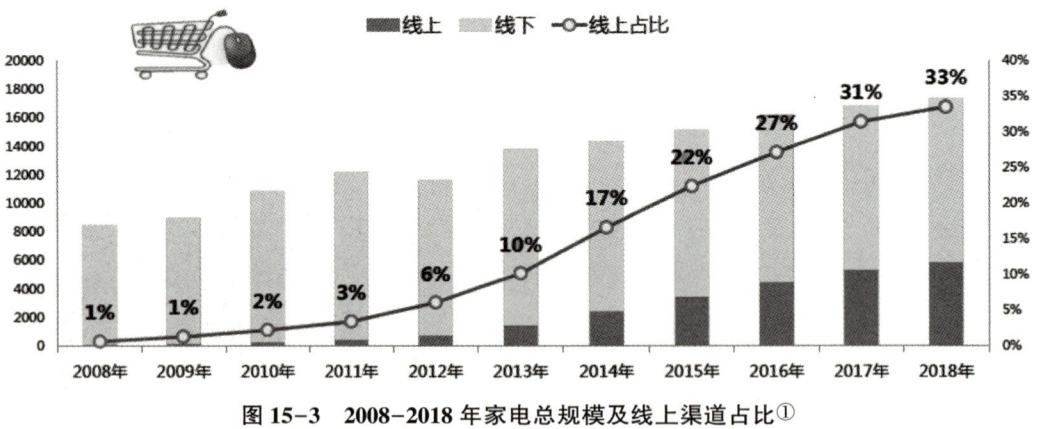

图 15-3 2008-2018 年家电总规模及线上渠道占比①

---

① 中怡康. 2016 中国家电市场年终盘点[EB/OL].(2017-03)[2017-10-05]. http://www.monitor.com.cn/UserFiles/2016%E5%B9%B4%E5%85%A8%E5%B9%B4%E4%B8%AD%E5%9B%BD%E5%AE%B6%E7%94%B5%E5%B8%82%E5%9C%BA%E8%A1%A8%E7%8E%B024-09080717305.pdf.

下零售,改善用户体验,提升流通效率。① 也就是说,在"新零售"趋势下,家电及消费电子品牌全渠道模式正在形成,线上线下渠道在加快融合的同时,二者又扮演着不同的角色:线上渠道强调便捷与销售,线下渠道注重消费者互动和体验,线上下线渠道互为增量、功能互补。

线上线下渠道的双线融合变革将是大势所趋。奥维咨询公司(AVC)战略与咨询事业部咨询总监柳宇雷预计,未来线下线上渠道将互相渗透,在发展中走向融合,从而进入"以融合为趋势,以体验为核心"的O2O发展时代。②尽管如此,全渠道融合并非仅仅是同时布局线上线下渠道、统一管理线上下线产品价格那么简单,对于家电及消费电子品牌来说,这仍旧是一个需要深入思考的课题。

### 三、家电及消费电子品牌渠道布局之惑

三十多年摸索与发展,我国家电及消费电子品牌在销售渠道上的探索从未停止,线上渠道销售成为家电及消费电子企业所关注和争抢的重要阵地。然而,随着市场的不断变化,家电及消费电子零售的线上线下攻守在近年也发生了逆转。整体来看,家电及消费电子销售渠道现已逐渐形成线上线下融合之势,但仍有诸多问题亟待解决。

(一)线下渠道建设问题:渠道建设缓慢跟不上品牌发展,渠道管控力弱成线下渠道的硬伤

**1.线下渠道建设能力缓慢,与品牌发展步调难以一致**

当前,社会经济发展越来越重视品牌的发展。在中国家电及消费电子企业努力提升自身品牌影响力和产品美誉度之时,背后显露出的却是渠道建设缓慢的短板。营销渠道是企业与市场与消费者相联结的重要渠道,但如果渠道无法与品牌的发展保持一致的步调,就会在相当程度上拖累企业品牌的发展。自2011年成立以来,小米从"一文不名"成功转变为"家喻户晓",随着小米各种各样生态类产品的出现,小米品牌产品进入了千家万户。作为互联网品牌而诞生的小米,开设线下体验店的重要性日益凸显,就是在这样的趋势之下,小米之家于2016年年初开始由服务店转型为零售店。然

---

① 鲲鹏.雷军解析小米新零售模式:用互联网方式做线下零售[EB/OL].(2017-03-05)[2017-09-27].http://tech.ifeng.com/a/20170305/44550685_0.shtml.
② 家电渠道竞争激烈 融合成为大势所趋[EB/OL].(2014-11-28)[2017-10-09].http://homea.people.com.cn/n/2014/1128/c41390-26111358.html.

而据 IDC 中国数据发布的数据,小米 2016 年的手机出货量为 4,150 万部,同比下滑了 36%,华为、OPPO、vivo 跻身于全球销量前五之列,前五名中却不见小米的身影。课题组对北京地区小米线下及 KA 渠道实体的调研发现,小米专区专柜的数量相对来说较少,KA 渠道的小米专柜展示的产品数量也较少,并且一些展示样品均为模型,并非真机。截至 2017 年 7 月 7 日,小米之家在全国只有 123 家店,而友商 vivo 拥有的线下门店在 25 万家左右,是小米之家的 2,000 多倍。为了拓宽销售渠道,进一步蚕食竞争对手的市场份额,雷军宣布要实现"新零售模式升级,线上线下成功联动"。

而反观"苹果都打不赢"的 OPPO 和 vivo,它们凭借着多年对线下市场的深度分销以及对消费者需求的深刻理解,O/V 阵营在全球智能手机还处在白热化胶着竞争状态的情况下异军突起,战果颇丰。在 IDC 中国数据公布的 2016 年全球范围手机销量状况中,OPPO 和 vivo 分别排在第四位和第五位,OPPO 增幅达到 132.9%,总销量为 9,940 万部,市场占有率为 6.8%。vivo 在 2016 年共卖出 7,730 万部手机,增幅 103.2%,市占率达到 5.3%。[①]从 O/V 阵营的成功我们可以看到,除了精准的目标客户定位、产品更新外,还有大范围打造终端渠道而形成的差异化竞争力。O/V 将中国式深度分销做到了极致,实现了终端网络体系的全覆盖。在小米等企业大谈互联网模式、去渠道中间环节的时候,OPPO 和 vivo 正利用自己庞大的代理商模式,通过门店、服务中心、体验中心渗透到一线至四线城市甚至五六线城镇市场。回到小米,作为以互联网平台起家的品牌,其所带有的品牌基因似乎的确与 OPPO、vivo 的模式有所不同,但是目前线上线下的店铺引流成本已经偏向于趋同,手机全渠道无差异销售也将成为现实,小米的小米之家也需加紧步伐,加快线下渠道建设。

2.渠道管控力弱,价格混乱难以治理

在渠道管控中,家电企业最直接面对的问题是价格差异。价格差异一方面会导致窜货行为,另一方面会破坏品牌形象,甚至导致消费者的品牌认知产生混乱。

就窜货行为而言,一方面,由于多数家电及消费电子产品在不同地区和季节之间存在差价,致使销售环节存在一定套利空间,促使知情人产生套利的动机;另一方面,家电及消费电子企业在价格调整前后阶段信息控制不够严格,也会造成一些中间商或个人囤积货品、待价而沽。另外,企业往往会针对经销商的售量大小调整价格,由于大型经销商销量巨大,企业为了维护关系常以较低的价格向大经销商出货,而大经销商为了获得销量往往倾向于以最低价格销售货物,结果造成窜货的恶性链条,进而严重

---

① maomaobear. 2016 年为什么 OPPO、vivo 爆发了,而小米却没落了?[EB/OL].(2017-02-10)[2017-10-11]. http://www.donews.com/article/detail/4660/9660.html.

损害了家电及消费电子企业的声誉和利润。①

价格混乱还会导致消费者的品牌认知混乱。在整合营销传播时代,价格也是家电及消费电子品牌与消费者之间重要的接触点,需要与其他接触点一起传达出品牌定位与品牌形象,因此价格混乱不利于家电及消费电子品牌向消费者传递出一个稳定的品牌形象。以来自德国的高端家电品牌西门子为例。有业内人士指出,由于德国法律规定企业不能干涉经销商定价,结果经销商恶意竞争、低价销售,西门子的价格混乱问题比其他品牌表现得更为突出。"同样一款西门子冰箱,在一个城市会出现至少3个不同的报价。"②品牌基因工程研究课题组的实地调研同样发现,西门子的同一款产品在不同卖场确实存在价格不同、折扣不同的情况。卖场一款标价为7,000多元的西门子油烟机在砍价之后实际售价可以低到3,000多元。如此巨大的价格波动显然不利于品牌传递出稳定的品牌形象,容易让消费者对西门子家电高端的品牌定位产生质疑。

面对价格混乱的问题,家电及消费电子企业要努力与渠道商构建良性的合作关系网络,共建一套严格、有效、互利共赢的管理机制。例如格力为解决价格规范问题,就与经销商共建股份销售公司,通过强制经销商在指导价格以上销售、处罚跨地区销售行为、经销商缴纳控价专项保证金等规章措施,为规避价格混乱问题做出了良好示范。③ 某传统家电企业渠道方面负责人在接受课题的访谈时表示,他们已经有一套专门的系统提供给经销商,经销商通过整套系统实现零售数据的导出,使整个销售环节变得更加透明,从而降低了压货、窜货等现象发生的可能性。渠道的变革不在于一朝一夕,也不是仅凭单一力量就能解决的,瞬息万变的消费市场不断刺激着家电及消费电子产业链上的商家推动渠道商们共同变革。

(二)线上渠道建设问题:电商过于强势,线上渠道缺乏实体落地等问题

1.京东、天猫等强势电商绑架品牌商

2017年6月18日,苏宁、京东、天猫又迎来了促销狂欢(图16-4),然而与此同时,乐视电视发表声明,指责京东强行要求乐视电视通过优惠券、满额返现等方式进行价格补贴,称此举远远超出了乐视电视的承受能力。无独有偶,同一天线上知名女装品牌裂帛创始人也在其微博上发声,称6月2日京东锁死了裂帛旗舰店包括库存、价

---

① 孔兴业. 中国家电产品分销渠道模式比较研究[D]. 对外经贸大学,2005.
② 陈维. 后西门子时代的博西困局[N/OL]. (2016-11-14)[2017-10-09]. http://www.bbtnews.com.cn/2016/1124/170620.shtml.
③ 游文广. 格力电器营销渠道冲突管理研究[D].苏州大学,2014.

格、页面等在内的所有功能,导致商铺出现超卖现象,裂帛无法承受超卖及不同价的损失,取消了促销折扣并申请关闭京东裂帛旗舰店。除此之外,伊芙丽、Lily 商务时装、鄂尔多斯等品牌也在其官方微博中表示,在"6.18"期间,由于京东后台锁定,商品库存及页面无法操作,导致部分商品可能因超卖而出现无法及时发货等问题。①

图 15-4　各大电商平台"618"活动 Logo②

在各大平台沉浸在促销节日战果的喜悦之时,那些向某些电商平台说"不"的声音似乎也显得格外响亮。品牌商"起义"的背后,是对电商渠道话语权的争夺。一位零售行业资深人士曾表示,相较于早年苏宁、国美等传统零售渠道盛行时的情况,在如今的电商时代,渠道霸权对品牌商的压迫表现得更为明显。过去品牌商不参与卖场的促销活动,只要不供货就可以了。但现在,电商平台可以通过后台操作锁定商家的页面,可以通过流量控制把控品牌商在全国的线上流量。③ 电商平台的存在,原本是为了丰富企业的销售渠道,优化消费者的购物便利性,然而现在品牌厂商在与电商平台的合作中却在话语权上受到了较大的打压。

2.线上渠道缺乏实体落地,如何增进消费者体验成为关键

线下实体企业争相"触电"早已成为司空见惯的现象,但一直存在于互联网上的纯电商品牌也纷纷开始试水线下渠道。2017 年 3 月 19 日,锤子科技正式启动线下布局,锤子科技线下店在北京西单大悦城揭幕。2017 年 5 月 28 日,小米公司宣布,小米之家第 100 家门店诞生。2017 年 4 月 6 日,极米无屏电视第二家线下体验店在长沙开业,苏宁、国美等 KA 店中也出现了极米无屏电视的身影。正如马云提出的"新零售"

---

① 陈克远.暗战"6.18"品牌商"起义":京东裂帛决裂[EB/OL].(2017-06-20)[2017-09-28].http://money.163.com/17/0620/07/CNBVJFQ0002580T4.html.
② 天猫、京东、苏宁 618 营销策略全面解析[EB/OL].(2017-07-08)[2017-09-28].http://www.sohu.com/a/155470254_114819.
③ 同①.

概念:"纯电商时代很快会结束,未来的十年二十年,没有电子商务这一说,只有'新零售'这一说,也就是说线上线下和物流必须结合在一起,才能诞生真正的'新零售',线下的企业必须走到线上去,线上的企业必须走到线下来,线上线下加上现代物流合在一起,才能真正创造出新的零售来。"

互联网企业之所以纷纷齐聚线下,主要有以下几个原因:

其一,强化产品购物体验,近距离接触消费者,提升品牌美誉度。

购物体验一直是互联网零售商的软肋,尤其对于家电、3C数码这种偏向于理性消费又比较依靠体验实现最终销售的产品而言,能够让消费者体验到产品硬件、软件设计带来的乐趣尤为重要。同时,像小米、锤子甚至零食电商三只松鼠这样的互联网企业,它们已经拥有了一大批线上的忠实粉丝,线下实体店的建设更有利于企业与消费者进行零距离接触,有利于企业加深了解消费者的需求,扩大其消费者群体。锤子科技销售总监陈飞良就曾表示:"设线下体验门店可以让更多的消费者体验到优质的产品,有利于延长产品的生命周期,同时也能够为接下来锤子科技的快速发展提供能力准备。"

其二,品牌多元化转型的需要。

如锤子的专营店除了销售手机外,还销售锤子科技的其他产品,如锤子手机的周边产品、空气净化器也都会在线下店进行销售。小米之家除了销售小米手机外,也会将其旗下的智能家电品牌米家的相关产品放在体验店一并展出与销售。

其三,适应新零售O2O模式浪潮。

电商品牌之所以线下争相"落地",就是想让线上线下形成合力。新零售状态下,实体零售与电子商务的商业形态不再对立,线上线下融合发展将成为中国电子商务和实体零售业发展的新常态。如极米就宣称其官方旗舰店的落地不仅标志着其O2O布局的进一步完善,更为其推进无屏电视的普及和颠覆传统电视谋求了更为坚实的用户基础。①

## 四、家电及消费电子品牌全渠道布局之解:
### 探索全渠道融合,打通产品服务一体仍是关键

在中国经济结构转型升级的背景下,中国家电及消费电子行业的渠道也面临着新一轮的升级调整,线上线下融合的多元化渠道正在形成,渠道下沉、渠道"触电"已然

---

① 曾响铃. 极米说要颠覆传统电视,它做得怎么样了?[EB/OL].(2016-06-22)[2017-10-04]. http://column.iresearch.cn/b/201606/771528.shtml.

成为家电及消费电子行业渠道变革的一种趋势。与此同时,渠道业态已不是单一的某一性质,而是你中有我、我中有你的融合状态,家电及消费电子行业也在积极进行渠道融合的尝试,家电及消费电子品牌商正和渠道商在碰撞与合作中探索全渠道融合的新模式和新路径。

(一) 品牌商和渠道商共同探索全渠道融合体系

目前来看,家电及消费电子行业已经在全渠道融合体系上做出了一些有益的尝试,但渠道商与品牌商在全渠道融合上的着力点不同,渠道商更注重供应链转型,变革重心在采购与物流上。例如国美布局自身"线下实体店+线上电商+移动终端"的O2M全渠道战略思想,意在打造开放式的供应链平台,从而实现线上线下采购、物流、IT系统的共享,由此降低内耗与运营成本,最终通过自身实体渠道的转型带动企业整个系统及供应链的转变升级。京东则作为新兴电商渠道的代表,试图创新经营模式,通过与便利店的战略合作,解决物流问题,布局三四级市场,打造本地化生活服务,从而展开线上线下供应链的整合,打造基于零售业供应链型的O2O模式。

与之相比,家电及消费电子品牌商更倾向于在产品及服务方面探索渠道融合。例如2014年年初,老牌电视机品牌TCL推出"智能+互联网"的转型战略,意图建立"产品+服务"的商业模式,从起初单纯跟随电商步伐的战略,转变为充分以用户为中心,发动一切可以利用的手段和平台推进营销的战略。[①] 老板电器未来在渠道融合上的切入点则着力于厨电售后保养与清洗,依托老板电器在全国市场的零售终端及专业人员刺激现有存量市场,从而创造与消费者交易的机会入口。

(二) 线上线下产品、服务、价格一体化仍是全渠道转型升级的关键课题

全渠道融合之后,商品及服务能否互通、价格能否统一、顾客体验能否一致等都是亟待解决的问题。对于家电及消费电子行业而言,全渠道的产品/服务一体化面临着诸多挑战,一方面是品牌商为协调各渠道之间的利益而在产品型号、价格上加以区分,另一方面则体现为品牌商对渠道的管控能力。就目前而言,手机品牌OPPO在全渠道的产品/服务一体化上做出了良好的示范,其背后既体现了其手机品类的标准化程度高,也体现了OPPO对渠道的较强管控能力。经销商在OPPO处交付押金,OPPO的一线厂方促销员会密切掌控经销商的定价,从而在全国主流渠道维持基本一致的价

---

[①] 从"双十一"看TCL的转型哲学:借势互联网,为实业代言[EB/OL]. (2015-11-17)[2017-09-26]. http://www.zorhand.com/v/24078.

格,即便在电商这类价格战易发地带也不例外。①

在"新零售"趋势下,家电及消费电子品牌积极探索全渠道融合,不仅要注意打通线上线下的产品与服务,增加与渠道商的合作,更要创新渠道变革的策略和方法,让多元化渠道成为消费者与品牌沟通的桥梁,让品牌进入消费者的心智,从而助力品牌的发展和成长。

---

① momobear. OPPO、VIVO 内忧不足为虑,外患才是最大问题[EB/OL]. (2016-03-02)[2017-10-12]. http://tech.sina.com.cn/zl/post/detail/t/2016-03-02/pid_8503750.htm.

# 报告十六　家电及消费电子品牌渠道的坚守与创新

渠道是企业向消费者输送产品的必经路径。中国家电及消费电子行业渠道的发展始于20世纪90年代，当时中国家电及消费电子业依靠传统的代理商渠道进行商品分销，"渠道为王"的商业理念深入人心。然而，随着互联网的广泛应用及消费行为的升级，线上渠道崛起、线下渠道下沉成为当下中国家电及消费电子渠道的显著特征之一。

无论是线上渠道的快捷与便利，还是线下渠道的直观体验，企业为了能够让消费者更快更好地接触到品牌尝试了多种渠道策略，以有效地激发消费者的关注与购买行为之间的即时转化。品牌基因工程研究课题组根据消费者对渠道接触的特性，将渠道划分为购买性渠道、体验性渠道以及文娱消费转化性渠道三种类型，在此基础上解读家电及消费电子品牌在渠道建设上的坚守与创新。

## 一、购买性渠道仍为中流砥柱

购买性渠道是家电及消费电子产品销售中最传统、最基础的渠道。其中，线上购买性渠道主要包括品牌官方商城和电商平台。在电商平台中，又分为进驻京东、天猫等平台的品牌官方旗舰店和分销商开设的淘宝店。线下购买性渠道主要包括家电及消费电子企业直营店和苏宁、国美等连锁卖场，以及一些进驻商超卖场的专区专柜。

中国家电及消费电子行业经过几十年的发展，线下渠道的销售模式已基本成熟，而近十年来才发展起来的线上销售渠道借助互联网的力量，也迅速实现了较大的利润增长。根据星图数据发布的《2016年线上家电消费大数据白皮书》显示，2016年中国电商市场发展迅速，1-11月全国实物商品网上零售额为37,470亿元，占社会消费品零售总额的比重为12.5%,比上年同期提高了1.9%,增速为25.7%。①

线上渠道的崛起以及消费者网购习惯的形成打破了苏宁、国美等家电连锁卖场已有的产业链格局。但是,一方面,线上线下交易量的你增我降并不会改变渠道作为实现买卖双方交易通路的基本作用;另一方面,线上购物尽管方便、快捷,但由于看不见、摸不着,依然难以解决消费者体验感较差的难题。

无论是线上渠道还是线下渠道,购买性渠道的主要任务依然是推动家电及消费电子产品的销售增长。如今,家电及消费电子行业掀起了O2O模式的转型浪潮,形成了线上线下协同合作的发展模式,这无疑为家电及消费电子产品的销售激发了更多的可能性与力量。

## 二、体验性渠道逐渐受到重视

随着"渠道为王"的格局被打破,家电及消费电子企业的议价能力提高,行业进入了"品牌为王"的时代。家电及消费电子品牌开始逐渐认识到,企业如果光卖产品是远远不够的,要想获得消费者的忠诚,还要加强品牌建设。消费升级的到来使得消费者的品牌意识逐渐增强,名牌产品越来越成为消费者购买家电及消费电子时考虑的重点对象。因此,为了吸引更多消费者的目光,为了赢得消费者的忠诚,也为了品牌的长远发展,体验性渠道开始受到越来越多家电及消费电子厂商的重视。

体验性渠道主要包括家电及消费电子品牌的线下或线上体验店。如海信集团的海信智能展馆、海尔的线上VR+AR"未来商城"、方太生活家的APP+线下体验店等。体验性渠道正在以多种形式接触消费者。

海信智能展馆作为海信集团智能化发展战略的形象载体,服务于海信多媒体、家电及消费电子、通信、医疗、智能商用、光通信等几大产业的产品开发和用户体验需求。展馆设有中央环幕区、历史区、新产品展示区、多屏互动体验区、3D环幕影院等区域,定位于"享你所想",诠释科技改变生活的理念,昭示未来智能化的美好生活,以激发参观者对未来美好生活的向往和追求科技进步的兴趣(图16-1)。②

---

① 2016家电线上销售增速放缓 消费持续升级[EB/OL].(2017-01-11)[2017-11-01]. http://info.homea.hc360.com/2017/01/1110041173731.shtml.
② 郭有智.未来生活展开想象 参观海信智能展览馆[EB/OL].(2014-11-22)[2017-11-05]. http://jd.zol.com.cn/491/4919519.html.

图 16-1　海信智能展馆①

除了线下体验店,为了能更好地提升消费者对家电及消费电子产品的实景感知和体验,线上终端卖场的场景化体验也在不断发展。针对电商平台缺少场景化体验的痛点,海尔用"未来商店"来应对消费者对网购家电及消费电子产品体验升级的需求。② 2017 年 4 月 11 日,海尔联合天猫平台打造了"海尔超级品牌日"(图 16-2),运用 VR+AR 技术革新了网购消费体验,为消费者构建了场景体验的"未来商店"(图 16-3)。③ 这种线上 VR+AR 的结合方式,实现了消费者网上购物如同逛街式的体验,同时也丰富了消费者网购家电及消费电子的乐趣。

---

① 郭有智. 未来生活展开想象 参观海信智能展览馆[EB/OL]. (2014-11-22)[2017-11-05]. http://jd.zol.com.cn/491/4919519.html.
② 海尔携手天猫打造"未来商店"引领网购家电体验升级[EB/OL]. (2017-04-07)[2017-11-08]. http://digi.163.com/17/0407/17/CHEF00JJ001680NS.html.
③ 同②.

图16-2 "海尔超级品牌日"天猫宣传海报①

图16-3 海尔"未来商店"的线上体验店②

厨卫电器品牌方太将线上APP(图16-4)与线下体验相结合,打造出方太生活家烹饪教室(图16-5),这被看作家电及消费电子业首个触碰移动互联网浪潮的现象级产品。借助方太生活家最主要的线上服务平台——方太烹饪教室APP,用户可以从线上到线下,一站式体验方太所提供的以美食烹饪为主的各种优质生活体验。③

---

① 海尔携手天猫打造"未来商店"引领网购家电体验升级[EB/OL].(2017-04-07)[2017-11-08]. http://digi.163.com/17/0407/17/CHEF00JJ001680NS.html.
② 逛"未来商店"享智慧生活[EB/OL].(2017-04-11)[2017-11-12]. http://www.techweb.com.cn/irouter/2017-04-11/2511249.shtml.
③ 方太三大功能打造最强互联网+生活体验[EB/OL].(2015-05-21)[2017-11-11]. http://kitchen.cheaa.com/2015/0521/445380.shtml.

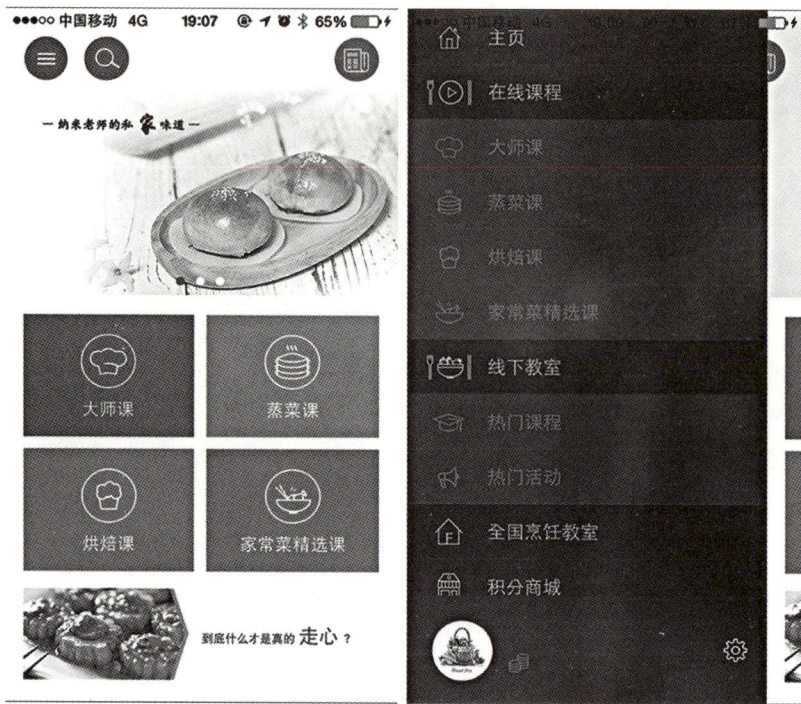

图 16-4　方太生活家线上 APP①

图 16-5　方太生活家线下体验店②

---

① Kid. 从线上到线下的完整 告诉你"方太生活家"怎么玩[EB/OL]. (2015-05-30)[2017-11-11]. http://www.toodaylab.com/70551.

② 同①.

## 三、文娱消费转化性渠道兴起

全民娱乐时代的到来以及 80 后、90 后消费者的崛起使娱乐文化消费呈现出迅猛增加之势。伴随着这一现象的出现,一种新的渠道模式——文娱消费转化性渠道应运而生。

文娱消费转化性渠道指将消费者对文化娱乐等内容的消费转化到对产品消费的渠道模式。如"T2O"模式,其作为一种崭新的商业模式受到传统电视和新兴电商的高度关注。"T2O"指"TV to Online",即产品从电视端营销到线上销售。这个过程涉及的关键问题是如何促进产品从电视端转化到网上消费,电视传媒显然在"TV"端具有传统优势,而电商更熟悉网上销售渠道,两者创新合作将产生更大的合力,有利于商品的跨界营销,促进销量的上升。①

在文娱消费转化性渠道上,视频平台所开发的"边看边买"就是典型的例子。在文化类视频脱口秀节目《罗辑思维》中,每当主持人罗振宇介绍一本书,优酷视频右下角就会跳出这本书的购买链接,当观众点击链接后,页面就会跳转到天猫商城,完成将"观众"向"消费者"的转化,将"内容消费"向"商品消费"转化。借助这种文娱消费转化性渠道,《罗辑思维》在进驻天猫 10 天后,销售额就突破了 100 万元(图 16-6)。

图 16-6 《罗辑思维》节目实现了"边看边买"

---

① 程蕾."电视+电商"的"T2O"商业模式分析[J].中国商贸,2014(28).

无独有偶,芒果 TV 的综艺节目《花儿与少年》也使用了类似的策略。如果观众在观看节目时心仪真人秀视频中明星使用的拉杆箱,只要将鼠标轻轻移动到视频中的这个拉杆箱上,屏幕上就会浮现出"花儿与少年同款拉杆箱"的提示框;消费者点击进去,屏幕上就会出现这款拉杆箱的购买页面(图 16-7)。

图 16-7 《花儿与少年》节目中购买明星同款拉杆箱的提示

与传统的广告相比,这种"边看边买"的形式转化率更高。首先,传统的文字图片是平面媒体,顾客只能单向接收,不会有太多的情感渲染。而"边看边买"则通过视频的方式,利用声音和画面所具有的更强的感染力,更轻松地引起观众产生共鸣。① 更重要的是,当观众收看的电视剧中突然弹出剧中角色使用的同款商品时,很容易激发消费者跟风进行冲动消费。"边看边买"的文娱消费转化渠道不仅促进了引流和消费,更以另一种方式创造了更多的消费需求。

## 四、家电及消费电子品牌渠道趋势展望

### (一)家电及消费电子渠道进一步呈现多元化趋势,购买+体验+文娱转化并行发展

一种新渠道的诞生并不代表原有渠道的消亡,虽然传统线下渠道会受到新兴线上渠道的冲击,流量与份额被大幅抢夺和挤压,但传统渠道并不会被完全替代,而是逐渐形成一种"新渠道不断兴起,传统渠道与新渠道并存"的状态,也就是呈现出一种渠道多元化的发展趋势。

如今,大部分家电及消费电子品牌都同时运营着多种类型的销售渠道。在线下渠道方面,家电及消费电子企业不仅保持着大型家电连锁卖场的产品销售,还深入三四级市场拓展渠道,开拓低线市场份额。在线上渠道方面,除了企业官方商城外,家电及消费电子品牌还积极与电子商务平台展开合作,开设天猫、京东官方旗舰店等,以触达更多的网购消费者。从另一个角度来看,家电及消费电子品牌多渠道运营的目的也不再单一,除了激发潜在消费者购买产品之外,让他们参与品牌活动和体验品牌内涵也变成了渠道要承担的任务。因此,随着渠道形态越来越丰富多彩,购买性渠道、体验性渠道以及文娱消费转化性渠道将并行发展。

### (二)渠道建设愈发影响品牌形象建设,渠道之间有竞争也有合作

渠道不仅是企业销售产品的场所,也是消费者与企业、与品牌接触的关键点。渠道的表现不仅影响着产品销量的变化,也影响着品牌资产的增减。作为品牌建设的重要一环,渠道建设变得愈发重要。在未来几年,一直承担着建设品牌形象、传达品牌信息任务的体验性渠道将仍然是家电及消费电子品牌着力发展的对象。与此同时,在品牌力稍低的购买性渠道方面,线上电子商务平台中的消费者点评、讨论以及在线咨询和服务将日益成为家电及消费电子品牌为塑造品牌形象所关注的重点;线下实体店的店面装潢、货品陈列、展板海报也将成为家电及消费电子企业传递品牌信息、展示品牌

---

① 优酷土豆加入阿里 推出"边看边买"新玩法[EB/OL].(2016-04-07)[2017-09-27].http://www.qqtn.com/article/article_131870_1.html.

形象的发力点。

此外,渠道竞争也将由价格竞争转向价格、服务等综合实力的竞争。随着生产厂商与渠道新型合作关系的建立和发展,渠道将逐渐由价格差异化竞争向价值差异化竞争转变,而品牌、服务和诚信将成为未来各个渠道差异化竞争的焦点。为了品牌更好地发展,不同渠道在激烈竞争中也将会展开更多的互利合作。为了保持品牌形象的统一,一些家电及消费电子品牌已经率先开始尝试各渠道统一定价、线上下单线下取货的全渠道管理方案,让渠道建设助力品牌的长远发展。

(三)家电及消费电子品牌渠道创新的核心在消费者

渠道最本质的目的是让消费者更加方便快捷地获取产品和服务。因此渠道的核心是消费者,所谓的购买性渠道、体验性渠道以及文娱转化型渠道,都是为了让品牌更加接近消费者需求而做的尝试。不论是在消费者购买产品前先做一个小游戏来缓解花钱的痛感,还是借助文娱内容吸引消费者从而增加流量实现变现转化,家电及消费电子渠道建设与发展的方向都是为了触及、卷入更多的消费者。因此,家电及消费电子渠道创新的方向势必还是要以消费者为中心,如何满足消费者的需求是渠道建设的关键所在。从这个角度看,无论是向哪一种渠道模式转变,都是与市场实际相符的有益尝试。

家电及消费电子销售渠道的变革激烈而迅猛,家电及消费电子品牌在夯实、坚守购买性渠道的同时,也在不断加深对体验性渠道的探索;在尝试将购买性渠道和体验性渠道优化融合的同时,也在不断突破、创新出更多形态的渠道来拥抱消费者。在渠道变革的过程中,难免会出现各种渠道模式之间相互碰撞的现象,但碰撞往往就是融合的过程,相容互生才能促进行业健康、有序地发展。

基因表达编

# 家电及消费电子品牌基因表达之"乱"与"律"

# 报告十七　家电及消费电子品牌借力文化营销占领消费者心智

## 一、文化营销：在消费者心智中植入品牌基因

### (一) 文化营销与品牌基因的关系

从概念上来看，文化营销指企业在市场营销中有意识地通过发现、甄别、培养和运用某种独特的核心价值观念来达成企业经营目标的一种战略性营销活动；[1]品牌文化则指文化特质在品牌中的沉淀和品牌经营活动中的一切文化现象以及品牌所代表的利益认知、情感归宿、个性形象等价值观念的总和。[2]

根据相关概念，文化营销包括品牌文化营销，品牌文化营销可被视作文化营销的一种。与此同时，品牌文化营销活动也可被视作品牌文化现象。品牌基因是品牌文化的精髓，也是品牌文化营销的核心内容。

本文所指的文化营销，包括品牌利用相关文化进行的营销活动，它有助于品牌在消费者心智中植入品牌基因。

### (二) 消费升级趋势下，文化营销成为品牌传播的重要手段

消费升级的一个趋势是消费者从注重实用价值转向追求精神价值。"在今天，我们每天使用的产品，消费的品牌，组成了我们每天的生活，这些消费，让我们'成为理想的自我'(图17-1)。"[3]

---

[1] 钟诚.文化营销研究[D].武汉理工大学,2007.
[2] 李彦亮.品牌文化营销探析[J].金融与经济,2006(4).
[3] 刘厂长.这一次消费升级,升级的到底是什么？[EB/OL].(2017-07-05).[2017-11-13]. http://qingmang.me/articles/-2126534780404820076/? utm_campaign=social&utm_source=ripple&utm_medium=others&utm_term=274972507.

| 旧消费价值观 拥有更多 | 新消费价值观 成为理想自我 |
|---|---|
| 价格敏感 | 品质敏感 |
| 追求稀缺 | 追求体验 |
| 财富区隔 | 能力区隔 |
| 注重实用 | 追求精神 |

**图 17-1 消费升级下的新旧消费价值观变化**①

文化营销的出发点在于分析消费者心目中对文化的更高层次的需求,这种对文化的更高层次的需求会对消费者的购买行为产生深刻和关键的作用。② 在消费升级的大背景下,通过文化营销,企业可以与消费者建立起共同的认知与沟通,让品牌的产品和服务成为消费者构建"理想自我生活"的一部分。天猫 2017 年将自己的品牌定位由"上天猫,就够了"改成"理想生活上天猫",此举正是在消费升级趋势下对天猫这一零售平台进行的同步转型,而"天猫理想生活 2017 趋势盛典"发布的五个趋势短语——"乐活绿动""独乐自在""人设自由""无微不智""玩物立志"均与现代生活方式和文化现象有关。

## 二、家电及消费电子品牌文化营销策略与路径

### (一)塑造特定文化氛围,先卖理念后卖产品

#### 1.对潜力市场进行消费者教育

对消费需求尚在成长中的新兴市场而言,为了顺利地推进产品的销售,它们往往需要对消费者进行"消费者教育",推行相关理念,塑造特定的社会文化氛围,以便让该潜在市场的消费者形成有利于市场成长的认知。

---

① 刘厂长.这一次消费升级,升级的到底是什么?[EB/OL].(2017-07-05).[2017-11-13]. http://qingmang.me/articles/-2126534780404820076/? utm_campaign=social&utm_source=ripple&utm_medium=others&utm_term=274972507.
② 钟诚.文化营销研究[D].武汉理工大学,2007.

譬如推动消费者形成阅读文化的代表品牌 Kindle，Kindle 在西方国家销售的火爆在一定程度上得益于美、英等国浓厚的阅读文化。进入中国之后，Kindle 的推广面临着一定困难。《全球数字阅读报告》显示，2014 年我国成年国民人均纸质书的阅读量为 4.56 本，美国是 7 本左右，日本是 8 本左右。② 这说明中国的人均阅读水平和发达国家相比还有很大的提升空间。为了培养中国消费者的阅读习惯，Kindle 降低了在中国市场的硬件销售价格，力图通过较为低廉的硬件准入门槛刺激消费者对内容的需求，并通过冠名文化类名人读书节目《读书人》（图 17-2）、实施"我们正在读 Kindle 中国城市阅读计划"等举措，在营销活动中不遗余力地推广阅读。目前，中国已经成为除美国外 Kindle 的全球第二大市场。根据亚马逊发布的 2016 年度

图 17-2　《读书人海报》①

Kindle 用户阅读行为报告，中国 Kindle 使用者的阅读量是其拥有 Kindle 之前的 4 倍，可以说 Kindle 在一定程度上激发了中国大众的阅读热情。

小家电品牌九阳则一直坚持"卖产品，先卖理念"的营销观念，将三分之二的营销费用用于普及豆浆养生知识。九阳联合了 500 多家媒体宣传大豆及豆浆营养知识，积极推广"国家大豆行动计划"，同时在豆浆机广告中引入豆浆食谱，将"健康"理念通过食物内容灌输给消费者，对消费者进行相关教育。借助豆浆文化的推广，豆浆机成功地成为国民级食品调理机，九阳也凭借其强大的技术优势和营销能力稳坐了豆浆机品牌销量全国第一名的交椅。③

---

① 亚马逊 kindle 携手优酷读书人，深挖年轻高知人群营销[EB/OL].（2017-05-14）[2017-11-13]. http://en.mail.qq.com/cgi-bin/readmail? sid = cSEgv_ZMoXCsaHoj,2,en_US&mailid = ZL0727-uOh5_qfgkkNqRVcOUD_wT75&nocheckframe = true&t = attachpreviewer&select = 2&selectfile = &seq =.
② 徐娉婷.为什么欧美地铁上看书的人那么多[EB/OL].（2016-01-22）[2017-10-30]. http://cul.qq.com/a/20160122/047428.htm.
③ 郑为.王旭宁与他的"九阳真经"[EB/OL].（2002-03-14）[2017-10-08]. http://business.sohu.com/08/00/article200350008.shtml.

2. 针对竞争对手打造品牌文化标签

对于初入市场的新手来说,文化营销是一个实现品牌弯道超车的绝好工具。新手在进入市场之时,市场中往往已存在一个龙头老大,这个龙头老大通过多年的奋斗,已经成功地在市场上站稳脚跟。但在站稳脚跟的同时,这个老大也给自己打上了不可磨灭的标签,例如个人电脑的"王者"IBM 就曾经以专业、专注自居。

面对这种情况,新进入的品牌可以针对竞争对手给自己贴上特定的文化标签,从而在短时间内占领消费者的心智。例如 20 世纪 80 年代苹果在新进入市场对自己的麦金塔电脑进行营销时,其着重点不在产品的功能上,而在苹果的代表概念上。苹果的《1984》广告片宣扬叛逆者,将最大的竞争对手 IBM 讽刺为"老大哥",为自己塑造了叛逆与创新者的形象,从而打破了被 IBM 统治多年的个人电脑市场局面(图 17-3)。

图 17-3 苹果《1984》广告片截图①

同样的情况也发生在中国本土的家电及消费电子品牌身上。九阳在进入榨汁机行业时,面临着像飞利浦这样的全球小家电领导品牌强有力的竞争。但通过针对中国消费者推出适合"中国厨房"的榨汁机产品后,九阳成功地超越了飞利浦,成为榨汁机第一品牌。对此,九阳创始人王旭宁曾提到:"在 21 世纪初,飞利浦是领导品牌,但是这几年下来就被九阳超越了,到现在为止,飞利浦在榨汁机和料理机领域,市占率大概是九阳的一半。飞利浦基本上没有为中国市场开发专门的产品,中国只是飞利浦其中

---

① 乔布斯最勇敢的十大决定:对多错少[EB/OL].(2015-03-27)[2017-10-27].http://www.feng.com/Story/The-bravest-ten-big-decision-jobs-for-much-less-wrong_610864.shtml.

的一个市场。九阳的产品是针对于中国市场开发的,中国市场几乎是全部。在榨汁机方面,九阳从 2009 年开发了倍多汁一个系列慢速榨汁机,做出的果汁不易氧化,上市第二年就成为行业的 TOP1。"①

(二)用品牌文化讲好营销故事

品牌文化作为品牌与消费者之间沟通的一个桥梁,运用在品牌的营销活动中往往会产生意想不到的效果。有些品牌自诞生之日起就自带其独特的"文化属性"。对于互联网创业浪潮中所出现的部分品牌来讲,品牌文化就是营销的一切。

譬如锤子将坚果手机定位于给文艺青年用的手机,将"情怀手机壳"与手机同步发售。值得注意的是,无论是手机产品还是其他相关周边产品,锤子的设计概念均来源于文艺书籍,在营销传播上共同强化情怀的概念(图 17-4)。锤子科技 CEO 罗永浩在锤子手机发布会上表示:"尝试努力去把这个世界变得更好,是我们启动这个公司的初衷。通过处心积虑地改善人类的生活品质来获取利润,而不是通过处心积虑地获取利润来获取利润。"②锤子科技的很多粉丝表示自己之所以"不够理性"地去购买锤子手机,正是因为认同锤子科技 CEO 罗永浩所推崇的情怀。

图 17-4　锤子情怀手机壳③

---

① 对话九阳王旭宁:创新引领豆浆机行[J/OL].(2013-11-22)[2017-11-03].http://www.ebrun.com/20131122/86256_3.shtml.
② 未来营销实验室.锤子手机 5 年最全文案大满足[EB/OL].(2017-07-26)[2017-11-04].http://www.jiemian.com/article/1501037.html.
③ 锤子手机从情怀到性价比的坎坷之路[EB/OL].(2017-04-05)[2017-11-05].http://mi.techweb.com.cn/tmt/2017-04-05/2508851.shtml.

小米在刚刚进入市场时,也通过主打"为科技发烧"(图 17-5)的品牌文化创造了较高的传播热度。"为科技发烧"指追求极致、痴迷科技的状态。小米在 2014 年央视春晚上投放的广告片《我们的时代》中,以第一人称的视角讲述了年轻人的世界,通过渲染这一代年轻人的拼搏和奋斗精神,再加上"小米 为发烧而生"的品牌口号,小米在自己与"励志""年轻人"等关键词之间建立起了较强的情感联系。

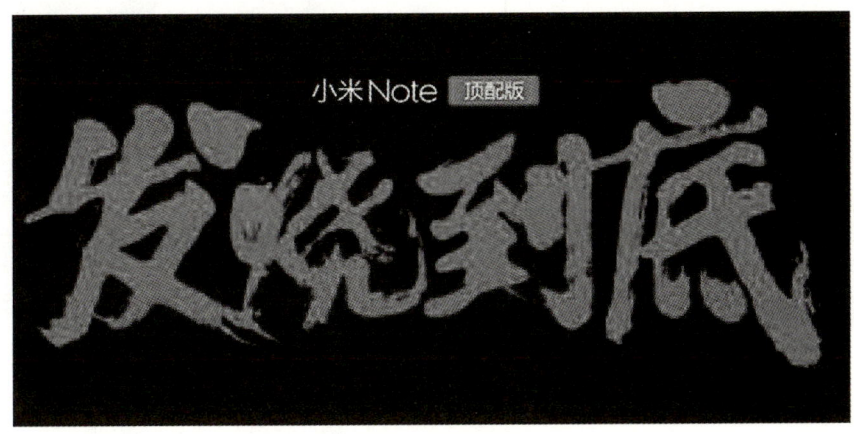

图 17-5　小米手机发布会广告语①

(三)以品牌文化为基点进行跨界营销

跨界营销是品牌近几年开展营销活动时常用的做法之一。跨界合作对于品牌的最大益处,是让原本毫不相干的元素相互渗透、相互融合,通过在跨界营销中植入品牌独有的"基因",给品牌带来一种立体感和纵深感。

作为主打商务电脑的高端品牌,ThinkPad 本身就带有其特有的商务气息,这种特有的品牌基因给 ThinkPad 的营销活动带来了诸多便利。譬如 ThinkPad 抓住"思考精神"这一品牌基因,2014 年和 DISCOVERY 探索频道共同拍摄了纪录片《少数派》,并通过该片成功地传递了自己思考、坚持、传承的品牌文化内涵(图 17-6)。②

---

① 突破 1999 元后,小米的高端梦将何去何从?[EB/OL].(2015-01-16)[2017-10-29].http://tech.huanqiu.com/news/2015-01/5423482.html.
② ThinkPad 携手 Discovery 打造纪录片[少数派]:初心纯粹[EB/OL].(2014-12-29)[2017-11-01].http://www.vccoo.com/v/1ced72.

图 17-6　纪录片《少数派》海报①

(四)品牌文化衍生品助力品牌传播

品牌文化衍生品主要指以品牌文化为核心而打造的衍生知识产权及周边产品等,海尔作为家电行业最早使用 IP 这一概念的企业可谓占尽了先机。上世纪 90 年代,动画片《海尔兄弟》在电视上播出(图 17-7)。随着动画片的热播,海尔兄弟成为家喻户晓的银幕形象,帮助海尔品牌进入了消费者的心智。而根据品牌主题专门设计的吉祥物也可以凝聚品牌文化,成为品牌的一种表达方式。如小米设计吉祥物米兔,售卖米兔玩偶,也在一定程度上增强了品牌亲和力。

值得注意的是,在打造品牌文化衍生品时,应为其配套相应的专业资源。例如格兰仕设立西红柿粉丝社群,创造以西红柿为原型的吉祥物。虽然格兰仕一直在通过各类营销活动推进吉祥物,但由于吉祥物形象本身不够新颖、时尚,最后反而成了企业品牌形象的"鸡肋",为企业营销活动平添了负面评价。

---

① 少数派,自我坚持与寻找的碰撞——ThinkPad 携手 Discovery 打造 2014 年度巨作[EB/OL].(2014-12-30)[2017-10-10].https://www.baidu.com/link?url=EBzHd-kCSsASK0O1tbgdjOw32jDrjsmV6vEIfJQgFlKiLoo5MLKt4MLQGc55yn_Fw0GPVC1Uv5z1KoMySKgRma&wd=&eqid=a83caa7000004671000000035966d811.

图 17-7 动画片《海尔兄弟》①

## 三、结语

文化营销作为企业开展营销活动的重要手段,对于提升品牌的文化内涵和价值感有较高的推动作用。文化营销的繁荣也为企业带来了一种新的品牌建设思路。但与此同时,当今中国品牌的文化营销才只是刚刚开始,未来还需要在传播中持续发力,以解决更多的深层次问题。

---

① 我有话说.忆童年! 海尔兄弟重登央视[EB/OL].(2016-02-28)[2017-09-30].http://cartoon.southcn.com/c/2016-02/28/content_143136903.htm.

# 报告十八　技术与工艺美学相结合的工业设计助力品牌基因的有效表达

## 一、工业设计美学在世界与中国的发展及其对家电及消费电子品牌建设的贡献

从19世纪末到20世纪初，伴随着欧洲社会经济的复苏与文化自信的复兴，形式各异的复古风潮、华而不实的矫饰作风在工业设计领域越刮越烈，德意志制造联盟开始探求具有本民族特色的设计之路，他们提出设计师要按照求实的目的去完成设计，把对表面装饰图案式样设计的过度追求转变到对产品结构、材料、生产与功能各个环节的全面把握上。在这之后，德国工业设计思想深深地影响了全世界。它提倡通过设计，为普通社会大众的存在、尊严和福利服务，创造适合大众使用的物品，使产品真正体现出对人的尊重与关怀。① 凭借着优秀的工业设计，德国品牌声名鹊起，逐步在全球享有盛誉。

中国的工业设计实践在新中国成立后并没有与国际同步，但也没有完全与国际工业设计实践相隔绝。从1949年学习苏联的设计模式开始至20世纪60年代倡导以"自力更生"的方式建设工业体系；从20世纪70年代后期有选择地引进国际先进生产设备和技术到国家改革开放，实行社会主义市场经济，倡导以工业设计提升企业核心竞争力，实现创新驱动转型发展，中国工业设计的思想和实践一直与时代的需求相呼应，只是以不同的形式呈现着，并发挥了巨大的作用。②

---

① 宗明明,王柔懿.历史的片段——德国工业设计思想形成轨迹一瞥[J].设计,2015(1).
② 同①.

(一)20世纪五六十年代:注重民族传统造型要素在现代批量化生产的工业产品中的应用

20世纪五六十年代,一大批决定国家命运的工业产品相继诞生。重工业方面完成了汽车研制的重要任务,也在工业设计上展现了我国的工业实力。在日用工业设计制造方面,以"上海58-Ⅰ"型相机设计制造成功为标志,中国的照相机生产开始朝着高质量、批量化的目标迈进(图18-1)①。当时,中国的工业设计注重民族传统造型要素在批量化生产的工业产品中的应用。

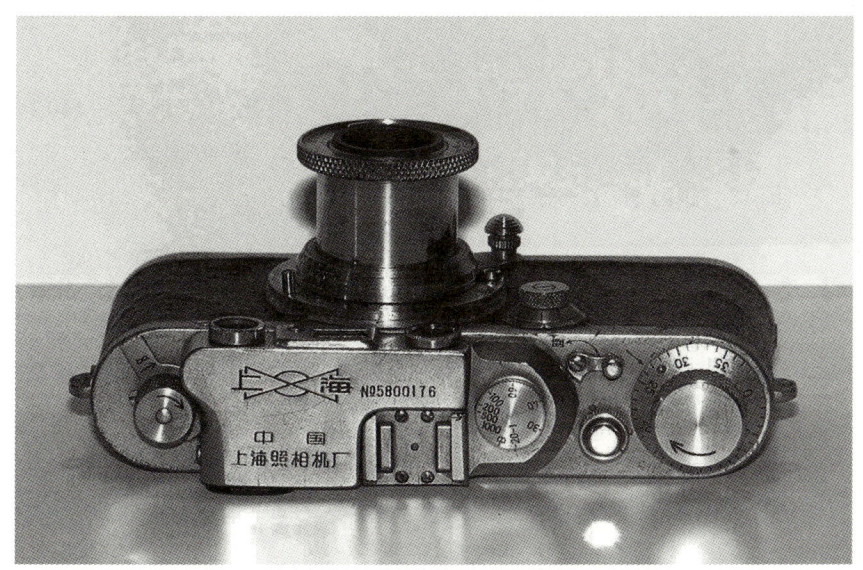

图18-1 上海牌58-Ⅰ型相机

(二)20世纪七八十年代: 美化与理性并重,提升生活质量

20世纪七八十年代,工业设计的风格是美化与理性并重,着重提升生活质量。十年动乱时期,我国的工业产品基本没有设计可言。随着"文革"后工农业生产的恢复,对设计的需求迅速发展起来。这一时期的前期设计具有浪漫的、充满理想主义色彩的装饰、美化风格。以上海华生电扇厂为代表的老品牌产品率先进行了设计,它们以企业或行业技术骨干为主,结合学院的力量进行新产品的设计、开发工作。上世纪70年代末,中国的工业设计更趋理性化,海鸥系列照相机(图18-2)产品经过多轮设计已趋成熟。②

---

① 柳冠中.从中国工业设计的百年发展谈传统的继承与创新[J].设计艺术研究,2015.
② 同①.

20世纪80年代是中国自主品牌产销的黄金期,由于扩大了产能,赚取了利润,扩大再生产有了保障,企业逐步感受到了工业设计的重要性,也越来越需要具备专业工业设计知识的人才,希望改变以工程师、工艺师"客串"工业设计师的局面,从而加大了在工业设计方面的投入。这个时期还是以家用洗衣机、电冰箱、空调为代表的新家电产品来临的时代,这些产品虽然还是在消化、吸收国外同类产品基础上开发设计的,但它们的确使人们从传统的生活形态中解放了出来,有力地提高了人们的生活品质。②

图 18-2　海鸥 DF-1 相机①

(三)20世纪90年代:升级换代,打造品牌

20世纪90年代之后的工业设计开始注重升级换代、打造品牌。90年代,中国工业设计迅速发展,国内著名企业纷纷聘请设计师为自己的产品进行升级换代设计,并对自己的品牌进行梳理,在工业设计上强调学习西方,凸显产品技术特性的"高技派"风格,并以"人体工程学"作为设计思考的重点,③以洗衣机、电冰箱、空调为代表的新潮流家电为这种设计思想提供了很好的载体。1994年,青岛海尔集团与日本GK设计集团共同成立了青岛海高设计制造有限公司,主要针对海尔自身的产品和品牌制定设计策略并直接开发各种新产品,从而使海尔的产品迅速提升了品质,并扩大了在国内、国际市场的占有率。④

(四)21世纪:互动设计,中西结合

进入21世纪以来,工业设计已成为中国经济腾飞的引擎。良好的工业设计与市

---

① 柳冠中.从中国工业设计的百年发展谈传统的继承与创新[J].设计艺术研究,2015.
② 同①.
③ 同①.
④ doreen.溯源中国工业设计,不仅仅是怀旧[EB/OL].(2012-09)[2017-10-30].http://arting365.com/article/257592.

场需求之间形成了良好的互动关系,互相促进。上海新博路工业设计有限公司的张展先生为浙江得力公司设计的卷笔刀创造了单品销售46万件的纪录,成为全球之冠(图18-3);而由丁伟先生领衔的木马工业设计有限公司为企业设计的眼镜盒由于个性鲜明,单品销售逾70万件,实现了工业设计与市场的有效互动。②

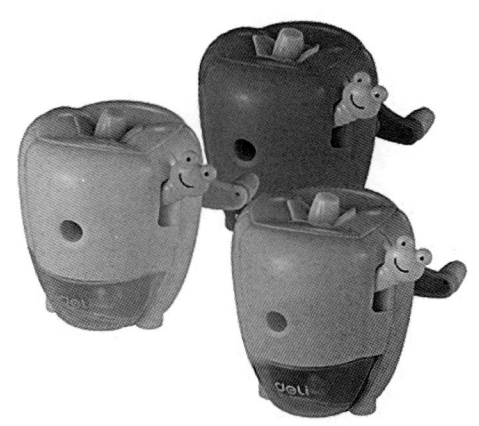

图 18-3　得力卷笔刀①

近几年,从海外归来的年轻设计师们的作用日益突出起来,他们是改变上世纪 90 年代设计"全盘西化"的主力军,实现了"东方"与"西方"的互动。留德归来的设计师中,杨明洁为绝对伏特加设计的双瓶包装获得了全球最著名的工业设计大奖"iF"奖,他同时又不间断地推出"环保工业设计计划",重新设计废弃物,重新发现其价值,重新阐释东方人"天人合一"的理念;设计师王杨为施华洛世奇所作的"水晶魔方"设计大获成功,同时由她设计的一系列"新中国元素"风格的产品也风靡市场。③

## 二、工业设计能力是家电及消费电子品牌向品牌价值链高端攀升的重要阶梯

工业设计能力是家电及消费电子企业的核心竞争力之一。优秀的工业设计能够帮助家电及消费电子企业在行业竞争中占得先机,取得竞争优势,提高品牌溢价。好的工业设计更是家电及消费电子品牌升级的重要抓手,可以助力家电及消费电子品牌成功转型升级,一些突破性工业设计甚至可以颠覆整个行业,延续品牌的生命力。

(一)重新定义产品

产品是品牌与消费者沟通的桥梁,是消费者感受品牌的重要媒介,产品所展现的状态反映了品牌的形象。优秀的工业设计不仅可以使消费者产生良好而积极的情感

---

① doreen.溯源中国工业设计,不仅仅是怀旧[EB/OL].(2012-09)[2017-10-30].http://arting365.com/article/257592.
② 同①.
③ 同①.

体验和心理感受,还能传达品牌的用心与温度。更重要的是,优秀的工业设计甚至能让产品变成划时代的艺术之作,远远地甩开竞争者而成为这个行业的标杆和力求超越的目标。苹果公司2007年推出的iPhone手机以其独具特色的圆角矩形外观成为彼时死板厚重的智能手机中一道亮丽的风景线。这个外观的巨大商业价值可以从苹果和三星长达五年的专利纠纷中窥见一二(图18-4)。② 不仅如此,在随后诞生的其他品牌的智能手机上,多多少少都有苹果iPhone的影子。

图18-4　iPhone 4s①

而戴森用自己独一无二的工业设计打造出了"无扇叶风扇"(图18-5),颠覆了人们对"风扇必须有扇叶"的刻板印象,并通过工业设计"重新定义了吹风机",令其他品牌望尘莫及。戴森的无扇叶风扇价格在3,000元左右,比普通风扇价格高出很多。然而,即使高价格也阻挡不了消费者对这款产品的喜爱。可见,卓越的工业设计能够助推产品升级,提高产品的生命力,提高品牌的竞争力。

图18-5　戴森无扇叶风扇③

(二) 更好的用户体验

好的工业设计一定是更符合人体工程学的设计,能够给用户带来使用上和视觉上的双重享受,能够给予消费者更好的产品体验。当这种"更好的产品体验"与品牌印象牢固地联结起来时,便往往能给品牌带来更高的忠诚度,提升品牌的附加值。比如日本索尼品牌在产品的设计上别具一格,

---

① 苹果官方网站[OL]. https://support.apple.com/kb/sp643? locale=zh_CN
② 戴森官方网站[OL]https://www.dyson.cn/fans-and-heaters/new-fans.aspx
③ 孙迪.苹果VS三星:重新定义外观设计专利[EB/OL].(2016-10-17)[2017-10-24].http://ip.people.com.cn/n1/2016/1017/c136655-28784351.html.

吸引了一大批忠实粉丝。"索尼大法好"成了索尼消费者对索尼产品设计的通用赞美之词。此外,索尼的设计也吸引了苹果前CEO乔布斯的目光,他曾多次称赞索尼的产品,并将其设定为苹果超越的目标。① 苹果公司的产品在工业设计上也非常注重人体工程学,如最先在iTouch上使用多点触控技术,将Siri应用到iPhone手机上进一步解放双手等。这些人性化的设计使得苹果产品拥有了超高的溢价能力,为苹果品牌带来了更多的价值。

(三)进阶高端的必备要素

工业设计是品牌高端化必不可少的要素,是体现产品附加值、彰显品牌影响力的重要标志。随着国内高端厨卫家电产品销量的增长,帅康等企业接连布局高端产品线,并认为:"工业设计是企业的第二核心技术,也是摆脱同行同质化竞争、实施差异化战略的关键性因素之一。"②定位为国际高端家电品牌的卡萨帝也强调自己是"在引领家电及消费电子功能性趋势的基础上,突出产品工业设计的一种创意性家电及消费电子"(图18-6)③。

华为在削减低端机比重、将资源向中高端市场倾斜的过程中,为了提升自己的品牌形象,在巴黎成立了全球美学研究中心。2015年,时任华为轮值首席执行官的胡厚崑解释此举说:"技术不再是我们最为需要的,现在挑战华为的是,这些技术将以何种形状表现出来。"④由此可见工业设计对品牌高端化形象塑造的重要性。

图18-6 卡萨帝幂级云裳洗衣机斩获素有"工业设计界的奥斯卡"之称的iF设计大奖

---

① 黄思俊.这名索尼粉,叫乔布斯[EB/OL].(2014-02-06)[2017-09-13].http://www.ifanr.com/399548.
② 王小硫.加码创新工业设计 帅康持续升级厨卫家电及消费电子制造业[EB/OL].(2017-05-24)[2017-10-01].http://news.chinabyte.com/180/14173180.shtml.
③ 卡萨帝官方网站[OL]. http://www.haier.net/cn/about_haier/brands/casarte/
④ 林腾.产品外观越来越重要 华为在巴黎开了个美学研究中心[EB/OL](2015-03-13)[2017-10-05].http://www.jiemian.com/article/245879.html.

## 三、中国家电及消费电子品牌的工业设计意识正在觉醒

正是由于工业设计在现代商业社会市场竞争中有诸多作用,工业设计之美才被越来越多的家电及消费电子品牌写入品牌基因之中。譬如华硕就将"创新唯美"视为自己的设计哲学,中国家电及消费电子品牌的工业设计意识纷纷觉醒。

(一)设计美学成为研发投入的重点

研发对企业创新的作用不言而喻,从一个企业的研发投入方向,我们可以读出企业未来企图打造的核心竞争力,而设计和美学正成为中国家电及消费电子企业在全球化战略步伐中研发投入的最新重点方向。2015年,华硕上海设计中心揭幕,其与华硕台北和新加坡设计中心互动联合,聚合了全球200位顶尖设计师的专业能力。华硕集团总裁曾锵声强调:"在汹涌的IT变革大潮中从容地应对,必须先于他人迈出改变的步伐;华硕的解法是设计思维——在传统的工程师文化中融入设计师文化。"[1]同年,华为聘请被美国、英国多家权威媒体评为全球最具影响力TOP10设计师之一的Mathieu Lehanneur担任首席设计师,并计划投资6亿美元钻研设计。除了在巴黎成立全球美学研究中心,华为还与法国国立高等工业设计学院签约合作,以期获得新鲜的设计力量。而卡萨帝则在全球拥有14个设计中心和遍及12个国家的300多位设计师团队,利用不同文化背景的碰撞和交融激发创意。[2]

(二)工业设计成为品牌表达的焦点

"工业设计""工艺美学"等名词近年来渐渐被大众所知晓,产品的工业设计之美成为品牌表达的一个重要焦点。譬如以对工业设计的偏执而出名的锤子科技,在其2014年产品发布会倒计时悬念的海报中,其中一张海报的文案便是:"在一个工业设计还在学步阶段的国家,如何做出一部令人惊艳的手机?"[3]2015年锤子T2手机发布,没有断点的全金属中框设计更是被拿来作为比对苹果工业设计的营销宣传点:"乔布

---

[1] 朱海龙.全球化战略步伐 华硕上海设计中心揭幕[EB/OL].(2015-06-26)[2017-10-04].http://www.cnmo.com/news/500336.html.

[2] 卡萨帝官网[OL].http://www.haier.net/cn/about_haier/brands/casarte/.

[3] 大飞哥.还剩不到六个小时,我们能从锤子那七张统一风格的宣传海报中发现些什么[EB/OL].(2014-05-20)[2017-10-05].http://36kr.com/p/212132.html.

斯和他的接班人都没有为你做到的,我们为你做到了。"①华硕则将2016年智能手机新品发布会的主题定为"美学·绝学",强调用工业设计和科学技术创造智能手机之美。

(三)国际设计大奖成为品牌参评热点

工业设计意识觉醒的又一个突出表现是越来越多的中国家电及消费电子品牌参与到国际设计大奖的评选中,并屡获佳绩。2008年,卡萨帝意式三门冰箱获得了红点至尊奖,这是中国冰箱业首次夺得该项大奖。至2013年3月,海尔集团获得了17项红点国际设计奖。到2015年6月,华硕获得了国际工业设计大赛的343个奖项,包括5个iF金奖。小米生态链产品至2017年则获得了116项工业设计大奖,其中米家LED智能台灯荣获2017iF设计大奖。工业设计已经成为中国家电及消费电子品牌的必争之地。

中国工业设计协会会长刘宁认为设计是创新增长力,真正的工匠精神需要高认知的企业家、高水平的设计和高价值的企业去共同推动。注重工业设计、内化设计思维将帮助品牌铸就真正的匠心精神,并使之屹立于世界品牌之林。

① 梅子.设计癖专访锤子设计副总李剑叶:极简更像一种思维方式[EB/OL].(2015-12-31)[2017-09-28].http://www.shejipi.com/87161.html.

# 报告十九　通往消费者心灵的地图:中国家电及消费电子企业的品牌接触路径规划

品牌接触点(brand touch point),指顾客有机会面对一个品牌讯息的情境。唐·E.舒尔茨在《整合营销传播》中将"品牌接触"定义为任何构成顾客体验的因素,这种体验的对象被顾客归为该品牌的所有产品或服务内容。[1]传统媒体时代里,企业总是通过单一大众媒介进行品牌传播活动;而如今,媒介碎片化、消费者碎片化的大趋势迫使企业的品牌传播活动不得不做到"无孔不入"才能占领消费者的心智。从产品、服务、定价、渠道到各式各样的营销活动,每一个消费者可能与品牌发生接触的机会都是企业进行品牌传达的途径。

家电及消费电子企业在进行品牌接触点管理工作时,既要遵循整合营销的总体原则,如接触点规划周全、精准聚焦、整合传播等,又要考虑家电及消费电子行业的特色而进行重点突破,重视家用电器作为耐用消费品和高卷入度商品的特点,对产品体验、员工服务、口碑传播乃至配送、售后等关键环节进行家电及消费电子品牌接触的针对性设计。

## 一、总体规划:家电及消费电子企业品牌接触点管理之道

家电及消费电子企业在进行品牌接触点管理时要遵循整合营销传播的总体原则,即做到"全面""精准"和"整合"。

### (一)周密规划品牌接触路径

某知名家电及消费电子品牌负责人在接受课题组访问时表示,现今媒介投放工作

---

[1] 舒尔茨.整合营销传播:创造企业价值的五大关键步骤[M].清华大学出版社,2013.

面临的最大挑战是媒介的碎片化现象太严重,媒介的碎片化导致了预算的碎片化,结果很难产生集中的广告投放效果。实际上,不光是媒体广告投放,当下整个传播系统都已经变得碎片化,家电及消费电子品牌过去那种抓住一个主流传统媒体进行媒介投放的粗放式做法已经难以完成品牌传播任务。在传播渠道分散的情况下,家电及消费电子品牌需要注意的是尽可能抓住重要的接触点,做好品牌接触路径的周密规划布局。

海尔集团旗下的高端家电品牌卡萨帝在这一点上做了很好的示范。卡萨帝的品牌定位是国际高端艺术家电,目标群体是崇尚精致、优质、艺术生活方式的高端消费人群。为此,卡萨帝采取了针对高端人群的"接触点聚焦"法,通过自然属性和社会属性两方面分类进行品牌接触路径的规划布局(图19-1)。卡萨帝的品牌接触点规划十分全面,从生活理念、个人兴趣、健康管理、社交、教育、财富圈、信息圈、职业等多个细分方向进行触点媒体的针对性设置,如通过汽车品牌 APP 辐射车友圈人群,通过高尔夫俱乐部辐射高端运动项目社交圈人群,通过全国 211 高校 EMBA 班辐射追求子女高端教育经历的家长群体等。

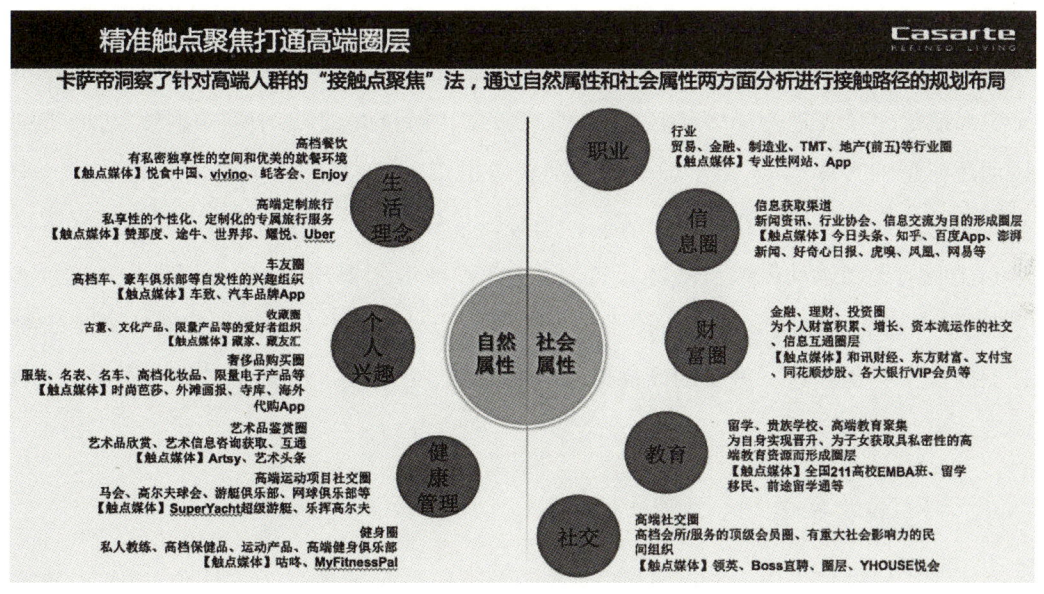

图 19-1　卡萨帝品牌接触点聚焦法

在品牌接触点管理的全面性上,相当一部分家电及消费电子品牌都有所疏漏。如大多数家电及消费电子企业把品牌传播工作的重心放在营销传播活动上,却忽视了渠道终端这一重要接触点。国美、苏宁这样的大型连锁店是家电及消费电子品牌与消费者接触的重要组成部分,但根据课题组成员的实地走访,各家电及消费电子品牌在

KA 店终端销售区的产品陈列并未体现出足够的品牌特色,终端陈列普遍比较拥挤,且都是统一化的卖场风格。各家电及消费电子品牌的直营店能够表现出品牌特色的也很少,只有像方太生活家、小米之家等少数家电及消费电子品牌的体验馆比较注重品牌特色的表达。不过,伴随着国美等连锁卖场的店面升级改造,相信未来家电品牌在实体店面的品牌接触上会有更好的表现。

(二)精准聚焦,根据目标人群进行接触点营销

家电及消费电子品牌的接触点管理工作除了需要做到全面之外,还需做到精准。媒介的碎片化带来的是预算的碎片化,在预算有限的情况下,企业必须做到"弹无虚发"。

在这一点上,小天鹅体育赛事赞助的精准聚焦值得借鉴。奥运会作为举国关注的媒体事件,一直是各大家电及消费电子品牌争夺的品牌曝光渠道,小天鹅抓住机会签约中国国家击剑队,成为 2016 年"国家击剑队主赞助商",让 2016 年奥运会击剑项目成了小天鹅品牌与消费者沟通的接触点之一。从传统的家电及消费电子品牌体育赛事赞助的营销习惯来看,家电及消费电子赞助商一般喜欢选择"三大球"或羽毛球、乒乓球、跳水游泳等金牌大户合作。但小天鹅却选择了与中国国家击剑队合作,这是由于小天鹅近年来在进行品牌年轻化、高端化转型,其目标人群是中高端消费者,而击剑运动是典型的贵族运动,被全球中高端消费者推崇为"新世纪十大时尚运动"之一,击剑运动的观众和参与者正好与小天鹅的目标群体相匹配。据悉,目前中国在国家体育中心注册的击剑运动员数量已经超过万人,有各种击剑俱乐部、击剑培训中心近 100 个,许多中高端家庭的父母会将孩子送去击剑中心培训。① 小天鹅在此次体育赛事赞助上抓住了奥运会这一重要的高规格品牌接触点,更瞄准了中高端消费者群体,让品牌表达更为精准、高效。

(三)整合效果,发出一致的品牌声音

唐·E.舒尔茨提出,整合营销要以本质上一致的品牌信息为支撑点,以各种传播媒介的整合运用为手段。消费者主动权的上升、注意力的稀缺、传播媒介的碎片化趋势,都让如今的家电及消费电子品牌必须对所有分散的品牌接触点进行整合,使之发出一致的品牌声音,这样才能让品牌形象牢牢占据消费者的心智。因此,"整合"与

---

① "亮剑"有因:小天鹅联手国家击剑队背后的"三心"之意[EB/OL].(2016-01-27)[2017-10-23].http://jiaju.sina.com.cn/news/20160127/6098150440736981942.shtml.

"统一"是家电及消费电子品牌进行品牌接触点管理的关键所在。

以方太在2017年发起的"方太童话季:陪着你住进童话里"情感营销活动为例,2017年5月10日至6月1日这一时段横跨了母亲节和儿童节两个重要节日,方太以"童话"为主题,借母子亲情展开了一系列情感营销活动。在活动开始,方太推出国漫"陪着你,住进童话里"系列视频广告,将母子"仁爱"系列故事与方太产品理念巧妙地联结起来,传递方太"因爱伟大"的品牌理念。活动期间,消费者在方太线上指定商城购买4,990元以上烟灶套餐,再加6.1元即可获得方太童话礼盒。5月12日,方太推出"宝贝抱抱,有表情包"的移动端互动H5页面,用互动小游戏鼓励母子互动。5月14日,方太在新浪微博发起"童'画'里的妈妈"活动,用户在5月14日当天上传孩子和妈妈的合影,方太便邀请知名插画师让孩子和妈妈住进真的童"画"里。当天,方太还在线下生活家举办"老妈青春永驻"美食体验课,教妈妈DIY面霜、胶原蛋白凝露和仙气美颜美食。5月19日,方太联合天猫在上海玻璃博物馆举办"博物馆童话夜"活动,邀请20组家庭夜宿博物馆,一起进行梦幻晚宴、童真游戏、睡前故事等游戏环节,微博全程同步直播。

方太的品牌文化是儒道精神,在整个营销活动过程中,方太都围绕着传统儒道文化中含蓄、隐忍却又滋养心灵的母子亲情这一主题,线上线下所有接触点统一的品牌表达和营销联动强化了方太的品牌形象,体现了方太充满魅力的品牌文化。

## 二、重点突破:家电及消费电子行业品牌接触点管理特色

与购买快速消费品的消费行为不同,消费者购买家电及消费电子产品的过程是一个高卷入度的购买决策过程,往往需要经历"线上比价,线下购买;线下看样,线上购买"的环节[①]。因此,家电及消费电子品牌抓住每个关链品牌接触点的意义就显得尤为重要。我们将消费者与家电及消费电子品牌的接触点划分为购买前、购买后及使用中这三个时段,力求探明家电及消费电子行业品牌接触点管理的特色之道。

### (一)购买前

消费者在购买家电及消费电子类产品前,往往需要在线上或线下搜集信息,向终端销售人员或在线客服人员咨询不同款式、不同功能产品差别等信息,是一种相对高

---

① 消费者决策行为分析:消费者,骗你没商量?[EB/OL].(2017-07-12)[2017-10-21].http://www.sohu.com/a/156470571_114819.

卷入度的消费行为。因此,销售终端是家电及消费电子品牌非常重要的品牌接触点,其在为消费者带来产品品牌信息的同时,也增加了他们最终购买的可能性。

通常,销售终端品牌接触点包括终端店面形象、产品体验与终端陈列、销售与客服人员服务等与消费者相关联的各个方面。终端品牌接触点管理的核心,就是要建立全方位的品牌接触点网络,使消费者在消费过程中有更多的机会与品牌接触点接触,并让品牌接触点在消费者的购买决策过程中发挥积极作用。

1. 线上及线下终端销售/客服人员

在家电及消费电子消费者进行购买决策的过程中,他们会通过接触不同的终端店面销售/客服人员而形成不同的品牌体验与评价,而这种体验与评价会给品牌的口碑和传播带来深远的影响。无论是线上的还是线下的终端门店,它们都是能与顾客高频度接触的路径,顾客通过与线上及线下终端销售/客服人员的互动,了解和选购适合自己需要的家电及消费电子产品。在这一过程中,销售/客服人员在很大程度上会影响消费者对品牌的感知,促进其最后购买行为的实施。

一线销售/服务人员一般包括企业中的销售代表、营销渠道中分销商的产品推销人员、线上网店的客服人员等。顾客在决策过程中会有消费期望,这个期望可能是显性的表达,也可能是模糊的、隐性的期望。对于明确表达自己需求的消费者,销售/服务人员可以帮助他们将显性的期望转化为现实期望,引导他们购买甚至给予他们超出预期的消费体验。例如针对顾客常提到的"吸力、噪音、清洁"等几个方面的要求,厨电品牌门店销售人员通常都会借助各种生动的方式展示产品的相关功能。同样,对于模糊、隐性的期望,销售/客服人员也可通过观察、询问顾客、向其推荐产品等方式使他们的期望变为显性的,从而为他们提供更加全面的服务。

SERVQUAL 模型是衡量服务质量的工具,它从五个尺度考量服务的质量,包括可靠性、响应速度、信任、移情作用和有形资产。SERVQUAL 为英文"Service Quality"(服务质量)的缩写,如图 19-2 所示。[①] 家电及消费电子企业可以借鉴使用,以改善线上及线下终端销售/服务人员的服务质量。

根据课题组的终端调研,调研员发现传统电视行业培训门店销售人员的时间间隔大概为一月一次至两次,康佳电视甚至高达三至四次。在手机行业中,两大线下终端销售大户 OPPO 和 vivo 都十分重视企业员工的培训,华为董事长任正非曾表示:"OV

---

① SERVQUAL 模型,百度百科[OL]. https://baike.baidu.com/item/SERVQUAL 模型/10154857? fr=aladdin.

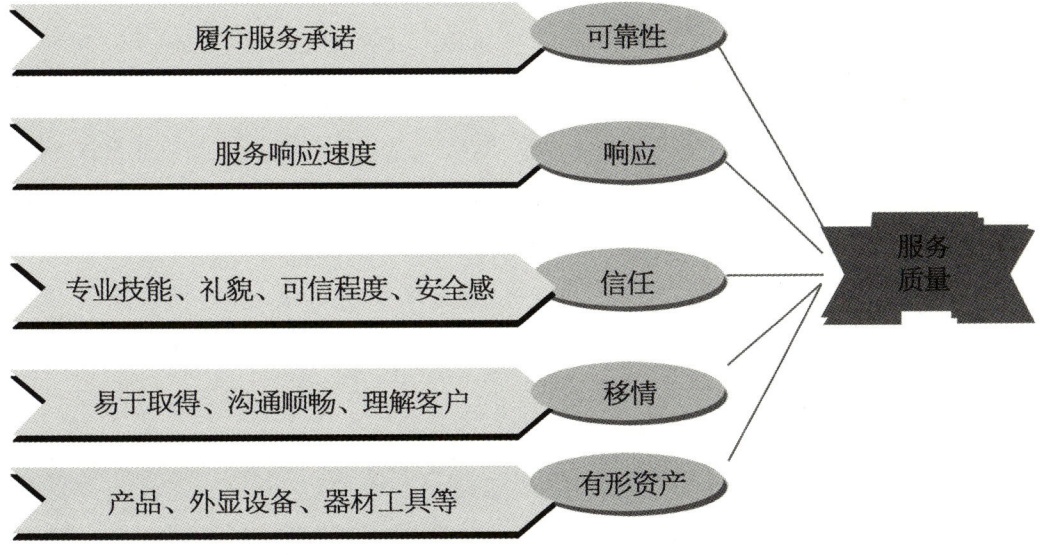

图 19-2　SERVQUAL 模型①

非常重视地推和门店人员的培训,这方面,我认为华为是可以快速补齐这个短板的,在标准化和执行力方面,华为更具有优势,我们需要做的就是要把线下线上的营销标准化和简单化,让消费者能快速地理解和认知华为品牌。"②

2.终端店面形象、产品体验与终端陈列

对于家电及消费电子品牌而言,终端店面形象以及产品的体验与陈列同样是消费者决策的重要影响因素。对于家电及消费电子行业而言,KA 卖场、产品专卖店抑或家电及消费电子体验店都是能够与消费者拉近距离的品牌接触点。商家通过商品展示与现场演示,将产品的各项功能展现在消费者面前,更加直观且具有说服力。如厨电品牌方太开设"方太生活家"线下体验店,通过在体验店开展向大厨学习厨艺、与美食或生活达人交流分享等活动拉近消费者与产品、品牌之间的距离。方太集团副总裁孙立明曾表示:"方太生活家最大的特点就是以产品为中心,更强调方太厨电产品所带来的体验和交互,最大限度地还原产品使用场景,进而带给用户更真实的使用体验。"③而过去几年,只是"电商"平台一条腿走路的小米,虽然发展速度快,但增长后劲

---

① 魏钧.服务质量的绩效测量[EB/OL].[2017-09-23].http://www.idmc.com.cn/investigate/magazine_Detail.asp?WebContentId=420&PageType1=37&PageType2=149.
② 任正非竟然号召华为学习 OPPO、vivo 了[EB/OL].(2016-12-02)[2017-09-27].http://news.youth.cn/kj/201612/t20161202_8909101.htm.
③ 孙利明.让"生活家"带给用户更真实的体验[J].现代家电及消费电子,2016(22):29.

却不足,从而频频触摸增长天花板。线下实体店的缺乏,让小米深刻感受到了与用户之间的距离。①

此外,零售终端的商品陈列对于商品销售也具有深远的作用。商品的摆放可以从空间、心理等多个方位促进顾客的消费行为,生动的商品陈列的目的是为了吸引顾客的注意,刺激顾客的需求,扩大商品的销售。对于品类多、更新快的家电及消费电子品牌而言,商品陈列更需要一套完整的陈列方案。2015年,三星开始力推"敞开式家居"陈列。三星"敞开式家居"通过将多媒体互动、家庭场景以及产品陈列相结合,不仅给消费者带来了身临其境的家电及消费电子购物体验,还增强了自己与消费者之间的互动交流(图19-3)。②

图19-3 三星"敞开式家居"陈列③

不论是终端销售/服务人员还是终端商品陈列及体验,都旨在通过这些终端品牌接触点,在消费者心中建立一个关于品牌联想与体验的集合体,将企业或品牌的内涵、形象统一地传达出去。要想让品牌内涵快速在消费者心智中占据独特的位置并进而使他们形成深刻的印象,甚至引发消费者的自动传播,就要保证让消费者从多个角度、不同侧面、立体地得到品牌信息并提高品牌传播的效率。

---

① 小米今年补课线下实体店:电商时代早就结束了[EB/OL].(2017-04-11)[2017-09-29].http://www.jiemian.com/article/1237217.html.
② 陈和利.三星力推"敞开式家居"[EB/OL].(2015-05-22)[2017-10-05].http://scitech.people.com.cn/n/2015/0522/c1057-27038855.html.
③ 靳巧会.家电及消费电子零售终端创新 三星敞开式家居落户大中电器[EB/OL].(2015-04-01)[2017-10-04].http://deco.rayli.com.cn/appliances/home/2015-04-01/459749.shtml.

3.消费者主动互动增强趋势下的三大品牌接触点

在媒体融合的大背景下,所有的广告归纳起来就是一个接触点的问题,接触点越多,意味着广告越有效。① 随着网络的出现,传播环境与用户行为在悄然发生变化,用户在消费决策过程中的消费轨迹和行为也在慢慢向新的生态模式靠拢。DCCI互联网数据中心发布的全数字时代品牌用户接触行为消费轨迹模型SICAS区别于传统的AIDMA与AISAS模型,更加强调数字时代下消费者与品牌接触点的互动(图19-4)。②

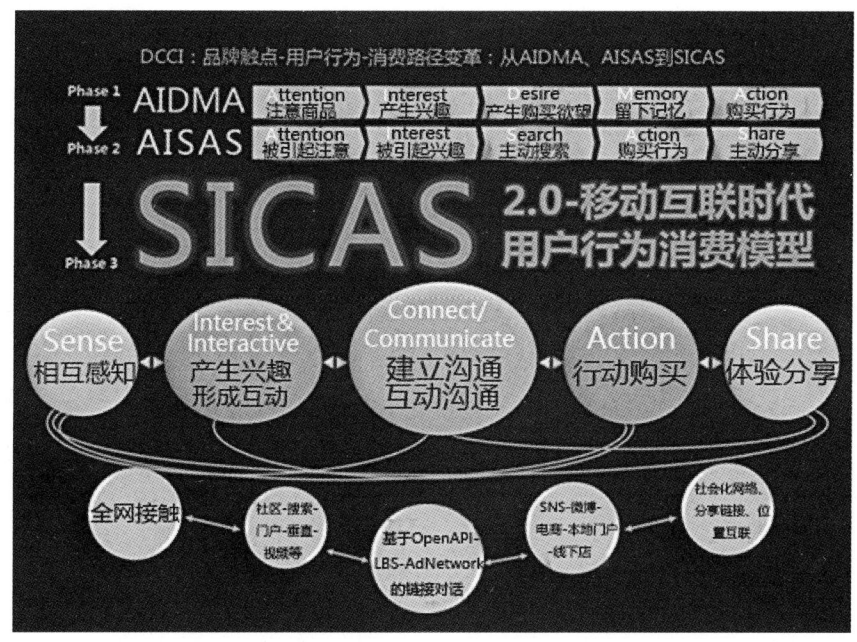

图19-4 全数字时代品牌用户行为消费轨迹模型SICAS③

互联网的出现,促进了用户消费行为的转变。用户不再只是进行简单的信息搜集与互动,而是主动地获取信息,并基于自身的关系网络,与好友分享,与品牌对话。基于消费者的品牌接触行为的转变与更新,我们现将家电及消费电子行业在这一环节的品牌接触点大致归为企业营销传播活动、自建品牌接触与反馈平台及消费者口碑三类。

首先,第一类品牌接触点为家电及消费电子企业开展各种营销传播活动,家电及

---

① 张斌,王崇锟,张毅.从接触点角度思考传统媒体广告[J].中国广播,2015,(06):42-45.
② DCCI公布数字时代用户消费接触点模型:SICAS[EB/OL](2011-08-31)[2017-10-10].http://madbrief.com/archives/5655.
③ 同②.

消费电子企业通过这些营销传播活动释放品牌营销信息,增加品牌曝光度。如 TCL 近两年为配合品牌年轻化转型的需求,加大了对娱乐营销的投入力度,将各种娱乐内容作为有效的品牌接触点,释放品牌信息,与目标消费人群进行积极的互动交流。通过广告赞助好莱坞电影,将品牌植入《旋风孝子》等热门综艺节目,TCL 依托娱乐内容,不断强化与年轻消费者的深度沟通,力图重塑自己年轻化的品牌形象。

其次,家电及消费电子企业也在积极自建品牌接触与反馈平台,针对不同需求的消费者进行互动交流。如海尔打造的定制平台"众创汇"打破了消费者一直被动接受产品的局面,让用户主动"发声"提出自己对家电产品的创意和想法,并将用户的需求转化为产品设计,让用户真正成为产品设计的主角。再如小米创办的米柚论坛,为消费者提供主题下载、软件更新等服务,并不断推动消费者发表关于小米科技旗下基于 Android 操作系统所开发的 MIUI 系统的意见与反馈,通过米柚论坛的沟通和交流,不断提升消费者对小米品牌和产品的好感度。

再有,在社会化媒体如此发达的当下,消费者口碑也是一个不容忽视的品牌接触点。消费者口碑的建设和管理对帮助其他消费者了解家电及消费电子品牌具有重要的意义。尤其是进入社会化媒体时代后,消费者的口碑传播不再仅仅存在于有限的人际传播范围,而是越来越多地通过微博、第三方评价网站、电子商务网站购物评价等网络媒介进行同步或异步的信息沟通。这些消费者自发传播的信息包括对产品、服务的评价以及购买和使用经历,这些信息为需要了解家电及消费电子品牌的消费者提供了重要参考。

目前,很多家电及消费电子品牌已经开始关注网络口碑传播的重要性,它们通过开通官方微博、微信公众号等方式,分享企业的最新动态并与消费者互动,及时了解用户使用产品过程中遇到的问题并及时予以沟通解决。如在微博上表现十分活跃的海尔,其凭借抢明星热评、官微接龙等与网友强互动的方式,在网上获得了众多网友的追捧。海尔新媒体社群运营主编韩艾佳曾表示,2016-2017 年海尔所有的热点新闻都是从微博发源的,然后在微信发酵,最后在全媒体平台引爆。她认为,2017 年微博依然是企业营销的最好阵地,企业新媒体的职能不仅是和用户互动,其对用户运营的最终目的应该是让用户参与到企业产品的迭代和更新当中。①

(二) 购买后

家电及消费电子产品的特殊性决定了物流配送和产品的售后服务是重要且必不

---

① 二杠.海尔新媒体韩艾佳:2017 年微博依然是企业营销的最佳阵地[EB/OL].(2017-06-27)[2017-10-08]. http://www.caishimv.com/party/1498552900.html.

可少的一环。作为耐用商品,家电及消费电子产品更需要企业在完成交易之后针对产品提供更进一步的配送和维护服务。方便快捷的配送和完善的售后服务不仅能为品牌带来良好的口碑,还可以为品牌形象加分,这些也是家电及消费电子品牌重要的品牌接触点。

然而,目前相当一部分家电及消费电子企业在售后服务上仍旧存在较多问题,多层次、专业化的配套服务体系建设仍未完成。但很多家电及消费电子企业已意识到配送与售后服务的重要性,并积极建设自己的一套物流、服务体系。以 TCL 为例,TCL 为了提升服务水平,为了更好地提升消费者的品牌体验,建立了速必达物流及十分到家平台。2016 年,TCL 十分到家还获得了"服务顾客满意品牌"和"互联网平台型十大服务商"两项大奖。① 到目前为止,TCL 十分到家的服务已覆盖全国,服务的项目也涵盖了包括冰箱、彩电、洗衣机在内的多个维修类别。而海尔则依托渠道综合服务商日日顺物流,打造了快速配送及安装能力,送货时效性高,大大提升了用户体验,推动了产品物流的快速增长。②

(三)使用中

最后,对于家电品牌而言,由于其耐用性,其最为重要的品牌接触点之一当属产品自身,消费者对产品的接触贯穿于决策前、购买后的各个节点,因而产品无疑是企业核心的品牌接触点。消费者对家电及消费电子产品的理解不仅仅停留在体验、外观等层面,更在于日后使用中日复一日对产品的深度接触。家电及消费电子的产品属性与其身上所带有的品牌特色也成为最佳的消费者品牌接触点。

某知名家电品牌负责人在接受课题组访谈时也谈到,产品的优劣对于品牌具有决定性的影响。因此,很多品牌在转型的同时,产品也往往需要顺应品牌转型,时刻与品牌特色的变化发展保持一致,使消费者可以通过产品清晰地感知到家电及消费电子品牌特色的变化。例如长虹于 2013 年提出要向"智能化、互联网化、协同化"的"新三坐标"智能化转型,立足于互联网,面向互联网。随后长虹便推出了智能化转型的标志性系列产品——ChiQ 系列彩电,智能化的系统加上时尚活泼的产品外形,ChiQ 彩电深受年轻人的喜爱。长虹的新系列产品凸显了品牌更加年轻、富有活力的新趋势。对于家电及消费电子品牌而言,产品决定了品牌的生命和品牌传播的持续能力,是企业强有力的后盾支持。

---

① TCL 集团:2016 年年度报告[EB/OL].(2017-04-28)[2017-10-12].http://stock.jrj.com.cn/share,disc,2017-04-28,000100,0000000000000hz8x1.shtml.
② 青岛海尔年报.

## 三、结语

综上,消费者形成关于某一家电及消费电子品牌的认知不是一蹴而就的,它是一个循序渐进的过程。并且,消费者关于某一品牌的知识是来源于多方面的,但主要来源于品牌接触点,这些接触点从不同层面、不同角度对消费者形成品牌知识的过程产生影响。对于家电及消费电子品牌而言,品牌接触点管理工作既要进行总体规划,使之符合整合营销的基本原则,又要重点突破,把握家电及消费电子行业的特色和规律并贯穿消费者从购买决策到后期维护的整个流程,从而形成对消费者品牌接触的强力覆盖和有效影响。

# 报告二十　生活方式营销——用家电及消费电子品牌构建理想生活

**一、从必需品到消费品，家电及消费电子品牌成为塑造消费者理想生活的重要元素**

在商品消费社会中，品牌与消费者的生活方式是水乳交融的。生活方式通常可以反映一个人的生活态度、价值观及世界观，是塑造自我意识和创造个人身份共鸣的文化符号的手段[1]。生活方式、品牌与消费者之间的联系在于：消费行为是现代生活方式的基石。不同的产品或服务为消费者表达个性化的自我提供了可能，这些不同的产品或服务代表的就是不同的生活方式。[2]

也就是说，对家电及消费电子品牌而言，它们不仅是在出售产品，还是在出售值得遵崇的生活方式，品牌的文化基因通过其对生活方式的塑造，真正将品牌烙印植入消费者的心智中。"一切围绕生活方式的连接，才能带来最强的用户黏性。"[3] VenetaCucine 亚太区设计总监 Damiano Zambon 表示："2018 年中国厨房趋势应该是人们在面对厨房的时候，不再强调厨房能不能适应中国的烹饪方式，而是探讨生活方式如何与厨房的功能和视觉效果达到统一。"[4]

---

[1] Spaargaren, G., B.VanVliet.Lifestyle, Consumption and the Environment: The Ecological Modernisation of Domestic Consumption[D].Environmental Politics, 2000.
[2] Ropke, I, The Dynamics of Willingness to Consume, Ecological Economics, 1999.
[3] 市场正在淘汰不懂销售生活方式的品牌[EB/OL]. (2017-03-07)[2017-11-11]. http://www.sohu.com/a/128079296_122441.
[4] 对话厨卫品牌大咖 你看到了哪些趋势？[EB/OL]. (2017-06-12)[2017-11-09]. http://www.chinachugui.com/news/2017/0612/170612170066.shtml.

## 二、家电及消费电子品牌生活方式营销路径

家电及消费电子品牌开展生活方式营销的路径总体上可以分为借势与造势两类。借势指品牌并不需要推出一种全新的生活方式,而是将产品和品牌巧妙地融入目标消费人群的生活方式中,获得目标消费人群的认同。造势则指品牌洞察目标消费人群的生活需求,然后打造一种新颖的生活方式,将品牌和产品与这种新颖的生活方式紧密连接,让品牌和产品成为这种全新生活方式的代表。当消费者拥抱这种生活方式时,企业的品牌和产品就悄然植入了消费者的生活中。

(一)借势:将产品和品牌融入目标消费人群已有的生活方式中

对于品牌来说,在与消费者进行沟通的过程中实际上有一条捷径,即针对目标消费群体已有的生活方式进行产品定制开发和营销活动。譬如,很多高端消费行为源自对西欧贵族和有闲阶层的一套有迹可循的生活方式的模仿。

根据社会传播学的相关理论,有闲阶层和平民阶层正是通过种种特定的生活方式和社交活动来进行划分的,譬如橄榄球运动、社交季舞会、艺术沙龙、私藏红酒等。高端品牌卡萨帝针对高端阶层开发了固态制冷酒柜(图20-1),该酒柜0温度波动、0振动、0噪感的储酒环境可以满足精英人士对红酒储藏的酒窖级需求。在2017年1月举办的第八届中国高端家电及消费电子红顶奖中,卡萨帝固态制冷酒柜获得了至尊大奖[1]。在营销活动中,卡萨帝也不遗余力地推广类似的相关高端生活方式,例如2017年1月卡萨帝联手《新周刊》共同举办"思享家颁奖典礼",在颁奖典礼上,卡萨帝和《新周刊》共同发布了"10个维度中国高端生活方式"[2],向消费者传递卡萨帝所倡导的面向社会精英阶层的高端生活方式。

与卡萨帝不同,国产手机vivo和OPPO则向年轻人的生活方式靠拢。2016年,vivo的X9系列手机和OPPO的R9s系列手机主要迎合了年轻人"爱自拍"这一生活方式,通过在各大媒体平台循环播放"柔光双摄 照亮你的美"和"这一刻 更清晰"的广告,vivo X9和OPPO R9s成功地在消费者心中植入了"拍照手机"的概念,将产品和年轻人爱自拍的生活方式紧密地结合在了一起(图20-2)。

---

[1] 红顶奖揭晓:卡萨帝固态制冷酒柜引领高端消费趋势[EB/OL]. (2017-06-12)[2017-11-08]. http://digi.163.com/17/0116/16/CATS0EFU001680NS.html.
[2] 卡萨帝联手新周刊发布10个维度中国高端生活方式[EB/OL]. (2017-01-13)[2017-11-07]. http://life.dayoo.com/homea/201701/13/145077_50748981.htm.

图 20-1　卡萨帝固态制冷酒柜①

图 20-2　vivo X9 海报②

---

① 海尔发布首款应用固态薄膜制冷技术卡萨帝酒柜[EB/OL]．(2016-12-12)[2017-11-05]．http://vogue.moonbasa.com/haier/a456569379531.html．
② 小言．vivo 新机 X9s 和 X9s Plus 公布 依然照亮你的美[EB/OL]．(2017-06-27)[2017-11-05]，http://tech.feng.com/2017-06-27/Vivo-xinji-X9s-and-X9s-Plus-still-light-your-beauty_683747.shtml．

(二)造势:创新、推广产品所能联结的新颖生活方式

有的品牌则通过创造新的生活方式,将品牌内涵与新颖的生活方式"绑定",贩卖新的生活方式概念,从而让自己与众不同,以期扩大市场。

联想 Moto 推出模块化手机后,于 2017 年打出"你好,好玩"的全新品牌口号,将 Moto 手机背面可切换的、丰富的模块诠释成"好玩"的体现,譬如 JBL 音响模块、哈苏摄像头模块、投影模块等,从而建立起产品本身和"好玩"之间的联系。联想集团副总裁姜震表示,联想将"Hello Moto"称为"你好,好玩",希望通过这款产品带给国内用户不太一样的体验,Moto Z2 Play 不单纯是一部手机,更是一种生活态度。① 为了塑造这种"好玩"的生活方式和态度,除了品牌广告片等,Moto 还在产品发布会之前邀请了娱乐八卦自媒体"关爱八卦成长协会"创始人、京城飞车高手、美食专栏作家等不同领域的"好玩达人"为自己宣传造势,在国产手机纷纷以"自拍"为卖点的大环境下,联想 Moto 的这个举动可谓另辟蹊径(图 20-3)。

图 20-3 motoZ2 Play 预热海报②

---

① 姜震.将以 Moto 品牌重塑联想手机形象[EB/OL].(2017-07-04)[2017-10-29].http://www.myzaker.com/article/595abad51bc8e0aa77000003/.
② Moto 发布会直播,中关村在线[OL]. http://www.cnmo.com/onlive/motoz2play/.

又如近几年共享经济渐渐兴起,其典型代表民宿预定平台 airbnb 通过推广"旅行中,像当地人一样生活"这一不同于以往的旅行观念,使自己的市场扩张到了全球。airbnb 教育用户告别自拍杆和排队,住进当地居民的家中,与他们交流,创造新的旅行意义。2016 年,airbnb 推出"生活在那里"广告营销战役,其文案写道:"别去巴黎,别去 LA,别去纽约,别去东京。住在那里,像平常一样生活,去体验。"② airbnb 联合创始人兼首席执行官 Brian Chesky 表示:"我们并不是想要改变旅行,只是想要通过旅行改变你的生活方式。"③ 在 Instagram 上,airbnb 发起的 Live there(生活在那里)宣传在一天时间内就收获了 9,000 多个赞和上百条支持的评论(图 20-4)。

图 20-4 airbnb 的 Live there 宣传①

## 三、家电及消费电子品牌生活方式营销面临的问题和挑战

1. 产品属性是否能够真正解决生活中的问题

生活方式营销离不开"生活"二字,生活方式营销的成功绝不仅仅靠简单的价值主张就能获得,而是要"在商业模式上,协同完整的价值体系:找到目标消费者生活中的某种冲突;将产品的属性重新归类,用于解决这种冲突;绑定一个生活场景"④。

以儿童家电为例,儿童家电兴起的背景是:随着生活水平和育儿意识的提高,育儿消费领域切分出了更多的消费形态,许多家庭注重给孩子独立的儿童房,配置专门的儿童电器。不少家电品牌敏锐地捕捉到了这一消费需求,推出了"保护视力"的儿童

---

① 张一. Airbnb 教你如何旅行:像当地人一样生活[EB/OL].(2016-04-21)[2017-10-27].http://www.jiemian.com/article/618169.html.
② 同①.
③ 同①.
④ nick 说. 品牌如何开展生活方式营销?[EB/OL].(2017-03-22)[2017-11-01],http://www.jianshu.com/p/6ee792cc72ef.

电视、"防踢被"的儿童空调、"可杀菌"的儿童洗衣机等儿童家电产品,但很多产品并未真正解决消费者生活的问题,还陷入了市场跟风的同质化竞争中。比如很多儿童空调产品都以"防止踢被子"为最大卖点,但这个卖点的实现原理却遭到了用户的质疑:红外线温控器用于体温检测的工作原理是距离被测物体越近,测量温度越准确,但空调室内机的安装要求却是距离用户睡觉的位置3米以上,而这个距离对于红外温度感应器来说基本是无效的①(图20-5)。

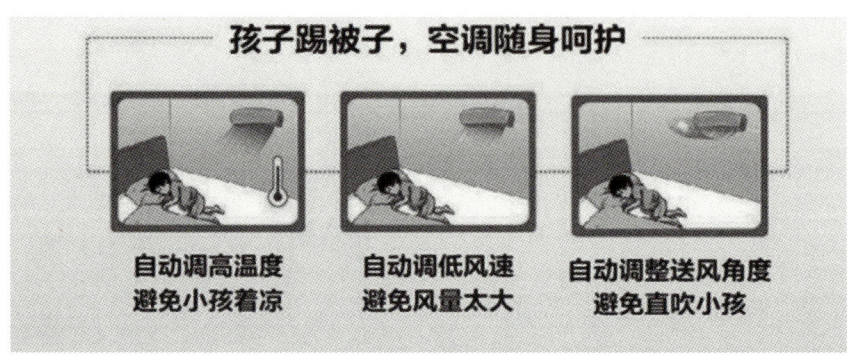

图20-5 儿童空调"防踢被"机制②

应当看到,在儿童家电产品的推出过程中,品牌的确围绕着消费者关心的议题,也绑定了具体的生活场景,如果产品功能可以切实解决消费者的疑虑,帮助他们真正解决实际生活的问题,便不失为一次价值体系完整的生活方式营销。在这个新兴的细分市场上,家电品牌还有很大的改善空间。

2.愈加多元的受众圈层对理解消费者提出了更高要求

未来学家阿尔文·托夫勒曾经分析过这样一个趋势:从农业时代到工业时代再到信息时代,人类社会的阶层不断增多,到了21世纪,阶层的分化会让不同的人群变得越来越多。而这些不同人群的存在必将导致"亚文化"时代的爆发。③ 这就对家电及消费电子品牌开展生活方式营销提出了一个十分现实的挑战:当品牌所面对的受众在文化层面上越来越多元时,品牌是否足够了解自己试图沟通的受众人群?生活方式标签背后的人群划分方式是否过于粗暴?

---

① 周燕飞.儿童空调为何不温不火 空调"卖萌"家长似乎并不买账[EB/OL].(2016-11-11)[2017-11-02]. http://365jia.cn/news/2016-11-10/180406A867D9426F_all.html#page1.
② 栋梁观察.小孩子的钱最好赚 买儿童家电的都是冤大头?[EB/OL].(2017-05-23)[2017-11-03].http://family.pconline.com.cn/927/9272587.html.
③ nick 说.品牌如何开展生活方式营销?[EB/OL].(2017-03-22)[2017-11-01],http://www.jianshu.com/p/6ee792cc72ef.

李宁早在 2012 年推出"你不了解 90 后"的品牌重塑战役时,就试图为 90 后代言,直接将自己的品牌定位为 90 后,但效果却不佳,因为 90 后"不是统一型号的社会产品,拒绝被标签化"①。即便是 90 后一代,也能细分出许许多多的亚文化圈层。因此,品牌必须清晰地意识到这一点,从而更好地理解自己的消费者,提出直触他们心灵的生活价值主张,激发他们产生共鸣。

## 四、家电及消费电子品牌未来生活方式营销趋势想象

(一) 智慧家庭生活方式

从发展前景来看,以"智慧家庭"为关键词的智能家居将是未来家电及消费电子品牌向消费者普及新生活方式的重要战场。"智能家居"是近几年家电及消费电子行业刚刚兴起的一个比较热门的词,智能家居就是将微处理器、传感器技术、网络通信技术引入家电及消费电子设备后形成的家电及消费电子产品,它们能够自动感知住宅的空间状态和家电及消费电子产品的自身状态,能够自动控制及接收住宅用户在住宅内或远程的控制指令。同时,智能家电作为智能家居的组成部分,能够与住宅内其他家电、家居设施互联,组成系统,从而实现智能家居功能③(图 20-6)。

通过各种智能家电的互联,可以构造一个智能家电生态网。许多品牌已经开始切实地进军这种最新的家电概念领域。例如,海尔开发出成套家电和智慧物联网,以打造智慧家庭生活方式;而小米则借助本身所带有的互联网基因快速上位。在进入智能家电领域时,小米通过与美的、飞利浦等传统

图 20-6　小米智能化空气净化器 2②

---

① 纪中展.李宁,你搞不定 90 后![EB/OL].(2012-08-07)[2017-10-26]. https://www.huxiu.com/article/2406.html.
② 小米空气净化器 2[EB/OL].[2017-10-25]. http://item.jd.com/10579717657.html?cu=true&utm_source=kong&utm_medium=cpc&utm_campaign=t_281_20120307008&utm_term=_0_b949db6ce53d4b6f823677c74a062886.
③ 智能家电:前景很美好 现实很骨感[EB/OL].(2014-09-18)[2017-10-25]. http://news.163.com/14/0918/06/A6DH4U5B00014AED.html.

小家电公司合作,弥补了自己在智能家电制造方面的不足。2014年12月15日,小米和美的集团一起发布声明称,小米科技与美的集团达成战略合作,小米科技将斥资12.66亿元入股美的集团,获得1.29%的股份①。除了股份合作,小米还与美的在智能家居产业链上展开深度合作。由此可见,智能家居作为未来家电行业重要的发展方向之一,已经成为家电企业展开争夺战的主战场之一。

(二) 与文化空间跨界合作,引领城市文化生活潮流

随着城市化进程的加快,书店、咖啡厅等文化空间越来越受到大城市年轻人的欢迎。而在渠道选择和品牌合作上,一些文化空间也正在成为小家电及消费电子的新型营销渠道,譬如日本十分著名的独立书店茑屋书店就在2015年推出了茑屋家电,将书本、家电一起划入生活体验空间的经营范围之中,让书店不再只是书店,让家电不再只是家电,而是提供完整的生活体验②。在台湾,著名的诚品书店也开始对外贩售香薰机、加湿器等精品小家电产品(图20-7)。

图20-7 茑屋家电③

国内家电品牌也可以与文化空间品牌合作,推出极具生活美学价值的产品。就品牌特性来说,许多国内家电品牌本身就具有天生的文化基因,例如方太的儒道文化以及九阳的中华饮食文化。通过将自身品牌所主打的生活方式融入相合作的文化空间,这类品牌必将提升自己的文化价值。

---

① 镜宇 cupl. 小米投资美的集团背后那些被忽视的细节[EB/OL]. (2014-12-16)[2017-10-27]. https://36kr.com/p/217802.html.
② "茑屋家电":东京书本生活的具体延伸[EB/OL]. (2015-10-16)[2017-10-24]. http://art.ifeng.com/2015/1026/2574669.shtml.
③ 同②.

# 报告二十一　家电及消费电子品牌体育营销观察

## 一、家电及消费电子品牌体育营销切入点

体育营销是以体育活动为载体来推广企业产品和品牌的一种市场营销活动。世界三大体育赛事——奥运会、世界杯和F1，被誉为全球品牌的"营销金矿"。在家电及消费电子领域，透过精工爱普生和三星这两个因奥运会赛事赞助而大获成功的消费电子品牌，我们或许可以窥见体育营销对家电及消费电子品牌的巨大价值。

1960年，精工爱普生成为1964年东京奥运会指定计时用表提供商，精工在一年后成功研发出了利用干电池发光的石英表，并凭借这款石英表成为世界计时领域的领跑者。1964年奥运会之前，精工只是一个技术精湛但却籍籍无名的日本小企业，借助奥运会这个契机，精工迅速提升了自己的品牌知名度，走向了世界舞台。精工控股公司总监Masato Nakaoda表示："奥运会不仅帮助精工品牌走向世界，还直接推动了精工在石英计时器技术领域的发展。"[1]

三星公司在赞助1988年汉城奥运会之前，面临着巨额负债和韩国金融危机的冲击，但是三星并没有放弃这次难得的机会。成为汉城奥运会赞助商令三星绝处逢生。这次体育赞助营销不仅提高了三星的全球品牌认知度和营销力，其业绩也增长了27%。这之后，三星又赞助了十余次奥运会和其他大小赛事。在体育营销上的长期投入，让三星手机的全球市场份额不断增加。1999年，三星手机在全球市场份额中只占5%左右，而到了2015年，其市场份额则增长到了22.3%。即使2016年三星经历了

---

[1] 精工：搭上奥运快车的钟表匠[EB/OL].（2008-01-05）[2017-12-01]. http://finance.sina.com.cn/roll/20080105/00591908689.shtml.

"爆炸门"事件,但到2017年第一季度,三星手机的市场份额又回升到了22.8%①。

品牌借助体育营销往往能创造销量和知名度双增长的奇迹,甚至可以在全球市场一鸣惊人。在中国市场,最先拉开中国体育营销大幕的品牌是健力宝。1984年第23届洛杉矶奥运会上,健力宝作为中国代表团的专用饮料在奥运会上亮相,收获了极大的关注度。自此之后,中国品牌体育营销的大门打开,众多家电及消费电子品牌纷纷开始了体育营销的尝试。本文按照不同的切入点将家电及消费电子品牌体育营销分为三种模式,分别是"三星模式""爱普生模式"和在互联网+浪潮下出现的"小米模式"。

(一)"三星模式":利用持续的体育营销向消费者渗透品牌

"三星模式",即像三星那样在全球范围内通过冠名或赞助体育赛事等营销活动,持续地专注于体育营销,将品牌渗透给消费者。三星进行体育营销的目的,一是提升品牌在全球的知名度和影响力,二是借助体育的魅力为品牌增添"愉快因子"②,以提升消费者偏好度。这种营销模式与品牌全球化战略和塑造品牌形象密不可分,同样是伴随着家电品牌国际化的进程,不同时机之下,进行体育营销可以为品牌带来不同的意义。

1.铸高地——成为中国品牌走向世界的象征

从2004年到2008年,联想和海尔围绕着北京奥运会都进行了持续的奥运会营销战役,在民族自豪感达到顶峰之际,借助奥运会传播"全球化品牌"的形象,打造中国品牌走向世界的象征。

联想成为国际奥委会TOP赞助商之后,制定了"以奥运为主线,以特定赛事为补充"的奥运营销方针。其先是为都灵冬奥会提供电脑设备,赢得了运行"零故障"的美誉,后为北京奥运会提供了近3万件计算技术设备,构筑了北京奥运会信息系统硬件平台等七大核心领域。启动"全球冠军计划"后,联想在全球范围内签约了5支运动队和15位著名运动员。针对国内市场,联想则通过冠名央视奥运会倒计时、参与奥运会火炬设计与全球火炬接力计划等密集的宣传活动,进一步推升了品牌美誉度。奥运会营销帮助联想进一步巩固了国内市场。时任联想大中国区总裁的陈邵鹏提到:"从2004年签了TOP协议到2006年年末,联想在中国的市场份额从32.7%提升到了

---

① 增势放缓 vivo巨资押注体育营销能出位吗?[EB/OL].(2017-06-19)[2017-11-30].https://xueqiu.com/7407367828/87474328.
② 三星独特的体育营销[EB/OL].[2017-11-12].http://www.58cyjm.com/html/view/50725_2.shtml.

36.7%。"[1] 2008 年,联想更是首次跻身世界 500 强,在澳大利亚、英国等海外市场,品牌的知名度和美誉度也大幅上升[2]。

在北京奥运会营销战役中,海尔除了推出与奥运会相关的产品和广告外,还将品牌传播活动的一个重点放在了奥运会期间蜂拥而至的境外主流媒体记者身上。奥运会期间,海尔核心高管几乎每天都在接受美国《华尔街日报》、道琼斯、路透社、美联社,英国《卫报》,法国《论坛报》等国际主流媒体的专访,这是海尔有史以来最大的一轮国际媒体宣传攻势。海尔斥巨资建设了 3 个规模巨大的奥运体验中心,并邀请国外媒体记者前往体验中心感受海尔的代表性智能家电产品。海尔集团新闻发言人张铁燕称:"奥运期间,全世界的目光都聚焦北京,海尔希望借助奥运会这个大舞台向全球展示自己'全球化品牌'的新形象。"[3]

2.增内涵——竞技体育精神与品牌形象的融合

华为真正意义上的海外体育营销试水始于 2012 年与西班牙马德里竞技足球俱乐部的合作。2011-2014 年间,如表 21-1 所示,华为在海外足球赞助上动作频频:

表 21-1　华为海外足球赞助大事记[4]

| 时间 | 赞助对象 | 赞助形式 |
| --- | --- | --- |
| 2011-08 | 意大利超级杯北京站 | 独家冠名 |
| 2012-04 | 马德里竞技足球俱乐部 | 马德里德比赞助商 |
| 2013-08 | 德甲多特蒙德俱乐部 | 官方合作伙伴 |
| 2013-08 | 第五届中东地区青年海湾杯足球赛 | 冠名 |
| 2013-09 | 新西兰惠灵顿凤凰足球队 | 主要赞助商 |
| 2013-10 | 意甲 AC 米兰俱乐部 | 高级赞助,移动通讯合作伙伴 |
| 2013-11 | 西班牙足球甲级联赛 | 全球技术伙伴 |
| 2014-01 | 英超阿森纳俱乐部 | 高级赞助,移动通讯合作伙伴 |
| 2014-04 | 法甲巴黎圣日耳曼俱乐部 | 官方合作伙伴 |

---

[1] 掘金奥运 企业赶考[EB/OL].(2007-12-20)[2017-12-07].http://gov.finance.sina.com.cn/chanquan/2007-12-20/52897.html.

[2] 蓝岸.联想奥运营销三年名利双收[EB/OL].(2008-08-15)[2017-11-29].http://tech.qq.com/a/20080815/000276.htm.

[3] 奥运营销:谁是最后大赢家[EB/OL].(2008-09-23)[2017-11-29].http://finance.jrj.com.cn/biz/2008/09/2310422121979.shtml.

[4] 郭曼洁,张涵.华为体育营销步步为营 通过赞助走向全球市场[N/OL].(2015-03-23)[2017-11-30].http://tech.ifeng.com/a/20150323/41019784_0.shtml.

续表

| 时间 | 赞助对象 | 赞助形式 |
|---|---|---|
| 2014-06 | 俄罗斯国家足球队 | 俄足协官方合作伙伴 |
| 2014-06 | 荷兰霸主阿贾克斯俱乐部 | 官方赞助商 |
| 2014-09 | 土耳其豪门加拉塔萨雷俱乐部 | 赞助商 |
| 2014-09 | 比利时安德莱赫特俱乐部 | 赞助商 |

除了足球,华为在橄榄球、板球、网球等多种体育项目和赛事上也有投入。华为对体育营销的重视,除了看重体育项目在当地市场的热度,更源自体育精神与华为品牌精神的极大契合。体育所传递的拼搏、坚持与突破精神,被认为与华为的企业文化和品牌内涵高度吻合。①

另一个近两年来大手笔布局体育营销的国产智能手机品牌 vivo,则出于紧迫的市场竞争压力,试图通过体育营销在进军国际市场的同时谋求自己形象的转变。vivo 因"照亮你的美"等广告词而使人们给其贴上了"偏女性"的标签②。此外 vivo 国内的娱乐市场也接近饱和:2015-2016 年,vivo 参与冠名或赞助的综艺节目不少于 25 个,在明星资源上,竞争对手 OPPO 旗下的娱乐明星代言人至 2017 年已扩大到 11 位。vivo 不得不另辟蹊径,将营销资源从娱乐向体育倾斜,为品牌形象赋予运动风,以吸引更多男性消费者的注意。2016 年,vivo 成为 NBA 中国官方合作伙伴,签约篮球巨星库里,并趁热打铁推出库里定制版 Xplay6 手机;2017 年 5 月,vivo 又成为 2018 年和 2022 年世界杯官方赞助商。有公开数据显示,世界杯的观众主要集中在 15-40 岁的网民,覆盖 36 亿人、230 个国家和地区③,借助世界杯的热度和足球运动的魅力,vivo 希望进一步拓宽受众年龄层,让品牌触达更广阔的人群。

(二)"爱普生模式":从利用赛事为品牌背书到搭建体育产业上层建筑

"爱普生模式",即成为体育赛事指定供应商,为主办方或赛事参与者提供产品、技术及服务支持。与可乐可口这些体育营销的快消类常驻品牌不同,家电及消费电子品牌在与体育赛事的结合点上具有更为直接的优势:

---

① 华为全球业绩亮眼,体育营销或是神助攻[N/OL].(2016-08-15)[2017-11-30]. http://news.sina.com.cn/o/2016-08-15/doc-ifxuxnpy9628837.shtml.
② 王南. 钝学累功,vivo 的品牌进化论[EB/OL].(2017-07-16)[2017-11-29]. http://www.a-site.cn/article/1545698.html.
③ 频玩体育营销,vivo 到底在打什么算盘?[EB/OL].(2017-06-07)[2017-11-29]. http://www.techsir.com/a/201706/40821.html.

首先,现代体育赛事的运营离不开电脑、空调、摄像机等设备,这为家电及消费电子品牌提供了展示产品、技术与服务的平台。联想为 2006 年都灵冬奥会提供了近 8000 台电脑和桌面打印机设备;华帝是 2008 年奥运会祥云火炬的官方供应商;索尼在 2014 年巴西世界杯中,为国际足联的大规模高清转播制作配备了约 300 名技术及制作专业人员,还为所有 12 个比赛场馆提供了数量惊人的制作设备和设施[①];格力和美的是 2016 年里约奥运会的空调官方供应商。有了大型的体育赛事作为背书,品牌在向世人传达"高要求、高水准、高品质"的品牌印象时就显得较为自然。借助大型体育赛事这个平台,品牌不仅可以向全世界展现其优质产品与服务,还可以在聚焦世界注意力的大平台上展示自己的品牌形象。

其次,技术是家电及消费电子品牌基因的重要表达,而品牌技术在尖端竞技体育赛事上的运用,更将其展现得淋漓尽致。戴尔、微软、惠普等品牌多次在技术含量颇高的 F1 赛事中为车队提供基于 IT 系统的技术支持,微软还为美国纳斯卡车赛开发了全新的赛车管理软件,并借助自己的云计算系统(Microsoft Azure)为纳斯卡赛道提供技术解决方案。

对家电及消费电子品牌而言,体育赛事既是它们展示新技术的巨大秀场,也是一块适宜它们开疆辟土的企业级业务区域,尤其是偏科技化的品牌,它们的体育营销显示出了更大的野心。从 2013 年开始,华为推出了"敏捷场馆"解决方案(图 21-1),在德国西格纳尔·伊杜纳公园球场铺设了欧洲最大的球场无线网络,可以为场内 8 万余名观众提供免费 WiFi,球迷甚至可以在第一时间接收到比赛双方的首发阵容等信息推送。[②] 华为的海外体育营销已经从早期的"冠名"方式向更高层级的合作递进。体育营销不仅在消费端为华为打开了海外智能手机的市场,也在企业端为华为开拓了新业务。到 2015 年,这一企业级解决方案已被用于全球 20 多个大型体育场馆。[③]

微软则更进一步,推出了用于解析运动员训练、比赛表现的数据化管理系统 Sports Performance Platform 和为职业赛队定制的 Surface Pro 平板电脑,并与合作伙伴 NFL(美国职业橄榄球联盟)一起致力于智慧场馆的建设,微软以体育科技变革者的身份参与到体育产业上层建筑的搭建之中。

---

① 禹唐体育. 索尼的 2014 巴西世界杯营销[EB/OL]. (2017-03-29)[2017-11-28]. https://www.jiemian.com/article/1209299.html.
② 郭曼洁,张涵. 华为体育营销步步为营 通过赞助走向全球市场[EB/OL].(2015-03-23)[2017-11-30]. http://tech.ifeng.com/a/20150323/41019784_0.shtml
③ 同②.

图 21-1　华为的"敏捷场馆"解决方案①

(三)"小米模式":借势体育热点进行营销

"小米模式",指将体育赛事视为营销热点的一种借势营销,它侧重于借力大众体育赛事的关注热度展开对消费者的传播。

2016年欧洲杯刚过不久,里约奥运会紧接着开幕。受观赛需求的影响,从6月开始持续低迷的彩电市场逐步回暖②,一些电视品牌纷纷抓住体育热点,展开相应的品牌营销传播活动。譬如小米打出了"看奥运,用小米电视!"的口号;乐视超级电视同步推出与奥运会相关的体育桌面;TCL在赞助中国男篮之外,称旗下的超薄曲面电视C1为"C1观赛神器"等;格力和美的则分别以"祝贺格力成为里约奥运会官方供应商""用冠军品质"为由开启促销活动。

但对于非赞助商而言,借势奥运会赛事开展营销传播活动只能打"擦边球"。奥组委明确规定非奥运会赞助的品牌禁止使用奥运会的标识和五环标志,也不准使用任何暗示、明示与奥运会有关的书面标识和视觉符号。海尔在里约奥运会的借势营销中,通过海尔兄弟竞技项目漫画(图21-2),每天定时更新奥运会奖牌数,紧跟奥运会热点,同时巧妙地规避了奥运会标识③,有较强的趣味性和传播力。创维同样以赛事动态热点为主题,创作了一系列动态传播海报(图21-3)。

---

① 华为官方网站[OL]. http://www.huawei.com/better-connected-world/cn/dortmund.html.
② 刘燕. 向奥运借"东风" 彩电销售回暖[N/OL]. (2016-07-29)[2017-11-26]. http://homea.people.com.cn/n1/2016/0729/c41390-28593762.html.
③ 庄红韬,赵爽. 海尔兄弟里约奥运借势营销[EB/OL]. (2016-08-23)[2017-11-26]. http://homea.people.com.cn/n1/2016/0823/c69176-28659514.html.

图 21-2　海尔里约奥运会借势营销漫画①

图 21-3　创维里约奥运会传播海报②

## 二、家电及消费电子品牌体育营销的启示与思考

无论哪种营销方式,它都只是品牌主推广自身品牌的一种手段而非目的,体育营销也是如此。与其他营销方式相比,体育营销具有高投入性和高风险性,每一次重大赛事的赞助无异于一次押宝。新媒体时代,快速传播的运动员丑闻也使他们所代言的

---

① 庄红韬,赵爽. 海尔兄弟里约奥运借势营销[EB/OL]. (2016-08-23)[2017-11-26]. http://homea.people.com.cn/n1/2016/0823/c69176-28659514.html.
② 禹唐体育. 里约奥运会借势营销,看这10个品牌就够了[EB/OL]. (2016-08-12)[2017-11-26]. http://www.jiemian.com/article/796553.html.

品牌频频陷入形象受损的险境。此外,品牌在进行体育营销活动时普遍投入较大,尤其像奥运会、欧洲杯这类顶级赛事,仅赞助费用就是一笔不菲的开支,配套的营销传播费用更是不容小觑。家电及消费电子品牌体育营销的历史,也给我们这样一些启示和思考:

(一)契合自身需求适时而变

对品牌而言,是否采取体育营销,与品牌的实际发展需求息息相关,并且退出和进入的时机同样重要。例如联想在2011年选择放弃继续成为2012年伦敦奥组委TOP赞助商身份的举动,被认为是对未来PC市场发展与品牌营销之间不确定性的谨慎观望。虽然联想内部表示退出奥运会的原因在于"已经达到预期目标",但值得注意的是,之前长期且数额巨大的奥运会营销开支一定程度上影响了联想的利润率(2012年Q1为1.4%),使其同期利润率远低于竞争对手惠普(7.4%)和戴尔(6.2%)[1]。

TCL在2010年也逐渐退出了体育营销的大军。在此之前,TCL的营销以体育营销为主。早在1996年,TCL就出资赞助中国女排,成立了TCL郎平排球基金会。2010年,TCL成为广州亚运会合作伙伴,同时成为中国男篮官方合作伙伴及CBA指定赞助商,到2014年为止,TCL仍每年为男篮训练比赛及CBA运营提供产品和资金支持。但在2010年之后,TCL的营销格局却开始转向。TCL品牌管理中心总经理梁启春认为:"体育营销在赛事完成之后,对于品牌带来的后续价值非常有限,2008年中国奥运会之后,体育的影响和被关注度大打折扣。当80后年轻消费群的购买习惯成为决定性的消费导向之后,文化娱乐成为最主要的需求。"[2]面对消费者的这一转变,用娱乐营销替代体育营销便成为TCL的重点战略。

因此,家电及消费电子品牌是否进行体育营销,要综合考虑外界环境因素和自身需求,适时而变。

(二)从细节处见执行力

细节决定成败,体育营销是否成功在很大程度上要看品牌是否有足够强大的执行力。2015年,微软投资4亿美元赞助美国NFL(美国职业橄榄球联盟)。除了投资赛事,微软还为比赛现场提供了大量Surface Pro 3平板电脑,以此作为关注比赛最新进

---

[1] 沈建缘. 联想体育营销策略转变 主打情感牌[EB/OL]. (2012-08-02)[2017-11-30]. http://www.domarketing.org/html/2012/ty_0802/5542.html.
[2] 王晓易. TCL:从体育营销到好莱坞电影营销[EB/OL]. (2014-02-21)[2017-11-29]. http://money.163.com/14/0221/09/9LJLPL8B00253G87.html.

程的媒体设备。但在比赛进行时,官方解说员多次将比赛设备 Surface 说成"iPad"甚至"山寨 iPad",微软一不小心为苹果做了嫁衣。由于赛季结束后微软的 Surface Pro 4 和苹果的 iPad Pro 将迎来市场上的正面交锋,此次乌龙使得微软赞助 NFL 成了一次高风险的营销。

由此可见,体育赛事作为一项不确定性极高的活动,其对品牌的执行力要求极高。只有具备良好的现场控制能力以及完备的预案,出现此类情况的可能性才会大大降低。

(三)根据受众精准选择赞助赛事

对于试图借助体育营销塑造高端形象的品牌而言,它们要根据体育赛事所影响的受众更精准地选择赞助对象。譬如卡萨帝对网球和高尔夫比赛的赞助,均符合其覆盖高端圈层消费者的受众定位;而试图在欧洲市场建立高端品牌形象、提高品牌溢价能力的海信,却砸重金赞助了更大众的足球运动赛事欧洲杯和世界杯,营销效果有所偏差。

根据海信公司的数据,2016 年 1-9 月,海信欧洲品牌销售额同比增长了 36.8%[①],但在知名数据调研公司 WitsView2016 年 8 月的统计数据中,海信电视 2016 年截至 8 月共销售 610 多万台,同比狂跌了 21.4%,并没有如之前机构预测的那样受欧洲杯的影响而直线上升。从海信 2016 年公布的全年财报来看,花费 5,000 万美金之巨的欧洲杯营销,效果乏善可陈,海信海外毛利率仅比上年增加了 1.4 个百分点,但营业成本却因欧洲杯赞助而上涨了 23.18%。[②]

(四)与第三方合作,制订体育赛事赞助评估计划

大型的体育赛事赞助营销是一项复杂的系统营销工程,由于投资巨大,体育营销在真正执行之前都会有一个完整的评估过程。

拥有 20 多年体育营销经验的三星在启动体育赛事赞助营销项目之前,一般要联合第三方咨询公司进行为期 6 个月到 1 年的市场调查和研究,并制订清晰的投入和产出计划。三星电子全球体育事务及公共关系副总裁权桂贤说:"在营销项目开始之前,重点是设计好目标,然后根据选择的目标做后期评估。评估营销效果的标准之一

---

① 智家电. 海信体育营销占鳌头:赞助羽超联赛引爆品牌力! [EB/OL]. (2016-12-08)[2017-11-08]. https://baijia.baidu.com/s? old_id=717080.
② 家电科技. 海信再次赞助足球赛事 这条与华为不同的体育营销之路能走通吗[EB/OL]. (2017-04-13)[2017-11-11]. https://xueqiu.com/4925083884/83909877.

是品牌认知度和美誉度的百分比大概提升了多少;如果目标是提升销售额,在营销计划开始执行之前就要计算出预期的销售数字,营销活动执行结束后,再看销售量具体的变化,得出来的数字是非常客观的。"[1]可见,有效果、有效率是三星选择体育赞助项目以及进行后期评估的重要标准。

### 三、家电及消费电子品牌体育营销新态势

(一)将体育营销与娱乐和生活方式紧密交织

传统的体育营销主要以体育赞助为主,而在"全民运动"时代,传统的体育营销已经无法调动起受众100%的参与积极性。荧光跑、马拉松等具有娱乐意义、代表了城市娱乐休闲生活方式的体育活动成为体育营销的新选择。尤其是马拉松比赛近年来发展迅速,联想和康佳就曾经多次赞助跑步类赛事。

此外,一些传统上被认为属于"娱乐"范畴的项目已正式成为体育项目,譬如电竞比赛。电竞比赛作为最具增长潜力的体育赛事之一,必将成为体育营销的下一个重要战场。目前,家电及消费电子品牌中的华硕、海信已经展开了对电竞比赛的赞助活动。

(二)物联网下的体育场景化营销

相比其他行业,家电及消费电子品牌在体育营销上有着自身的先天优势。通过给体育赛事提供技术支持,家电及消费电子品牌往往能够以小博大,以较低的成本换取品牌的高度曝光。未来,在赛事观看体验上,借助VR、AR设备和家电及消费电子设备的智慧连接,消费者能获得更好的视听体验和互动体验。家电及消费电子品牌作为硬件制造商,布局相关设备开发便很有可能在未来体育赛事的场景化营销下抢占先机,在赛事转播上也可以和体育赛事直播方开展深度合作,探寻新的盈利模式。

总之,体育这门世界通用的语言,使体育营销在世界范围的热度经久不衰,体育营销也必将为中国家电及消费电子品牌的国际化之路作出特殊贡献。虽然中国家电及消费电子品牌的体育营销起步较晚,体育营销评估体系尚未建立,但随着体育赛事运营在国内的不断发展,中国家电及消费电子品牌的体育营销水平有望随之而提升。

---

[1] 陈阳,闫芬. 三星:系统化的体育营销[EB/OL]. (2010-09-28)[2017-11-09]. http://money.163.com/10/0928/09/6HLJV8SH00253G87.html.

# 报告二十二　内容营销——家电及消费电子品牌基因的活力表达

## 一、内容营销的崛起和家电及消费电子品牌内容营销的亮点

（一）内容营销：品牌内在基因的外化表达手段

所谓内容营销，即通过创建和分享有价值的内容来吸引消费者，将潜在消费者转变为实际消费者，或增强现有消费者的品牌黏性和活跃度，从而打造强势品牌的营销传播手段。从本质上讲，内容营销是品牌内在基因的外化表达方式或手段，品牌的内容营销呈现的信息往往携带着品牌基因的烙印。因此，品牌在利用内容营销与消费者建立关系时，既要创新传播形式，又要注意内在基因与外化表达的统一。

（二）家电及消费电子品牌拥抱内容营销

家电及消费电子品牌的内容营销在当下营销传播环境下呈现出鲜明的特点。一方面，注意力经济下，消费者的头脑和时间成为品牌激烈争夺之物。在信息呈现指数级爆发式增长的互联网时代，消费者在接收品牌信息时更具有话语权，"软性"营销相较"硬广"更能得到消费者的青睐。内容营销的制胜之处正在于以优质内容吸引消费者，将"推"式营销转变为主动吸引消费者的"拉"式营销。近年来，中国蓬勃发展的内容产业也为家电及消费电子品牌发力内容营销提供了可行载体。TopMarketing 数据显示，2017 年上半年，影视剧的播放量与前两年相比毫不逊色，相比 2015 年全年 213 部及 2016 年全年 178 部的播放量，2017 年仅上半年的已播影视剧就已达到 130 部，省级卫视的播放总量已达到 2016 全年总量的 69%、2017 全年总量的 61%。2017 年，影

视剧播放总量或将超过前两年。① 在这一背景下,不论是小米在《中国有嘻哈》中将品牌融入饶舌说唱的创新植入方式,还是老板电器牵手《魔兽》电影,都是品牌借助优质影视剧或综艺内容吸引消费者的表现。

另一方面,内容营销的优势在于增强消费者与品牌之间的对话,而在不同品类下,家电及消费电子品牌对内容营销的需求也有所不同。手机作为与消费者互动时间较长的高关注度品类,在内容营销上往往体现出较强的社交属性。在最近几年中国综艺节目蓬勃发展的背景下,OPPO、vivo等手机品牌打头阵,金立、华为、小米等手机品牌紧随其后,纷纷加入了综艺冠名的争夺战之中。从2008年年底开始被OPPO冠名的综艺节目《快乐大本营》,自2013年起,其开场标语变成了"欢迎收看vivo智能手机《快乐大本营》"。② 2017年7月,vivo推出了《快乐大本营》20周年限量订制礼盒,并在新浪微博上发动快乐家族推出"X9s照亮你的青春"话题,鼓励广大网友分享自己与《快乐大本营》的青春故事,从而引发了年轻群体的情感共鸣。不同于手机品类,厨电品类由于具有关注度低、消费频次低的品类特性,在与消费者互动上具有天然劣势,因而内容营销便成为厨电品牌增进与消费者品牌联系的重要手段。在内容营销的语境下,企业不仅是商品的售卖者,还是"思想的领导者",品牌以自身掌握的有价值的内容主动寻求与消费者的对话。厨电品牌老板电器基于对厨电领域的深度洞察,以"总有食空,等你穿越"主题营销活动激发人们对厨房空间的想象(图22-1)。

图 22-1 老板电器《总有食空,等你穿越》主题海报

---

① TopMarketing. 2017 娱乐内容洞察白皮书[EB/OL]. (2017-06)[2017-09-27]. https://baijiahao.baidu.com/s?id=1571094992902177&wfr=spider&for=pc.
② 吴晓亚. 天下综艺千千万,为什么OPPO、VIVO冠名各占一半?[EB/OL]. (2017-05-24)[2017-09-12]. http://www.sohu.com/a/143229308_603687.

(三)家电及消费电子品牌内容营销亮点

1.内容营销场景分众化,精准传达品牌基因

随着数字技术和网络技术的发展,现在的广告环境已经不同于以往,消费者的注意力成为品牌间争夺的新标的,有吸引力的内容越来越能获得品牌主的青睐。值得关注的是,消费者日益呈现出圈层化的生存状态,所谓的"刷爆朋友圈"也不过是刷爆一部分人的朋友圈,家电及消费电子行业的内容营销也呈现出分众化的内容分发趋势。内容营销的分众化体现为基于消费者圈层的深刻洞察。

以老板电器发起的"麦芽糖计划食育"品牌活动为例。虽然国人的生活水平在提高,但儿童的饮食教育却处于缺位状态,中国儿童在零食侵扰、营养信息缺位等因素的影响下,儿童的饮食健康受到了年轻妈妈群体的共同关注。① 2016年,老板电器发起"麦芽糖计划"公益行动,以"食育"方式与这一圈层的消费者对话,通过针对性的、有价值的内容传达老板这一厨电品牌的温度(图22-2)。②

**图22-2 老板电器"麦芽糖计划"行动**

2.聚焦头部优质内容资源,提升品牌关注度

随着中国内容产业的发展,各大视频网站加大了版权收购和自制内容创作的力度,一些视频网站独播终端吸纳了一批综艺节目人才,由此带动中国内容市场诞生出

---

① 老板电器.老板电器"麦芽糖计划"起航中国式"食育"教育文化[EB/OL].(2016-06-04)[2017-10-10].http://www.robam.com/newsdetail_324.shtml.
② 卡萨帝携手《十二道锋味》 高端家电营销圈的一股清流[EB/OL].(2016-10-27)[2017-10-07].http://news.163.com/16/1027/17/C4DC0DUV000187VG.html.

一批优质的影视剧及综艺节目。在信息碎片化时代,互联网流量中的马太效应愈加凸显,优质内容往往在内容吸引、吸聚关注、受众互动上更具优势,但优质内容的稀缺性也加剧了各大品牌间的争夺。

一方面,家电及消费电子品牌间的优质内容聚焦体现在对冠名权的争夺上。由于家电及消费电子各品类属性不同,因而并不是所有的品类都青睐影视剧和综艺。手机作为更新迭代快、使用寿命较短的消费电子类产品,在营销传播上追逐优质综艺节目的趋势表现得更为明显。例如vivo与湖南卫视《快乐大本营》保持长期合作关系,2016年以7亿元的高额冠名费冠名《快乐大本营》,2017年又以4亿元赞助费替代OPPO、天猫成为东方卫视招牌综艺节目《极限挑战第三季》的冠名商;OPPO则分别以5亿元和2亿元拿下《中国新歌声2》和《跨界歌王2》的冠名;①小米2017年也加大了综艺赞助投入,先后冠名了《奇葩说第三季》《中国有嘻哈》等综艺节目。

另一方面,家电及消费电子品牌间的内容聚焦体现在自身品牌与热点内容的巧妙结合上。厨电品牌华帝在品牌向"高端智能厨电"转型的背景下,于2016年在综艺节目《蒙面唱将猜猜猜》中以人工智能机器人小V的形象巧妙传达出"智能识音"的功能;方太则在2017年母亲节与儿童节期间推出"陪着你,住进童话里"的主题活动,以水墨动画的形式表达方太"因爱伟大"的品牌理念。

## 二、家电及消费电子品牌内容营销机遇、风险并存

### (一)优质资源难以提前判别,冠名植入风险高

综艺节目冠名和影视剧品牌植入是现如今很多家电及消费电子品牌都采取的内容营销方式,这两种方式不仅可以使品牌借助热门影视资源提升知名度与关注度,还能让品牌作为内容的一部分自然而然地出现在相关场景中,潜移默化地进入消费者心智中并产生影响,是一种比较柔和的、易于消费者接受的营销方式。但是尽管如此,品牌在进行节目冠名和影视植入时也存在一定的风险。

品牌所冠名的综艺节目是否会成为热门综艺,品牌所合作的影视剧是否会得到消费者的认同和好评,这是很难提前判断的。由于影视剧中植入的品牌和综艺节目的冠名商要在节目播放之前确定,在没有播放效果反馈的情况下,很多品牌商只能根据节目的内容大纲、参与明星等情况决策是否合作。因此挑选优质的节目和影视剧是一件

---

① 吴晓亚. 天下综艺千千万,为什么OPPO、VIVO冠名各占一半?[EB/OL].(2017-05-24)[2017-09-12]. http://www.sohu.com/a/143229308_603687.

机遇与风险并存的事情,这就要求品牌经理人有一双慧眼,对品牌来说这也是一个巨大的考验。日本电视剧《深夜食堂》在中国播放后广受好评,豆瓣评分高达9.2分。中国购买了正版版权将其引进后,由知名演员黄磊、何炅等人出演,在影片还未开拍前就引发了广泛的关注。包括华为、九阳在内的十多家品牌商争相与之合作。然而该剧播放之后,观众评价却十分糟糕,批评之声不绝于耳。热门IP影视《深夜食堂》突然爆冷,导致很多合作品牌被一起连带"吐槽"。

(二)KOL形象与品牌形象契合度低,品牌基因传达失误

除了借势综艺节目和影视剧外,品牌还会与KOL合作,借助KOL生产的内容和其影响力,将品牌打入特定粉丝圈,以助力品牌基因的表达与传播。比如幕星社为索尼绘制专属漫画,将索尼耳机融入漫画故事情节当中(图22-3)。微博网红papi酱拍摄小视频诉说自己打手游时遇到的困难,从而推出"vivo XPlay6手机玩游戏特别6"的产品特性。由于品牌与KOL双方的气质和格调高度契合,表达形式又轻松有趣,因此吸引了很多网友转发评论,传播效果达到了最大化。

虽然借助KOL的力量能够生产出很多优质而有趣的品牌内容,但是如果品牌选择的KOL与其定位和形象不相符,即使该KOL有庞大的粉丝支持和一定的影响力,品牌形象的传达也很难抵达目标消费者,这无疑是一个失败的内容营销。2016年,高端手表品牌积家也邀请了papi酱拍摄广告视频,虽然papi酱在微博上是一个拥有2,000多万粉丝的网络红人,每条自制视频都能达到2,000多万的播放量,但是作为段子手的papi酱,其视频风格以夸张、粗糙、鬼畜而闻名,而瑞士高端手表品牌积家走的却是高雅路线,两者的画风极其不搭,显然这并不是一个双赢的交易。积家作为高端腕表品牌反而因为此次内容营销降低了品牌格调。

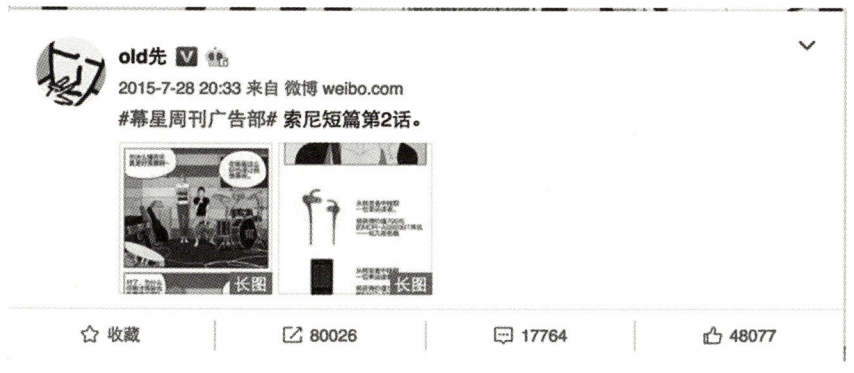

图 22-3 幕星社为索尼专门绘制的漫画①

(三)用户生产内容风险高,品牌表达难以把控,易"跑偏"

对于品牌来说,用户生产内容(UGC)是一件性价比较高的事情。用户不再仅仅扮演观众的角色,而是成为内容的生产者和供应者,自发参与到品牌传播的过程中来。这种内容营销的好处是一方面用户可以免费帮助品牌扩大声量,一方面品牌在消费者心智中的地位也会因此而大幅提升。

---

① 插画来源于 http://weibo.com/1862364383/CteFoBDRW? from = page_1005051862364383_profile&wvr = 6&mod = weibotime。

2014年海尔举办了"海尔兄弟新形象创意征集大赛",发动网友创作具有创意的海尔兄弟新形象。这次大赛不仅吸引了很多专业和非专业的画手参与,还在微博上引发了广泛的话题讨论。随着比赛的激烈进行,整个活动的画风开始"跑偏",各种"基情满满"的画作在网上流传,导致整个征集大赛偏离了主办方设想的方向。好在海尔以包容的心态对待网友的作品,继续将比赛执行了下去。虽然这些作品完全改变的海尔兄弟原有的画风,但也正是凭借着热情网友的"不正经",此次大赛也"因祸得福",取得了意想不到的传播效果。但是对于广大家电及消费电子品牌而言,"因祸得福"的事情并非经常发生,用户生产内容还是存在着很高的风险。因此,品牌在进行UGC活动时,要格外注意并预判相关负面风险。

(四)重形式轻内容,品牌基因表达有量无声

业界很多人认为做一个H5就是内容营销,在影视剧中植入就是内容营销,通过社会化媒体传播的就是内容营销,其实这些往往都是对内容营销的片面理解。内容营销的范围很大,形式也很多样,很多品牌往往只看重品牌传播的形式而忽略了其内容,导致品牌传播活动投入很大、规模很大,而用户参与度却很小,来自用户的反响很小。

其实,品牌拥有好的内容才是内容营销的关键,好的内容能够吸引用户,打动用户,让用户主动参与传播,帮助品牌扩大声量。品牌想要获得优质的内容,不仅可以通过与其他资源展开合作来实现,还可以从产品本身发掘出优质的创意,展开相关主题的内容营销。对于品牌来说,针对产品内容进行的营销活动,是最基础也是最合适的内容。

## 三、家电及消费电子品牌内容营销趋势

(一)品牌长期融入生活,内容即营销

当品牌发展到一定阶段后,售卖产品早已不是最终目的,此时品牌希望能够以"润物细无声"的方式慢慢渗透进消费者的生活中。当品牌所传达的内容成为一种生活方式,营销与内容的边界模糊时,内容即营销。

专注烹饪厨具的方太不只是想占领厨房,更想让消费者成为真正的生活家。2015年方太推出的"方太生活家"APP不仅是一个推荐私厨食谱的烹饪学习平台,同时也是让消费者分享优质生活方式的社交媒体平台。方太不谈卖货,只是通过抓住"厨房中的烹饪生活"这一核心价值,将品牌、产品、用户、厨师连接在一起,既增加了用户黏

性,又创造了更多关乎生活方式的内容,反过来让消费者对方太产生了良好的品牌印象。①

(二) 互动化将成为内容营销的重要方向

单纯的品牌植入,无论是软是硬,最多就是增加一些曝光度,品牌传播效果不一定非常理想。只有与消费者产生更直接的情感互动,才能真正让消费者对品牌印象深刻,有互动才是真正的好营销。内容的创新与技术的进步将进一步提升用户体验,品牌与用户的互动也将成为内容营销的重要方向。

2016年冠名美食真人秀节目《12道锋味》的卡萨帝不仅仅赞助了"锋味厨房",而且还精心设计了许多环节与消费者互动。卡萨帝鼓励观众在观看节目的同时,拍屏发话题#极致锋味#到微博赢取节目当中的卡萨帝鼎级云珍冰箱等同款家电及消费电子。为了配合线上节目的开播,卡萨帝在线下也同步开展了"卡萨帝思享荟""卡萨帝创艺生活美学体验之旅"和"卡萨帝创艺生活馆"主题活动。这种互动方式一方面可以加深消费者对品牌的记忆,另一方面也可以在拉近与用户距离的同时,激发用户更大的兴趣去真正了解卡萨帝品牌背后的品牌故事,助力用户对卡萨帝品牌基因的认知与理解。

如今,用户更倾向于消费那些真正具有价值的优质内容。内容营销作为当今最为热门的营销手段之一,成为许多家电及消费电子品牌首先选择的营销方式。家电及消费电子品牌在进行内容营销的过程中,要以品牌和产品自身为本,选择"门当户对"的合作资源,尽量把控好用户生产内容的方向,避免陷入过分追求形式的怪圈,真正用心地与消费者沟通。只有这样,才能将品牌基因完美地展现出来,让消费者感受到品牌作为一个生命体的真诚与温度。同时,家电及消费电子品牌在内容营销的过程中,也要注意增加与消费者的互动,让品牌与消费者沟通这件事变得更直接、更有趣,这样才能使品牌发出的声音真正进入用户的心智,让他们感受到品牌基因的独特魅力。

---

① socialbeta.【专题】20个品牌告诉你2016年品牌内容营销的三重境界[EB/OL]. (2016-08-22) [2017-10-24]. http://socialbeta.com/t/socialbeta-2016-content-marketing-guide.

图书在版编目(CIP)数据

品牌基因工程研究红皮书:家电及消费电子序列2017/丁俊杰主编.
—北京:中国传媒大学出版社,2018.5
ISBN 978-7-5657-2256-1

Ⅰ.①品⋯　Ⅱ.①丁⋯　Ⅲ.①家电企业—品牌战略—研究报告—中国—2017
Ⅳ.①F279.23　②F426.6

中国版本图书馆CIP数据核字(2018)第050040号

## 品牌基因工程研究红皮书:家电及消费电子序列2017
PINPAN JIYIN GONGCHENG YANJIU HONGPISHU:JIADIAN JI XIAOFEI DIANZI XULIE 2017

| 主　　　编 | 丁俊杰 |
|---|---|
| 策划编辑 | 欣　雯 |
| 责任编辑 | 蒋　倩 |
| 责任印制 | 曹　辉 |
| 封面设计 | 张腾辉 |
| 出版发行 | 中国传媒大学出版社 |
| 社　　　址 | 北京市朝阳区定福庄东街1号　邮编:100024 |
| 电　　　话 | 86-10-65450528　65450532　　传真:65779405 |
| 网　　　址 | http://www.cucp.com.cn |
| 经　　　销 | 全国新华书店 |
| 印　　　刷 | 三河市东方印刷有限公司 |
| 开　　　本 | 787mm×1092mm　1/16 |
| 印　　　张 | 14.5 |
| 字　　　数 | 259千字 |
| 版　　　次 | 2018年5月第1版　2018年5月第1次印刷 |
| 书　　　号 | ISBN 978-7-5657-2256-1/F·2256　　定　价　68.00元 |

版权所有　　翻印必究　　印装错误　　负责调换